本书获得中央高校基本科研业务费专项资金（暨南跨越计划，No.12JNKY005）

广东省普通高校人文社会科学基地重大项目（交通设施、产业结构与区域协调发展，10JDXM79003）项目资助

周

浩◎著

TRANSPORTATION

交通基础设施与
中国经济增长

CHINA'S ECONOMY

人民出版社

目　录

宏观篇　交通基础设施与经济增长

微观篇　公路交通网络与企业微观行为

导　论

第一节　中国交通基础设施发展概况

经济的持续稳定增长是一个国家和地区长期追求的目标之一，也是实现充分就业、促进社会稳定、增进社会福利的重要保障。发展经济学家罗斯托将基础设施视为社会先行资本，认为基础设施发展是实现经济起飞的一个重要前提条件。Romp & De Haan（2007）同样指出，公共资本，尤其是基础设施，对于家庭和厂商而言具有极其重要的作用。基础设施投资的一个重要特点就是具有乘数效应，政府增加对基础设施的投入往往能带来几倍于投资额的社会总需求和国民收入，因此在各种宏观经济调控工具面前，基础设施投资往往成为一个必不可少的选择。

自改革开放以来，中国政府对基础设施进行了全方位的、持续的投资和建设，使得整个国家的基础设施水平达到了一个全新的高度，取得的成就令世人瞩目。基础设施水平的提高缓解了国民经济发展的硬件"瓶颈"制约，支撑着整个社会经济的正常运行，并带动关联产业的空间布局和高速发展，促进区域间的经济协调发展。中国政府的基础设施投资经验显示，交通基础设施在所有的基础设施投资中占据了相当大的比重。市场流行的"铁公基"一词就反映了铁路和公路在中国政府基础设施建设中的重要地位。

总体来说,可以从"规模的增加"和"质量的提高"两个方面来概括中国公路、铁路交通基础设施的发展。"规模的增加"主要指公路、铁路通车里程的不断上升,并形成了覆盖全国的公路、铁路交通网络;"质量的提高"主要指高等级公路以及铁路提速、高铁网络的建设和投入运营,加快了交通基础设施网络节点之间的连接速度,提升了整个交通网络的运输效率。

一、中国交通基础设施规模发展概况

(一)公路

2004 年国务院通过了《国家高速公路网规划》,简称"7918"高速公路网①,形成了中国历史上第一个"终极"的高速公路骨架布局。截止到 2011 年底,全国公路总里程达到 410.6 万公里,其中普通国道 10.6 万公里,国家高速公路 6.4 万公里,基本贯通"7918"网当中的"五射两纵七横"14 条路。

中国公路交通发展规模的增加主要体现在公路里程、公路客运量和公路货运量上。1978 年,中国公路里程只有 89.02 万公里,公路客运量为 14.9 亿人,公路货运量为 8.5 亿吨。经过近 30 年的发

---

① 《国家高速公路网规划》采用放射线与纵横网格相结合的布局方案,形成由中心城市向外放射以及横贯东西、纵贯南北的大通道,由 7 条首都放射线、9 条南北纵向线和 18 条东西横向线组成,简称为"7918 网",总规模约 8.5 万公里,其中:主线 6.8 万公里,地区环线、联络线等其他路线约 1.7 万公里。首都放射线 7 条:北京—上海、北京—台北、北京—港澳、北京—昆明、北京—拉萨、北京—乌鲁木齐、北京—哈尔滨。南北纵向线 9 条:鹤岗—大连、沈阳—海口、长春—深圳、济南—广州、大庆—广州、二连浩特—广州、包头—茂名、兰州—海口、重庆—昆明。东西横向线 18 条:绥芬河—满洲里、珲春—乌兰浩特、丹东—锡林浩特、荣成—乌海、青岛—银川、青岛—兰州、连云港—霍尔果斯、南京—洛阳、上海—西安、上海—成都、上海—重庆、杭州—瑞丽、上海—昆明、福州—银川、泉州—南宁、厦门—成都、汕头—昆明、广州—昆明。

展,2004 年底中国公路里程达到 187.07 万公里,2008 年底的公路客运量达到 268.21 亿人,公路货运量达到 191.67 亿吨。在整个 30 年间,全国公路里程年均增长 3.77 万公里,年均增长率为 3%;公路客运量年均增长 8.44 亿人,年均增长率约为 10%;公路货运量年均增长 6.1 亿吨,年均增长率约为 10%。公路客运量和货运量齐头并进,增长速度也远超公路里程,整体经济发展对公路的需要可见一斑。2000 年之后,受国内外宏观经济形势的影响,政府进一步加大了对交通基础设施的投资和建设步伐,公路里程、客运量和货运量的增长速度都有了大幅提高。具体发展情况如图 1 所示。

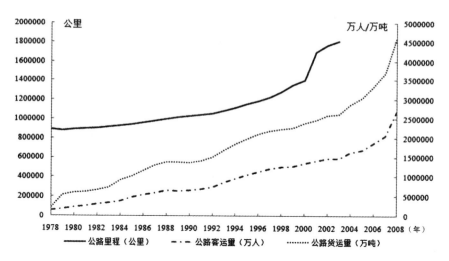

图 1　改革开放(1978—2008 年)以来中国公路里程、客运量、货运量发展情况①

(二)铁路

中国铁路营业里程由 1978 年的 5.17 万公里增至 2008 年的 7.97 万公里,增加了 2.8 万公里。虽然铁路客运量从 10 亿人缓慢增

---

① 由于 2005 年起的公路里程包括村道,故图 1 没有体现 2005—2008 年的公路里程数据。

加至 13 亿人,但铁路货运量则得到了长足发展,由 1978 年的 11 亿吨上升到 2008 年的 33 亿吨,共增加了 3 倍。经济活动对铁路运输的需求远远超过了铁路运输的供给。铁路运输一直面临着巨大的供给缺口。具体发展情况如图 2 所示。

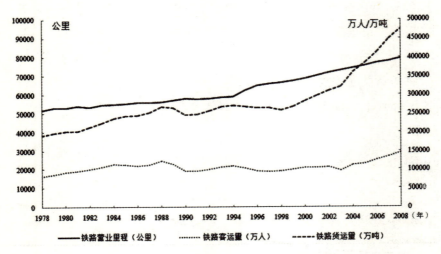

图 2　改革开放(1978—2008 年)以来中国铁路营业里程、
**　　　客运量、货运量发展情况**

二、中国交通基础设施质量提升概况

(一)公路

中国公路基础设施质量的提高主要体现在高等级公路的建设上。公路等级是根据公路的使用任务、功能和流量进行的划分,中国大陆将公路划分为高速公路(使用年限为 20 年)、一级公路(使用年限为 20 年)、二级公路(使用年限为 15 年)、三级公路(使用年限为 10 年)、四级公路(使用年限为 10 年)五个等级。在中国境内,包括高速公路在内,二级以上的公路都可以统称为高等级公路。截止到 1988 年,中国高速公路里程仅为 0.01 万公里;经过多年的建设和发展,2008 年底达到 6.03 万公里,30 年间增长了 600 多倍(具体统计数据见表 1),从一个侧面充分地反映出中国在交通基础设施方面取得的巨大成就。

表 1　中国高等级公路里程统计数据　　(单位:公里)①

年份	公路里程	高速公路(里程)	一级公路(里程)	二级公路(里程)	高等级公路所占比重
1988	999600	147			
1989	1014300	271			
1990	1028300	500			
1991	1041100	600			
1992	1056700	700			
1993	1083500	1100			
1994	1117800	1600			
1995	1157000	2100			
1996	1185800	3422	11779	96990	9.46%
1997	1226400	4771	14637	111564	10.68%
1998	1278500	8733	15277	125245	11.67%
1999	1351691	11605	17716	139957	12.52%
2000	1402700	16314	20088	152672	13.48%
2001	1698000	19437	25214	182102	13.35%
2002	1765200	25130	27468	197143	14.15%
2003	1809800	29745	29903	211929	15.01%
2004	1870700	34288	33522	231715	16.01%
2005	3345200	41000	38381	246442	9.74%
2006	3457000	45339	45289	262678	10.22%
2007	3583700	53913	50093	276413	10.62%
2008	3730200	60302	54216	285226	10.72%

---

① 由于数据所限,1996 年之前暂未有详细的一级、二级公路里程数据;2005—2008 年的公路里程包括村道。

（二）铁路

中国铁路基础设施质量的提高主要体现在以下两点。

第一，在 1997 年至 2009 年期间，基于现有铁路网络的大面积提速。在上述期间，中国逐步实施了共 7 次全国范围内的铁路大提速，具体 7 次铁路提速如下。第一次，1997 年 4 月 1 日，京广线、京沪线和京哈线。此次提速首次开行了快速列车和夕发朝至列车，提速列车最高运行时速达到了 140 公里，全国旅客列车平均旅行速度由 1993 年的 48.1 公里/小时提升到 54.9 公里/小时。第二次，1998 年 10 月 1 日，京广线、京沪线和京哈线。此次提速快速列车最高运行速度达到了时速 160 公里，非提速区段快速列车最高速度达到了时速 120 公里，全国旅客列车平均旅行速度提升到 55.16 公里/小时。通过这两次大面积的铁路提速，全国铁路提速线路延展里程接近一万公里，初步形成了覆盖全国主要地区的"四纵两横提速网络"。全国旅客列车平均旅行速度提升到 60.3 公里/小时。第三次，2000 年 10 月 21 日，陇海线、兰新线、京九线和浙赣线。第四次，2001 年 10 月 21 日，武昌至成都（汗丹线、襄渝线和达成线）、京广线南段、京九线、浙赣线、沪杭线和哈大线，全国旅客列车平均旅行速度提升到 61.6 公里/小时。第五次，2004 年 4 月 18 日，京沪线和京哈线，全国旅客列车平均旅行速度提升到 65.7 公里/小时。第六次，2007 年 4 月 18 日，京哈线、京广线、京沪线、京九线、陇海线、浙赣线、兰新线、广深线、胶济线、武九线以及宣杭线，全国旅客列车平均旅行速度提升到 70.18 公里/小时。第七次，2009 年 4 月 1 日，这次提速进一步提升了铁路的客货运输能力，两者分别增加超过了 18% 和 12%，特别是在主要干线开行时速 200 公里及以上动车组、大面积开行 5000 吨级货物列车和一大批先进技术装备投入运用。

第二，近年来进行的大规模高速铁路网络建设。2004 年 1 月，国务院批准中国第一个《中长期铁路网规划》，2007 年对《中长期铁

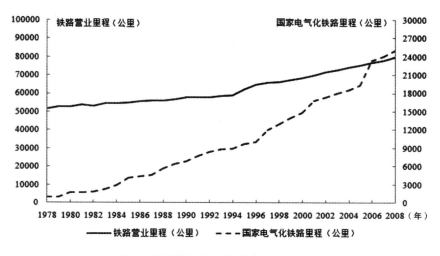

图3　中国国家电气化铁路里程的发展

路网规划》的方案进行了调整,2008 年 11 月正式发布《中长期铁路
网规划(2008 年调整)》,将客运专线建设目标定位 1.6 万公里。按
照规划,中国大陆的高速铁路网主要包括:"四纵四横"客运专线、城
际客运系统、提速改造既有线路、完善路网布局和西部开发新线和海
峡西岸铁路。新方案将客运专线规划目标由 1.2 万公里调整为 1.6
万公里,并将城际客运系统由环渤海城市群、长江三角洲城市群、珠
江三角洲城市群扩展到长株潭城市群、成渝城市群、中原城市群、武
汉城市圈、关中城市群、海峡西岸城市群等经济发达和人口稠密地
区。到 2015 年形成 5 万公里以上的快速铁路网,连接所有省会城市
和 50 万人口以上城市,覆盖全国 90%以上人口。中国高速铁路的建
设一方面是通过改造原有运营线路,使其最高营运速度不低于 200
公里/小时,甚至达到 220 公里/小时,在这部分铁路线路上运营的高
速列车一般称为"动车组(D 车)";另一方面是专门修建新的高速铁
路干线,使其运营速度达到 250—300 公里/小时,在这部分铁路线路
上运行的高速列车一般称为"高速动车组(G 车)"。2003 年 10 月
12 日,中国第一条高速铁路——秦沈客运专线开通运营;2008 年 8

月,中国首条设计时速达 350 公里的高速铁路——京津城际铁路通车开通运营。截止到 2012 年 12 月底,中国时速达 200 公里以上的高速铁路里程已接近 13000 公里,高铁运营里程达到 9356 公里。中国已经初步形成了世界上最快运营速度、最大规模的高速铁路网络。

图 3 为中国国家电气化铁路里程发展示意图,1978 年中国电气化铁路里程只有 0.1 公里,占铁路总营业里程的比重仅为 1.93%;2008 年电气化铁路里程达到了 2.5 万公里,30 年间增长了 25 倍,占铁路营业总里程的比重达到了 31.4%。

第二节　问题的提出

如前所述,中国已经在交通基础设施建设方面取得了举世瞩目的成就,全国范围内的公路和铁路网络已经基本建成,为区域间经济活动相互作用和联系提供基础支撑,成为推动经济增长的关键因素。

随着全国性交通网络布局的基本完成,中国未来的交通基础设施建设重心将放在质量提升方面。在交通基础设施建设转型的背景下,交通基础设施质量提升对经济增长有何影响呢？中国在 1997—2006 年期间通过在现有铁路线路的基础上分阶段分线路实施了 6 次铁路提速,这为我们提供了一个典型的交通基础设施质量提升的例子,我们可以将其视为经济学研究中的准实验(quasi-experiment)。因此,我们将铁路提速作为研究的切入点,在宏观层面考察交通基础设施质量对经济增长的影响。由于交通网络天然具有的空间特征,其直接建立起了城市之间的联系,交通设施的质量将决定各城市的可达性。因此,本书将研究对象聚焦于城市,结合城市之间的可达性,进一步考察交通设施质量变化对城市经济增长的影响。同时,交通设施质量提升对不同产业、不同地区的影响是否存在差异？它能促进区域经济的协调发展吗？交通设施的一个重要特点就是具有外部性和网络效应，那么它的空间外溢效应在地区经济协调增长过程中又发挥着什么样的作用呢？本书尝试通过相关的比较研究，对上述问题进行较为细致的探讨。

国家或区域层面的宏观经济增长归根结底来自于企业和个人微观经济活动，因此，从微观层面考察基础设施对企业和个人经济行为的影响，有助于更清楚地了解基础设施对经济增长影响的渠道和途径，有助于我们构建交通基础设施经济增长效应的微观基础。鉴于中国70%的货运是通过公路实现的，因此本书将研究重点考察公路网络对企业微观经济行为的影响。"7918"国家级公路网络已经覆盖了大部分地级市，城市可达性随着"7918"公路网的建设得到了极大的改善，这种变化进一步影响着企业能够覆盖的市场和运输成本。那么，企业微观选址如何应对这种变化呢？本书将基于谷歌地图（Google Map）和制造业数据构建中国城市一级的可达性指标，考察可达性是如何引导企业进行区位选择的。与此同时，出口也是推动中国经济增长的重要因素。由于中国疆域较大，境内运输成本成为影响企业出口的重要因素。那么，公路网络的发展对企业的出口决策有何影响呢？除了运输成本，其他形式的交易成本也是影响企业出口的重要因素，比如国际市场的供求信息。因特网技术的发展使得数字传输成为一种新型传输方式，并且这种传输方式在经济生活中的重要性与日俱增。在因特网的推动下，信息传输快速简便、成本大幅下降。那么，网络销售对企业开拓海外市场的经济决策有何影响呢？本书同样尝试对这些企业的微观行为进行考察和分析。

第三节　本书的框架和内容

　　本书整体上分为两个部分:宏观篇和微观篇。在宏观篇中,本书尝试在宏观层面考察中国交通基础设施推动经济增长的作用,向读者呈现交通基础设施对中国经济增长总体概况。在这部分,我们将以中国在 1997—2006 年期间进行的铁路提速作为切入点,通过评估铁路提速对沿途城市经济增长的影响向读者揭示和解释交通设施对中国经济的推动作用及其特点。另外,我们进一步通过考察交通基础设施外溢作用对省际经济增长的影响拓展本研究的内容。在微观篇中,本书则试图为交通基础设施对宏观经济的推动作用建立微观基础,期望能向读者进一步揭示中国交通基础设施推动经济增长的具体渠道。在这部分,我们将以中国高速公路网络作为切入点,基于中国的公路网络和相关经济指标构建城市一级的可达性指标,以此测度微观企业可覆盖的潜在市场和面临的运输成本,在此基础上考察公路网络对微观企业选址和出口行为的影响。

　　具体而言,本书的主要内容和涉及的主题可以概况为如下几个方面。

一、铁路提速对经济增长的影响

　　宏观篇中的第一、二章考察的是铁路提速对城市经济增长的影响。首先,第一章从铁路提速切入,将其视为准实验,利用双重差分(difference-in-difference,DID)的方法,考察交通基础设施质量改善对沿途城市 GDP 的影响;同时,我们还进一步考察了铁路沿线城市与中心城市距离、铁路线、城市经济发展水平所导致的铁路提速效应差异。其次,第二章则在第一章的基础上融入了可达性因素,考察铁路提速引致的可达性改善对沿途城市 GDP 的影响,其中我们还进一步分析了该影响的产业差异和地域差异。

二、交通基础设施外溢效应对经济增长的影响

宏观篇中的第三章则关注于交通基础设施的外溢作用。外部性是交通基础设施的重要经济特征之一,而外溢效应就是这种外部性的一种具体表现。为了刻画交通基础设施的外溢效应,我们利用空间计量的方法,综合考虑地理位置、宏观经济发展水平、产业结构等一系列因素,构造了多种空间权重矩阵,刻画交通基础设施的外溢作用,然后进一步考察了其对省级经济增长的影响。

三、公路网络对企业选址的影响

微观篇中的第四至六章,主要是在微观层面考察交通基础设施对企业选址的影响。首先,鉴于中国大部分的货物是通过公路运输的事实,第四章利用中国公路网络构建了城市一级的可达性指标,以二百多个地级市作为企业选址的备选空间,运用泊松模型考察了可达性和集聚经济对制造业企业选址的影响,较为细致地探讨了中国制造业企业的空间分布特征及其影响因素。第二,中国自改革开放以来吸引了大量的外资流入,并成为全球 FDI 青睐的目的地之一。FDI 也因此成为推动中国经济增长的重要因素之一。在此背景下,第五章利用公路网络、城市各行业的 FDI 数量以及投入产出表构建了城市一级的 FDI 外溢指标,然后在此基础上考察了 FDI 外溢对企业选址的影响。第三,联合国贸发会议(UNCTAD)强调了 FDI 投资动机对其区位选择的影响,因此本书第六章将 FDI 划分为水平型和

垂直型两种,考察了投资动机和东道国市场潜力对外资企业在中国区位选择的影响。

四、公路运输和信息通信网络对企业出口行为的影响

微观篇中的第七、八章则关注了交通基础设施对企业出口行为的影响。首先,本书在第八章利用公路网络数据刻画了企业出口的境内运输成本,在此基础上考察了公路网络对企业出口二元边际的影响。其次,随着通信技术的发展和生产要素的多元化,信息传输成为一种重要的企业生产活动形式。因此,本书将传统的交通基础设施概念进一步延伸到现代的信息传输设施,考察具有颠覆性的信息传输技术对企业出口参与的影响。

宏观篇
交通基础设施与经济增长

第一章

铁路提速与城市经济增长[①]

"……,投资的数量不应成为政策的唯一中心。改善基础设施的质量同样是至关重要的。"（世界银行,1994）。

第一节　引　言

在经济增长理论中,基础设施通常被认为是推动经济发展的关键因素之一。在现实的经济发展历史中,世界银行的发展报告也同样指出:"基础设施即便不能称为牵动经济活动的火车头,也是促进其发展的'车轮'","经济欠发达地区通常则与贫乏的基础设施相联系"（世界银行,2006）。这其中的经济学逻辑非常直接:要享受市场带来的福祉,首先要融入市场,而公共设施、通信以及交通部门等各种基础设施则是建立市场联系的基本纽带。基础设施对经济增长的推动主要源自于降低交易成本、提高规模经济、促进市场一体化;增加就业机会,促进各种要素流动;提高人力资本投资,加快知识外溢。

---

①　本章的主要内容发表于《世界经济》,感谢匿名审稿人提出的建设性意见。

改革开放三十多年来,中国的经济持续高速增长,"铁公基"则是政府刺激经济增长,协调区域发展的重要手段之一。大规模基础设施带动的经济增长是中国三十多年投资驱动增长模式的一个缩影。交通设施作为基础设施中的重要组成部分,其对经济增长的影响一直是研究的热点。早在 20 世纪六十年代 Fogel(1962)就曾分析过铁路对美国经济增长的影响。随后 Aschauer(1989)的研究发现,基础设施对整个经济提高生产率至关重要。Aschauer(1989)的研究进一步激发了众多学者对基础设施与经济增长关系的研究热情,比如 Femald(1999)和 Fan et al.(2002,2004)分别考察了发达国家和发展中国家的公路对生产率和经济增长的影响;Atack et al.(2009)、Donaldson(2008)则研究了美国和印度铁路对城市化、经济增长的影响。

在交通基础设施中,铁路具有能耗低、碳排放少、占地少的优势①。据《美国科学院学报》2008 年刊登的研究报告称,过去 10 年,全球二氧化碳排放总量增加了 13%,而源自交通工具的碳排放量增长率则高达 25%。大力发展铁路运输对于我国实现 2020 年控制温室气体排放的目标具有重大的现实意义。长期以来,我国铁路运力与需求的矛盾非常突出,解决这一矛盾的根本出路在于加快新的铁路线建设,但是铁路新线建设周期长、进程缓慢,而通过改造既有线路,提高列车速度,增加运输密度,是短时间内提高运输能力最有效的办法之一。

自 1997 年至 2007 年期间,中国逐步实施了 6 次全国范围内的

---

① 铁路每千吨公里耗标准燃料约为汽车运输的 1/11—1/15,为民航运输的 1/174。根据英国研究机构对本国的研究,铁路运输二氧化碳的每人每公里排放量是公路运输的 1/2,是国内短途航空的 1/4。铁路运输的单位成本也只是公路运输的 1/11 至 1/17。从占地上来看,中国公路完成运输量所占的土地面积是铁路的 19 倍。

铁路大提速①。从某种意义上看,铁路提速可以视作是交通基础设施质量的提高。首先,铁路提速最直接的作用是旅客旅行或货物运输时间的缩短。铁路提速前的 1993 年,全国列车平均旅行速度仅有 48.1 公里/小时;经历了 6 次提速之后,2007 年全国列车平均旅行速度提升到 70.18 公里/小时。时间是衡量交通运输服务质量的一个重要指标。国际快递业务巨头联邦快递认为,快递业务的服务关键在于"快"和"准时"。而从旅行服务的角度看,旅行质量包含旅行的快慢、舒适程度、便利性或可得性。一般来说,火车最舒适,汽车最便利,而飞机速度最快。因此,火车提速将旅行所需时间缩短,大大提高了乘火车旅行的效用,这可以看作是服务质量的提升。京沪高铁开通,很多人放弃飞机选择高铁,航空公司竞相打折就是明显的证据。第二,铁路提速也能够提高运输量。来自官方的信息显示,仅第五次和第六次大提速,铁路运输能力就提高了 50% 以上②。当货物运输的方式原始而缓慢时,产品市场在很大程度上局限于当地,因此很少或者根本不存在制造更多商品的需要。随着更先进的运输和通信技术的出现,大规模的生产和市场成为可能。因此,企业能够在大规模市场上寻求需求,实现大批量销售,企业的生产能力也得到进一步的释放,产品被批量地生产出来。因此,本文将铁路提速视为交通基础设施质量的一个提升。

国家"十二五"规划建设中明确提出:"……我国经济增长的资

---

① 具体 6 次铁路大提速分别为:第一次,1997 年 4 月,京广线、京沪线和京哈线;第二次,1998 年 10 月,京广线、京沪线和京哈线;第三次,2000 年 10 月,陇海线、兰新线、京九线和浙赣线;第四次,2001 年 11 月,武昌至成都(汗丹线、襄渝线和达成线)、京广线南段、京九线、浙赣线、沪杭线和哈大线;第五次,2004 年 4 月,京沪线和京哈线;第六次,2007 年 4 月,京哈线、京广线、京沪线、京九线、陇海线、浙赣线、兰新线、广深线、胶济线、武九线以及宣杭线。另外,值得一提的是,1997—2006 年期间的火车提速都是在既有线路上运输能力的优化调整,可以看作是铁路在现有资源上的挖潜,是交通基础设施软件方面的提升,这和重新铺设轨道的高铁是有较大区别的。

② 参见 http://www.wenming.cn/2009-09/12/content_17676915.htm。

源环境约束强化,……坚持把建设资源节约型、环境友好型社会作为加快转变经济发展方式的重要着力点"。本文研究铁路提速对经济增长的影响,是关注既有基础设施质量及服务的提高对经济增长的影响。这是由于经过 30 多年的投资和建设,交通基础设施传统的"摊大饼"式规模的增长越来越受到土地的约束。比如,公路等基础设施受土地所限,其在东部地区的发展已经遭遇瓶颈。研究铁路在既有线路基础上优化升级的影响,对公路等其他基础设施未来的发展模式也有着重要的借鉴意义。

本研究尝试以铁路提速作为切入点,考察交通基础设施质量对经济增长的影响。本研究的主要贡献有如下几点。首先,在研究视角层面,本研究重点考察的是交通设施质量对经济增长的影响。值得一提的是,本研究通过一个自然实验(铁路提速)考察了交通设施质量变化所导致的影响。具体而言,我们在研究中将样本划分为实验组(提速站点)和控制组(非提速站点),从空间维度(提速与非提速站点)和时间维度(提速前后)两方面同时考察了交通设施质量变动对经济增长的影响。这区别于现有文献用公路等级或其他一些数量指标来代表基础设施质量的做法(Fan et al.,2002)。第二,在研究方法层面,本研究在面板数据结构环境下运用了倍差法(*difference-in-differences estimation*,*DID*)估计铁路提速对沿途各地经济发展的效果,从而给出一个相对稳健的结论,该方法在政策效果评估研究中较为流行。中国铁路提速的政策安排主要来自铁道部等国家级机构决策层面的统筹规划,具有外生于沿途各站点地方政府决策的特征,可以将其视为计量经济学中的自然实验(*natural experiment*),这在一定程度上避免了基础设施与经济增长之间相互影响而产生的内生性问题。另外,如前所述,我们需要从空间维度和时间维度综合考虑交通设施质量的差别。由于提速站点与非提速站点的其他一些因素在铁路提速前后的变化也会对经济发展产生影响,而这种影响在对比时需要剔除。因此,为了尽可能地避免内生性问题和综合考虑时间和空间所致的差异,本文选择了倍差法。第三,在样本单元层面,本研究选择了地级市的相关社会经济数据,区别于通常的省级数据,这有助于从更微观的层面研究中国经济增长问题,在一定程度上避免了利用省级数据可能遭遇的加总偏误。目前,运用城市数据从基础设施角度研究中国经济增长问题的文献并不多见,其中 Banerjee et al.(2009)在县市层面考察了铁路网络对经济增长的影响;徐现祥和李郇(2004)利用面板数据考察了中国城市一级的经济收敛问题。但考察某一具体交通设施质量变化对区域经济增长影响的研究还不多。基于上述想法,本研究以京广线和京沪线两条南北走向的铁路大动脉路经省份的地级市作为研究对象,收集并整理了 1994—2006年期间相关的数据样本,构造了相应的面板数据,采用倍差法系统分析了铁路提速对沿途站点经济增长和区域协调发展的影响。

本研究的研究表明,从总体上看,铁路提速对经济增长具有明显的促进作用,并且其作用随时间呈现递增的趋势。本研究的结果不仅在更微观的层面再一次验证了改善基础设施对中国经济增长的促进作用,而且还在城市一级层面上定量识别测度了交通设施质量改善对经济增长的影响。

第二节　文献综述:基础设施对经济增长的影响

Aschauer(1989)的经典论文指出,基础设施资本存量对全要素生产率有显著的促进作用,其中诸如高速公路、机场、水运系统等核心基础设施的作用尤为关键。随后,涌现大量研究各种基础设施规模对经济活动影响的论文。其中,在宏观层面,生产率、产出值以及产出增长率是众多研究较为常见的受基础设施影响的被解释变量。

比如,Fernald(1999)考察了美国州际高速公路对劳动生产率的作用;Rollers & Waverman(2001)考察了 OECD 国家 1970—1990 年期间电信设施投资对 GDP 的影响;Calderón & Servén(2004)则构建了一个包含交通、通信、电力等多种基础设施的综合指标,用以考察基础设施规模对 GDP 增长率的影响。上述研究结果基本都支持基础设施对经济增长有显著的促进作用。当然,也有研究结果并不支持基础设施对经济增长的促进作用。比如,Fogel(1962)认为,美国铁路促进了经济增长的作用被过分夸大,而 Devarajan et al.(1996)运用发展中国家的面板数据对交通和通信的经济增长效应的估算结果显示,交通投资对经济增长具有负面或不显著的作用。虽然在结论上存在不同意见,但总体上看,大多数研究结论还是倾向于认同基础设施对经济产出的正面作用[①]。

随着该领域研究的深入,研究人员开始超越基础设施数量或投资规模对经济产出的影响,进而关注基础设施质量和结构对经济活动的影响,同时将基础设施的影响进一步拓展到减贫、收入不平等、投资、资产价格、贸易、比较优势等方面。在基础设施质量方面,铺装路面比重、通讯故障次数、电力传输的损失率、交通时间(尤其是大城市之间)、港口服务时间等指标被用来刻画基础设施质量。为了考察基础设施质量对经济增长的推动作用,Calderón & Servén(2004)针对 121 个国家的样本,利用主成分分析法构建了一个综合性的基础设施质量指数,其中包括通信、电力和交通三类基础设施,该研究指出,来自跨国间的证据显示,基础设施质量有助于推动经济增长,并降低了收入不平等。Calderón & Chong(2004)通过进一步的

---

① Straub(2008)就现有文献中有关基础设施对经济产出影响的结论进行了统计,基于对 64 篇论文中 140 个回归结果的样本,他指出 63% 的研究结果显示基础设施对经济产出具有显著的正作用,31% 的研究结果认为基础设施对经济产出无显著作用,而只有 6% 的研究结果显示基础设施对经济产出具有显著的负作用。

跨国比较研究,发现相对于欠发达国家而言,工业化和新兴市场国家的基础设施质量对经济产出的推动作用更为重要。Yeaple & Golub(2002)则认为,一国在国际贸易中的专业化不仅依赖于资源禀赋,还取决于其基础设施质量。在基础设施结构方面,现有研究主要强调基础设施投资结构(比如新增投资和维护开支的比重、政府投资与私人投资比重以及运营费用与资本费用比重)、所有权结构(国有和私有比重)、基础设施种类结构、地域的空间分布等对经济活动的影响。Kalaitzidakis & Kalyvitis(2005)指出,加拿大的经验表明基础设施的维护开支对经济增长具有非常重要的作用;Rioja(2003)的研究则认为拉美国家的经验表明,将公共基础设施中的新增投资重新配置到原有基础设施的维护能够显著地提高 GDP。基础设施对经济增长的影响还表现出一定的区域差异和产业差异,比如孟加拉国对农村基础设施(道路、桥梁)的投资提升了农村地区农业与非农业经济的活跃程度(世界银行,2006)。

另外,随着计量理论方法在经济增长领域经验研究中运用的逐步深入以及该研究问题的深化,研究人员也开始强调基础设施与经济增长之间的相互影响关系、遗漏变量、不可观测变量、测量偏误等问题。经济学家利用各种计量方法来对付这些问题以提高结论的可靠性,比如面板固定效应估计(Holtz-Eakin,1994)、联立方程组估计(Demetriades & Mamuneas,2000)、工具变量(Banerjee et al.,2009)和向量自回归(Kamps,2004)等方法[①]。

有关中国的研究基本集中在基础设施与经济增长的关系上,主要有以下几种思路。第一,考察基础设施规模对产出的影响。范九利和白暴力(2004a,2004b)分别利用柯布-道格拉斯(C—D)生产函数和二级三要素 CES 生产函数估计了中国基础设施资本的产出弹

---

① Romp & De Haan(2007)对基础设施经验研究中所用计量方法有一个较全面的评述。

性,Fan & Zhang(2004)也用柯布-道格拉斯生产函数估计了通信、公路、灌溉等基础设施对农业部门的产出弹性。Demurger(2001)指出,交通设施状况是影响中国省际发展差异最大的关键因素。盛丹等(2011)利用微观数据考察了基础设施对中国企业出口行为的影响;朱海燕和伍业锋(2010)则考察了广东省高速公路对经济增长的影响。第二,基础设施质量和结构对经济活动的影响。Fan et al.(2002)认为,来自中国农村地区的经验表明,不同质量类型道路的经济回报不同,对贫困的影响也不一样。Zou et al.(2008)同样认为:中国东部和中部地区较快的经济增长源自于较好的基础设施水平,同时贫困地区的公路建设有巨大的减贫作用。王小鲁和樊纲(2005)则认为,公共产品(公共医疗、教育为代表)和交通设施对于改善微观经济主体发展机会上的不均等,缩小社会总体的收入差距非常重要。第三,基础设施与经济增长之间的因果关系。王任飞和王进杰(2007)利用 VAR 方法考察了基础设施与经济增长之间的因果关系,他们指出:从全国层面看,在基础设施与经济增长点相互作用中,基础设施促进经济增长居于主导地位,为中国大规模的基础设施投资政策的有效性提供了有力证据。此外,张军等(2007)考察了中国基础设施投资的原因,他们指出,地方政府在"招商引资"上的标尺竞争和政府治理的转型是中国拥有良好基础设施的原因,王世磊和张军(2008)则进一步认为,在中国独特的政府层级治理结构(即 M 型组织结构)下,地方政府所面临的晋升政治激励驱动了基础设施投资。

目前有关中国的基础设施与经济增长的研究已有不少,但在以下几方面仍有待丰富。首先,大多数已有研究考察基础设施总量对经济增长的影响(范九利和白暴力,2004a),而对于基础设施质量对经济增长的影响很少有研究。本研究重点考察基础设施质量的提升(铁路速度提高)对城市经济增长的影响。随着中国经济实力的提高和土地资源的稀缺性,今后中国基础设施投资在不同的地区将会采取提高质量或者扩大规模等多种方式,研究范围较广、具有代表性的基础设施质量的提高对经济增长的影响将会是对现有研究的一个很好补充。此外,本研究利用自然实验的分组定性地刻画在时空两个维度上基础设施质量差异,这与 Fan et al.(2002)用公路等级刻画基础设施质量是不同的。第二,目前的研究在测度基础设施质量对经济增长的影响方面较为简单,常用的基本策略就是简单地横向比较基础设施产出弹性。但就如本研究所强调的,基础设施质量的差异既可以体现在横截面上的群体间差异,又可以体现在时间序列上样本单元自身的变化。因此,正确测度基础设施质量的影响应该综合考虑这两方面的因素。最后,大部分研究选择省级数据,但数据加总过程可能导致某些加总偏误或者信息损失,同时利用更为微观的数据进行研究也是对现有研究的一个很好补充。

　　鉴于上述原因,本研究将中国近年来进行的铁路提速看作一个交通设施质量改善和结构变化的自然实验,利用倍差法评价其对经济增长和区域协调发展的影响。倍差法在项目评估中被广泛运用,最近国内学者如徐现祥等(2007)与史宇鹏和周黎安(2007)运用该方法考察了经济增长领域的问题。

第三节　铁路提速对城市经济增长的影响

一、回归模型设定

本研究旨在将中国实施的铁路提速视为一个基础设施质量提升

的自然实验,在经济增长收敛的框架内考察其对经济增长的影响。因此,我们以增长收敛经验研究中的经典范式 Barro 回归方程(1991)作为理论基础。具体地说,本研究在 Mankiw et al.(1992)的基础上加入基础设施,进行了一个简单的扩展。依照增长理论中比较常见的假设,厂商的生产行为用柯布-道格拉斯函数(即 CD 函数)进行刻画,即 $Y(t) = (Z(t))^{\xi}(K(t))^{\alpha}(H(t))^{\beta}(A(t)L(t))^{1-\alpha-\beta}$。其中 Y 为产出、K 为物质资本、H 为人力资本、Z 为基础设施、L 为劳动力、A 为技术水平。外生给定劳动力和技术水平的增长率分别 n 和 γ,物质资本、人力资本和基础设施的储蓄率分别为 s_k, s_h, s_z。出于计算的简化,进一步假设物质资本、人力资本、基础设施的折旧率均为 δ。定义 $y = Y/AL, k = K/AL, h = H/AL, z = Z/AL$。在经典的 Solow 模型下,$k$、$h$、$z$ 的运动方程为

$$\begin{cases} \dot{k} = s_k k^{\alpha} h^{\beta} z^{\xi} - (n + \gamma + \delta)k \\ \dot{h} = s_h k^{\alpha} h^{\beta} z^{\xi} - (n + \gamma + \delta)h \\ \dot{z} = s_z k^{\alpha} h^{\beta} z^{\xi} - (n + \gamma + \delta)z \end{cases} \tag{1.1}$$

利用式(1.1)得到均衡时刻的 K、H、Z,并代入生产函数,然后两边取对数,经过整理人均产出 $\tilde{y} = Y/L$ 为:

$$\ln\tilde{y} = \ln\frac{Y}{L} = \ln A + gt + \frac{\alpha}{\psi}\ln s_k + \frac{\beta}{\psi}\ln s_h + \frac{\xi}{\psi}\ln s_z$$

$$- \frac{\alpha + \beta + \xi}{\psi}\ln(n + \gamma + \delta) \tag{1.2}$$

其中 $\psi = 1 - \alpha - \beta - \xi$。在稳态附近,人均产出收敛的速度为 $\frac{d\ln\tilde{y}}{dt} = \lambda(\ln\tilde{y}^* - \ln\tilde{y})$,其中 $\lambda = \psi(n + \gamma + \delta)$,故 $\ln\tilde{y}(t) = (1 - e^{-\lambda t})\ln\tilde{y}^* + e^{-\lambda t}\ln\tilde{y}(0)$。最后,根据式(1.2)代入 $\tilde{y}^*$ 有:

$$\ln\tilde{y}(t) - \ln\tilde{y}(0) = (1 - e^{-\lambda t})\frac{\alpha}{\psi}\ln s_k + (1 - e^{-\lambda t})\frac{\beta}{\psi}\ln s_h +$$

$$(1 - e^{-\lambda t}) \frac{\xi}{\psi} \ln s_z - (1 - e^{-\lambda t}) \ln y(0) - (1 - e^{-\lambda t})$$

$$\frac{\alpha + \beta + \xi}{\psi} \ln(n + \gamma + \delta) + (1 - e^{-\lambda t})(\ln A(0) + \gamma t) \qquad (1.3)$$

沿用经济增长理论中的惯例,记人均产出的增长率为 g,根据式(1.3)得到本研究的基本增长收敛回归方程,即:

$$g = \alpha_i + \beta_1 \ln(y) + \beta_2 \ln(n + \gamma + \delta) + \beta_3 \ln(s_k)$$
$$+ \beta_4 \ln(s_z) + \beta_5 \ln(s_h) \qquad (1.4)$$

显然,基础设施对经济增长率有着直接的影响。

二、估计方法

本研究考察铁路提速对经济增长的促进作用。一种常见做法是纵向比较铁路提速城市在提速前后的增长差异。但是,这种方法没有考虑非提速城市前后的增长差异。另外一种做法是横向比较提速和未提速城市的增长差异。但是,这种方法又没有考虑提速和未提速样本在提速前的增长差异。倍差法综合考虑了上述两种差异,其通常被用于评估某项政策或事件对实施对象的影响,在经济学领域运用也较为广泛[①]。具体来说,该方法将某项政策或事件看作一个自然实验,为了考察其对某个结果所造成的净影响,在样本点中引入一组未受该政策影响的参照物,即所谓的控制组(control group),而将原来受政策影响的样本点称之为实验组(treatment group)。对于本研究所考察的铁路提速,该回归方程可以写成:

$$g_{it} = \alpha + \beta_u du_{it} + \beta_t dt_{it} + \beta du_{it} \times dt_{it} + \varepsilon_{it} \qquad (1.5)$$

其中下标 i, t 分别表示截面单元和时间,被解释变量 g 表示城市经济增长速度,则 ε 表示扰动项。解释变量中的 du 是一个刻画组别

_____

① Meyer(1995)对倍差法进行了详细的讨论。

的虚拟变量,$du=0,1$ 分别表示样本点来自于控制组和实验组;dt 是一个刻画时期的虚拟变量,$dt=0,1$ 分别表示铁路提速前和提速后的时间。因此,所有样本从两个维度被划分为 4 组:铁路提速前后的实验组和控制组。在该回归方程中,两个虚拟变量乘积项的估计系数 β 则是本研究关注的重点。当样本点属于处理组并经历铁路提速后该乘积项 $du_{it} \times dt_{it} = 1$,因此,$\beta$ 测度的是铁路提速对经济增长速度的净影响。其背后的原因在于:对于实验组来说,铁路提速前后经济增长速度的差异为 $\triangle g_{treat} = \beta + \beta_t$;对于控制组来说,铁路提速前后经济增长速度的差异为 $\triangle g_{control} = \beta_t$。因此,铁路提速对经济增长速度的净影响应该是控制组和实验组之间的双重差分,即 $\triangle g = \triangle g_{treat} - \triangle g_{control} = \beta$。鉴于理论和实证上大多数研究支持的交通设施对经济增长具有促进作用的结论(Aschauer,1989;Rollers & Waverman,2001),因此,我们预计 β 符号显著为正。在和铁路有关的研究中,Li(2007)用双重差分法考察了兰(州)新(疆)铁路复线对区域经济的影响,李涵与黎志刚(2009)则用倍差法考察了公路和铁路对企业存货水平的影响,Atack et al.(2009)则用该方法考察了铁路对美国城市化和人口增长的影响。

　　为了保证估计方程有较稳健的理论基石,本研究将式(1.5)与前文所述的增长收敛回归式(1.4)相结合作为回归方程。在此基础上,本研究还增加了地理位置、政府开支等变量以控制其他因素对经济增长的影响。因此,本研究最终的估计方程为:

$$g_{it} = \alpha_i + \beta du_{it} \times dt_{it} + \beta_d \ln(dis_{it}) \times du_{it} \times dt_{it} + trend_t$$
$$+ \beta_1 \ln(y_{it}) + \beta_2 \ln(n_{it} + \gamma + \delta) + \beta_3 \ln(save_{it}) + \beta_4 \ln(gov_{it})$$
$$+ \beta_5 \ln(health_{it}) + \varepsilon_{it} \tag{1.6}$$

鉴于中国近年来各城市的行政区范围变动较大,而各市市辖区的范围相对稳定,本研究采用各市市辖区的数据。另外,在经济增长的实证研究中,很多研究以 3—5 年作为一个时间段平滑经济波动的影响。本研究出于样本个数的考虑,将 3 年设为一个时间单位①。
下面,我们对方程(1.6)中各变量做一个简单的解释。

被解释变量 g 表示经济增长速度,本研究用人均 GDP 增长率表示。关于中国经济增长的实证文献中,徐现祥等(2007)在省级层面的研究用的也是人均 GDP 增长率。在实证研究中,劳均 GDP 也是一种常用做法。由于各城市的总人口和就业人数通常存在较强的相关性,这两种平均产出指标对结果通常不会产生显著影响。对于经济增长率,本研究用某一时段最后一年的人均 GDP 和该时段第一年的上一年人均 GDP 计算而得。以 2000 年至 2002 年时间段为例,期初收入为 1999 年的人均 GDP 对数,即 $y_{i,1999}$,该时段的经济增长率具体计算公式为 $g=(y_{i,2002}/y_{i,1999})^{1/3}-1$。

$\ln(dis) \times du \times dt$ 用于刻画中心城市的扩散作用。交通基础设施承担起城市间经济活动连接的纽带,有助于核心城市更有效地发挥其对周边城市的经济辐射功能。如前所述,为了控制差异,我们的样本不包括直辖市、计划单列市。但对于本文所考察的京广线和京沪线而言,不考虑北京、上海、广州的影响也许是不合适的。为此,我们在解释变量中引入了各城市到达这三大超级中心城市的铁路里程。由于本文采用的是面板固定效应估计方法,所以,随时间不变的铁路里程是无法作为解释变量直接进入回归方程,因此,本文通过将其与铁路提速联系在一起引入回归方程。具体来说,我们用各城市到三大超级中心城市铁路里程最小值的对数与虚拟变量 $du \times dt$ 的乘积项来刻画中心城市的扩散作用。这一指标既包含了影响扩散作用发挥的数量因素,即距离,也包含了影响扩散作用发挥的质量因素,即铁路提速。

---

① 不可否认,这种做法并没有理论基础,仅仅是一种经验性的设定。当然,在后文的稳健性检验中,我们也考察了将时间段设为 4—5 年的情形,结果没有显著的差异。

$\ln(y_o)$ 表示各城市在各期期初的收入,用人均 GDP 对数表示。

$\ln(n+\gamma+\delta)$ 表示修正人口增长率,其中 δ,γ 分别表示资本折旧率和技术进步率,参照徐现祥等(2007)的经验做法,取 $\gamma+\delta=0.1$。

$\ln(save)$ 表示储蓄率,本文用资本形成总额占 GDP 比重的对数代表储蓄率。对于中国城市一级的储蓄率,国内学者陆铭(2009)采用当年固定资产投资额占 GDP 比重。本文则利用张军(2004)估计的 1985 年各省资本存量,各城市当年固定资产投资占省固定资产投资的比例作为权重获得 1985 年各城市的资本存量,然后利用永续盘存法得到各期的资本存量,其中资本折旧率同样参照张军(2004)所用的 9.6%。而各期的储蓄率则采用该时间段内年储蓄率的平均值。

$\ln(gov)$ 表示财政支出占 GDP 比重的对数,用于控制一个城市在多大程度上依赖于政府推动的经济增长方式,这个变量也在经济增长的实证研究文献中被用来控制政府干预。

$\ln(health)$ 是人均拥有病床数的对数,因为缺乏直接度量指标的原因,这一变量用于控制健康维度的人力资本。

trend 是时间趋势项,以控制其他与时间密切联系的对经济增长的影响因素。

三、控制组的选择

使用双重差分方法的一个关键是如何选取控制组,该方法要求实验组和控制组之间的实验结果(如本研究所考察的是人均 GDP 增长率)差异是由实验变量(如本研究所考察的铁路提速)导致的。因此,本研究尽量寻找那些铁路提速前后与提速城市相似的城市作为控制组,或者说在控制了可观察变量之后两者尽可能地相似。

首先,我们构造铁路提速的实验组。如前所述,自 1997 年以来中国共进行了 6 次铁路大提速,其涉及的铁路线较多,但主要集中在中东部人口密集地区。本文选择京广线和京沪线作为分析对象。主要原因有以下几点。第一,京广线途经 6 个省市,是中国最重要的一条南北铁路干线;而京沪线则连接着中国最大、经济发展水平最发达的两座城市,途经的 7 个省市大都属于沿海经济发达地带①,是中国目前最繁忙的铁路干线之一,这两条铁路线对国民经济起着非同寻常的作用。因此,选择这两条铁路线来考察我国基础设施对经济的影响,其结果具有一定的代表性。第二,京广线和京沪线是最早开始提速的铁路线路,经济政策要发挥效应通常需要一段时间,所以,出于时间长度的考虑,选择它们作为考察对象有助于本文分析铁路提速的短期影响和中期影响。第三,相对而言,这两条铁路线所经过的各站点基本处在东南沿海与中原这一区域,地理位置上的差异较小,有助于控制样本差异过大导致的偏误。鉴于该原因,本文舍去了运行在东北地区的京哈线,它属于最早开始提速的三条铁路干线之一。第四,本文选取的样本是地级市,主要原因是在提速过程中,地级城市或早或晚都成为了提速受惠城市,提速缩短了铁路沿途站点之间的列车运行时间。同时,沿线部分县级市或者县级市下的小站被取消停靠部分班次,甚至取消客运业务,因此,尽管这些站点位于提速线路上,但这些城市是提速的非受惠城市。基于以上考虑,同时处于数据可得性的考虑,本研究的实验组主要由京广线和京沪线沿途主要站点中的地级市构成。另外,在构造的实验组中,本研究除去了京广线和京沪线路经的直辖市、省会和计划单列市②。主要的原因在于这些城市的经济发展水平相对较高,发展环境、享受到的中央或地

---

① 京广线路经北京、河北、河南、湖北、湖南和广东;京沪线路经北京、天津、河北、山东、安徽、江苏和上海。

② 这些城市具体为北京、天津、石家庄、上海、南京、合肥、济南、郑州、武汉、长沙、广州、深圳。

方其他经济政策都较其他城市而言有很大的差异性,因此,我们很难构造与其相匹配的控制组。

表1—1　京广线和京沪线铁路提速处理组和对照组的地域分布

	实验组(25)	控制组(58)
地域分布	河北省(4)、江苏省(4)、安徽省(2)、山东省(3)、河南省(6)、湖北省(1)、湖南省(4)、广东省(1)	河北省(1)、江苏省(3)、浙江省(9)、安徽省(4)、福建省(7)、江西省(5)、山东省(8)、河南省(3)、湖北省(4)、湖南省(3)、广东省(11)

注:括号里数目代表该省所含实验组或对照组的城市个数。

对于对照组的选择,基于尽量减少控制组和实验组之间差异的目的,本研究选择京广线和京沪线所经省份中京广线和京沪线未经过的地级市作为控制组的成员。另外出于样本点的考虑,补充了在地理位置上较为邻近的浙江、福建和江西三省的部分地级市作为控制组成员。这种选择策略主要是基于空间相邻的样本之间差异相对较小的假设。此外,基于前面提到的理由,本研究所构造的控制组样本中也不包含省会、计划单列市。当然,后文对控制组的选择进行了相关的稳健性检验。最终的实验组和控制组的分组结果如表1—1所示。

图1—1　京广线和京沪线铁路提速时间轴

在时期选择上,由于1997年4月京广线和京沪线开始实施第一次铁路大提速(两条铁路线的提速时间安排见图1—1),因此1997年以前作为铁路提速未发生期。为了尽可能控制时间的影响,本文选择1994—1996年作为铁路未提速的时间段;1997—2006年期间则作为铁路提速发生期。自1997年京广线、京沪线第一次提速之后,2000年10月的全国第三次火车提速没有涉及京广线和京沪线,2001年11月进

行的第四次提速涉及了京广线南段,2004 年 4 月的第五次提速则涉及
了京沪线,但主要是开通北京—上海的直达列车。2007 年 4 月的第六
次提速是涉及范围最广的一次,此次提速干线包括京哈线、京广线、京
沪线、京九线、陇海线、浙赣线、兰新线、广深线、胶济线、武九线①。由
于此次提速范围比较广,难以在地级市层面构造相对应的对照组,故
本文考察的火车提速时间段为 1997—2006 年。

四、数据的统计性描述

本研究的数据是基于 1994—2007 年《中国城市统计年鉴》建立起
来的城市面板数据。以 1990 年作为基期,将各城市的 GDP 按其所在
省份的 GDP 指数进行调整得到实际 GDP。表 1—2 给出了以 3 年作
为一个时间段各变量的统计性指标。人均 GDP 的增长率和修正的人
口增长率的计算如前所述,而储蓄率($ln(save)$)、政府干预程度($ln(gov)$)、人力资本($ln(health)$)则是取各时间段内年度指标的算术平
均值的对数,$ln(dis)$ 则取各城市到达三大超级中心城市的铁路里程的
对数。样本总共包括 85 个城市,4 个时间段,由于个别城市存在缺失
数据,导致部分变量的观测个数有少量损失,具体如表 1—2 所示。

表 1—2　各变量的基本统计特征

变量	未分组			控制组			实验组		
	均值	标准差	观测个数	均值	标准差	观测个数	均值	标准差	观测个数
g	0.009	0.011	332	0.009	0.013	232	0.008	0.008	100
$ln(y_0)$	-0.351	0.601	332	-0.305	0.628	232	-0.460	0.519	100
$ln(n+\gamma+\delta)$	-2.035	0.373	329	-2.048	0.371	229	-2.006	0.377	100

① 参见中央电视台网站:http://news.cctv.com/special/special/C18251/01/。

变量	未分组			控制组			实验组		
	均值	标准差	观测个数	均值	标准差	观测个数	均值	标准差	观测个数
ln(save)	2.604	0.072	304	2.607	0.073	204	2.598	0.068	100
ln(gov)	-2.655	0.564	332	-2.606	0.480	232	-2.769	0.712	100
ln(health)	3.798	0.420	332	3.733	0.402	232	3.950	0.424	100
ln(dis)	6.188	0.794	296	6.321	0.774	196	5.927	0.771	100

第四节 基本回归结果与分析

一、基本结果

如前所述,本研究将 3 年设为一个时间段。具体来说,本研究考察的几个时间段分别是铁路提速之前的 1994—1996 年,铁路提速后的 1997—1999 年、2000—2002 年、2003—2005 年。我们首先通过比较 1994—1996 年与整个 1997—2005 年 3 个时段铁路提速的总体效果,然后进行分时段的考察,即分别比较 1994—1996 年与 1997—1999 年、2000—2002 年、2003—2005 年三个时段铁路提速的效果。

按照面板估计的一般程序,我们首先做了 Hausman 检验,结果显示应该采用固定效应,这也符合增长收敛回归方程背后的理论基础。另外,为了处理面板数据环境下通常存在的异方差,本研究采用 Driscoll & Kraay(1998)提出的稳健(robust)方差结构。估计结果如表 1—3 所示,刻画铁路提速对经济增长影响的估计系数 β 显著为正,如前文所预期的一致,铁路提速带来的交通设施质量改善提高了沿途站点的人均 GDP 增长率。如前文所述,从经济理论上看,一方面,铁路提速节约了旅行和运输时间,从而促进了经济发展。由于时间的减少意味着区域间的联系更为紧密,劳动力和其他生产要素的流动更为便捷,市场一体化的程度加深,交易成本下降,知识的外溢速度也更快。另一方面,铁路提速也加大了运输规模,扩大了市场规模、进而享受规模经济带来的收益。这些原因都有可能促使铁路提速有助于经济增长。对于提速后的整个 1997—2005 年时期,β 为 0.0377,并通过了显著性水平为 1% 的检验,这说明与非提速站点相比,提速站点的经济增长速度显著地高出了 3.8 个百分点。同样地,当我们分时段考察铁路提速作用时,1997—1999 年、2000—2002 年和 2003—2005 年三个时段的估计系数也都显著为正,分别为 0.0288、0.0466 和 0.05,表现出一个递增的趋势。当然,这种递增态势存在边际递减的迹象。一方面,铁路提速是一个渐进的过程,提速的城市越多,其网络效应也越明显;另一方面,铁路提速的政策效果也有一个滞后期。因此,随着时间的推进,其对经济增长的作用也越来越明显。此外,不同时期情形中的 β_d 都显著为负。显然,这也符合一般的经济直觉。中心城市的经济扩散作用随距离呈现一个衰减的态势。

表 1—3　铁路提速对城市经济增长影响的估计结果

铁路提速前	1994—1996 年	1994—1996 年	1994—1996 年	1994—1996 年
铁路提速后	1997—2005 年	1997—1999 年	2000—2002 年	2003—2005 年
各时期长度	3 年/3 年	3 年/3 年	3 年/3 年	3 年/3 年
$\ln(y_0)$	−0.0393 *** (0.0044)	−0.0429 *** (0.0033)	−0.0411 *** (0.0045)	−0.0394 *** (0.0054)
$\ln(n+\gamma+\delta)$	−0.0032 ** (0.0014)	−0.0043 * (0.0024)	−0.0036 (0.0031)	−0.0041 (0.0025)
$\ln(save)$	0.0841 ** (0.0335)	0.075 (0.0467)	0.0706 * (0.0378)	0.0787 ** (0.0368)

续表

铁路提速前	1994—1996 年	1994—1996 年	1994—1996 年	1994—1996 年
铁路提速后	1997—2005 年	1997—1999 年	2000—2002 年	2003—2005 年
各时期长度	3 年/3 年	3 年/3 年	3 年/3 年	3 年/3 年
ln(gov)	−0.0092*** (0.0034)	−0.0102** (0.0051)	−0.0068* (0.0037)	−0.0070* (0.0039)
ln(health)	0.0154*** (0.0031)	0.0037 (0.0041)	0.0186*** (0.0039)	0.0208*** (0.0035)
trend	0.0023*** (0.0004)	0.0017** (0.0007)	0.0021*** (0.0005)	0.0021*** (0.0005)
du×dt	0.0377*** (0.0111)	0.0288*** (0.0066)	0.0466*** (0.0131)	0.0500*** (0.0181)
ln(dis)×du×dt	−0.0063*** (0.0018)	−0.0047*** (0.0012)	−0.0073*** (0.0021)	−0.0079*** (0.0029)
常数项	−0.3334*** (0.0893)	−0.2692** (0.1224)	−0.3050*** (0.1055)	−0.3347*** (0.1016)
Hausman 检验	124.62	58.19	55.90	45.61
with−in R^2	0.76	0.91	0.86	0.78
observations	281	139	141	141

注:估计方法为固定效应模型,且采用了 Driscoll & Kraay 方差结构修正截面异方差;( )内的数值表示相应回归系数的标准差;***、**、*分别表示在 1%、5% 及 10% 的显著性水平上显著。

另外,初始收入水平的系数均显著为负、修正人口增长率的系数基本显著为负、储蓄率的系数大多数也显著为正,这符合增长收敛回归的标准结果。至于其他因素,政府干预程度的系数显著为负,人力资本的系数显著为正,这都符合一般经济理论的预期。

二、稳健性检验

为了考察表 1—3 中给出的回归结果的可靠性,我们进行以下的稳健性检验。首先,我们考察时间段长度变化的影响。如前所述,选择 3 年作为一个时间段的长度仅仅是一种经验性的处理。为此,我们将提速后时期各时间段分别设置为 4 年或者 5 年,但对提速前的时期我们仍旧保留原来 3 年的做法。如表 1—4 所示,时间段长度的变化对回归结果没有实质性的影响。当时间段长度为 4 年和 5 年时,对于整个提速期间(表 1—4 的第 2 栏和第 5 栏),估计系数 β 分别通过了显著性水平为 1% 和 5% 的检验,相应的大小分别是 0.0455和 0.0316;同样地,估计系数 β_d 也都通过了显著性水平为 1% 的检验,相应的大小分别是-0.0073 和-0.0052。而对于其他控制变量,初始收入水平($\ln(y_0)$)、修正人口增长率($\ln(n+\gamma+\delta)$)、储蓄率($\ln(save)$)、政府干预程度($\ln(gov)$)、人力资本($\ln(health)$)的估计系数也均通过了显著性水平为 5% 的检验,并且符号一致,数值变化不大。

同样地,我们对铁路提速期间进一步进行分时段的考察,限于时间长度,我们将整个提速期划分为两段,回归结果如表 1—4 中的第3、4、6 和 7 栏,前两个对应于时间段长度为 4 年的情形,后两个对应于时间段长度为 5 年的情形。我们最关心的估计系数 β 同样都通过了显著性水平为 1% 的检验,而且也表现出随时间递增的态势。当然,其他的控制变量估计系数的符号没有发生变化,且大多显著。

表 1—4　时间段的变化——铁路提速对城市经济增长影响的估计结果

铁路提速前	1994—1996 年	1994—1996 年	1994—1996 年	1994—1996 年	1994—1996 年	1994—1996 年
铁路提速后	1999—2006 年	1999—2002 年	2003—2006 年	1997—2006 年	1997—2001 年	2002—2006 年
各时期长度	3 年/4 年	3 年/4 年	3 年/4 年	3 年/5 年	3 年/5 年	3 年/5 年
$\ln(y_0)$	-0.0387 *** (0.0052)	-0.0418 *** (0.0042)	-0.0375 *** (0.0062)	-0.0375 *** (0.0029)	-0.0429 *** (0.0039)	-0.0373 *** (0.0061)
$\ln(n+\gamma+\delta)$	-0.0033 ** (0.0016)	-0.0025 (0.0031)	-0.0033 (0.0032)	-0.0013 *** (0.0004)	-0.0021 (0.0033)	-0.0025 (0.0027)
$\ln(save)$	0.0762 ** (0.0301)	0.0594 * (0.0339)	0.0740 ** (0.0351)	0.0551 *** (0.0033)	0.0645 * (0.0357)	0.0688 ** (0.0325)

续表

铁路提速前	1994—1996 年	1994—1996 年	1994—1996 年	1994—1996 年	1994—1996 年	1994—1996 年
铁路提速后	1999—2006 年	1999—2002 年	2003—2006 年	1997—2006 年	1997—2001 年	2002—2006 年
各时期长度	3 年/4 年	3 年/4 年	3 年/4 年	3 年/5 年	3 年/5 年	3 年/5 年
ln(gov)	−0.0075 ** (0.0029)	−0.0059 ** (0.0029)	−0.0075 ** (0.0036)	−0.0060 *** (0.0005)	−0.0042 (0.0028)	−0.0080 ** (0.0037)
ln(health)	0.0176 *** (0.0029)	0.0183 *** (0.0035)	0.0204 *** (0.0035)	0.0135 *** (0.0014)	0.0059 * (0.0033)	0.0176 *** (0.0034)
trend	0.0022 *** (0.0005)	0.0021 *** (0.0005)	0.0020 *** (0.0005)	0.0024 *** (0.0001)	0.0017 ** (0.0007)	0.0021 *** (0.0005)
du×dt	0.0455 *** (0.0115)	0.0396 *** (0.0099)	0.0543 *** (0.0149)	0.0316 *** (0.0074)	0.0192 *** (0.0059)	0.0522 *** (0.0138)
ln(dis)× du×dt	−0.0073 *** (0.0018)	−0.0061 *** (0.0016)	−0.0084 *** (0.0023)	−0.0052 *** (0.0011)	−0.0030 *** (0.001)	−0.0082 *** (0.0022)
常数项	−0.3162 *** (0.0812)	−0.2711 *** (0.0926)	−0.3192 *** (0.0969)	−0.2382 *** (0.0149)	−0.2297 ** (0.0941)	−0.2953 *** (0.091)
Hausman 检验	87.9	62.19	41.95	85.96	63.2	45.01
with-in R^2	0.78	0.88	0.74	0.79	0.93	0.78
observations	212	141	141	210	139	141

注:估计方法为固定效应模型,且采用了 Driscoll & Kraay 方差结构修正截面异方差;( )内的数值表示相应回归系数的标准差;*** 、** 、* 分别表示在 1%、5% 及 10%的显著性水平上显著。

第二,我们进一步考察控制组变化的影响。首先,我们保持原来的实验组不变,然后按以下两种方式重新构造控制组。第一种,以地理位置作为标准。只选择京广线和京沪线经过的河北、江苏、安徽、山东、河南、湖北、湖南和广东这八个省的非提速站点作为控制组,称其为省内控制组。当然,这样处理的主要原因是基于相同省份内的城市差异相对较小的假设。第二种,以收入水平作为标准构建控制组。具体来说,我们选择 1994 年实验组人均 GDP 对数的 5% 和 95% 分位数这一区间作为控制组人均 GDP 的选择依据。因此,对于原来的控制组,只有其 1994 年人均 GDP 对数处于上述区间的城市才能进入新的控制组,称其为收入控制组。由于收入水平反映的是一个城市发展状况的综合性指标,以其作为选择控制组的标准也许能够较好地控制实验组与控制组之间的差异。另外,我们仍旧以 3 年作为一个时间段考察铁路提速的总体效果和分段效果。

估计结果如表 1—5 和 1—6 所示。我们关注的估计系数 β 均通过了显著性水平为 1% 的检验。当控制组由省内样本构成时,如表 1—5 的第二栏所示,在整个提速期间,估计系数 β 为 0.0383;当根据收入来选择控制组时,如表 1—6 所示,整个提速期间的估计系数 β 为 0.0349,两者与前面所有样本回归的系数 0.0377 都相差不大。与此同时,和表 1—3 的结果相似,无论是省内控制组还是收入控制组的回归结果都显示 2003—2005 年期间的系数要高于 1997—1999 年期间的系数。

另外,系数 β_d 也都通过了显著性水平为 1% 的检验,其绝对值也具有一个随时间递增的趋势。当然,其他控制变量也基本显著,并和表 1—3 的估计结果较为接近。

上述分析意味着,我们按其他标准重新构造控制组或者对时间段的长度进行改变并没有对实证结果带来实质的改变,因此,我们的结论是较为稳健的。

表 1—5 控制组变化——省内控制组的估计结果

铁路提速前	1994—1996 年	1994—1996 年	1994—1996 年	1994—1996 年
铁路提速后	1997—2005 年	1997—1999 年	2000—2002 年	2003—2005 年
各时期长度	3 年/3 年	3 年/3 年	3 年/3 年	3 年/3 年
$\ln(y_0)$	-0.0430 *** (0.0042)	-0.0444 *** (0.0032)	-0.0448 *** (0.0038)	-0.0432 *** (0.0046)
$\ln(n+\gamma+\delta)$	-0.0002 (0.0017)	-0.0017 (0.0032)	0.0047 ** (0.002)	-0.0059 (0.0036)

续表

铁路提速前	1994—1996 年	1994—1996 年	1994—1996 年	1994—1996 年
铁路提速后	1997—2005 年	1997—1999 年	2000—2002 年	2003—2005 年
各时期长度	3 年/3 年	3 年/3 年	3 年/3 年	3 年/3 年
$\ln(save)$	0.0868 ** (0.0428)	-0.0049 (0.0663)	0.0618 (0.051)	0.0950 * (0.0493)
$\ln(gov)$	-0.0144 *** (0.0043)	-0.0134 * (0.0068)	-0.0112 ** (0.0053)	-0.0134 ** (0.006)
$\ln(health)$	0.0129 *** (0.0039)	0.006 (0.0061)	0.0183 *** (0.0043)	0.0175 *** (0.0042)
trend	0.0030 *** (0.0005)	0.0024 ** (0.001)	0.0029 *** (0.0007)	0.0026 *** (0.0006)
du×dt	0.0383 *** (0.0117)	0.0335 *** (0.0078)	0.0329 *** (0.0107)	0.0520 *** (0.0181)
$\ln(dis) \times$ du×dt	-0.0067 *** (0.0019)	-0.0051 *** (0.0013)	-0.0053 *** (0.0018)	-0.0086 *** (0.0029)
常数项	-0.3511 *** (0.1161)	-0.0886 (0.1791)	-0.2896 ** (0.1421)	-0.3961 *** (0.137)
Hausman 检验	72.09	26.34	30.62	25.54
with-in R^2	0.83	0.93	0.92	0.86
observations	174	86	87	87

注:估计方法为固定效应模型,且采用了 Driscoll & Kraay 方差结构修正截面异方差;( )内的
数值表示相应回归系数的标准差;***、**、* 分别表示在 1%、5% 及 10%的显著性水平上
显著。

表 1—6   控制组变化——收入控制组的估计结果

铁路提速前	1994—1996 年	1994—1996 年	1994—1996 年	1994—1996 年
铁路提速后	1997—2005 年	1997—1999 年	2000—2002 年	2003—2005 年
各时期长度	3 年/3 年	3 年/3 年	3 年/3 年	3 年/3 年
$\ln(y_0)$	-0.0346 *** (0.003)	-0.0399 *** (0.0025)	-0.0350 *** (0.0042)	-0.0321 *** (0.0052)
$\ln(n+\gamma+\delta)$	-0.0043 *** (0.0013)	-0.0055 ** (0.0024)	-0.0057 ** (0.0028)	-0.0059 ** (0.0028)

续表

铁路提速前	1994—1996 年	1994—1996 年	1994—1996 年	1994—1996 年
铁路提速后	1997—2005 年	1997—1999 年	2000—2002 年	2003—2005 年
各时期长度	3 年/3 年	3 年/3 年	3 年/3 年	3 年/3 年
ln(save)	0.0642 * (0.0336)	0.0483 (0.0465)	0.0628 (0.0386)	0.0604 * (0.0345)
ln(gov)	−0.0075 ** (0.0031)	−0.0095 ** (0.0047)	−0.0047 (0.0034)	−0.0046 (0.0036)
ln(health)	0.0132 *** (0.0029)	0.0024 (0.0042)	0.0155 *** (0.004)	0.0177 *** (0.0036)
trend	0.0021 *** (0.0004)	0.0019 ** (0.0008)	0.0017 *** (0.0006)	0.0018 *** (0.0003)
du×dt	0.0349 *** (0.0104)	0.0282 *** (0.0062)	0.0435 *** (0.0138)	0.0428 ** (0.017)
ln(dis)× du×dt	−0.0058 *** (0.0017)	−0.0046 *** (0.0011)	−0.0068 *** (0.0022)	−0.0068 ** (0.0027)
常数项	−0.2695 *** (0.0897)	−0.1972 (0.1197)	−0.2673 ** (0.1069)	−0.2677 *** (0.0993)
Hausman 检验	105.63	60.04	45.93	33.98
with−in R^2	0.66	0.84	0.77	0.62
observations	246	122	123	123

注:估计方法为固定效应模型,且采用了 Driscoll & Kraay 方差结构修正截面异方差;( )内的数值表示相应回归系数的标准差;***、**、* 分别表示在 1%、5% 及 10% 的显著性水平上显著。

三、反事实分析

为了进一步验证本研究回归结果的可靠程度,我们在本小节进行反事实分析。简单地说,我们在未提速的 1991—1997 年[①]时间段选取某年作为一个虚拟的提速时间点,然后利用反事实分析再次考

---

① 严格来说,1997 年 4 月京广线和京沪线已经进行了第一次提速,但为了能进行反事实分析,我们将 1997 年划入为提速期。

察铁路提速的作用。具体来说,我们分别选用 1994 年和 1995 年作为虚拟的提速时间点,然后再利用倍差法考察铁路提速的影响。结果如表 1—7 所示,两种情形中估计系数 β 均为负,且都不显著;同时结合离中心城市距离的乘积项的估计系数 β_d 也不显著。该结果显示,虚拟的提速并没有体现出铁路提速对经济增长的影响。这在一定程度上从侧面支持了前文铁路提速有助于经济增长点的结论。

表 1—7 铁路提速对城市经济增长影响的反事实分析

虚拟提速时点	1994 年	1995 年
铁路提速前	1991—1993 年	1991—1993 年
铁路提速后	1994—1996 年	1995—1997 年
各时期长度	3 年/3 年	3 年/3 年
du×dt	−0.003 (0.0109)	−0.0119 (0.0161)
ln(dis)×du×dt	−0.0006 (0.002)	0.0022 (0.0028)
Hausman 检验	103.94	43.01
with−in R^2	0.93	0.63
observations	141	140

注:估计方法为固定效应模型,且采用了 Driscoll & Kraay 方差结构修正截面异方差;( )内的数值表示相应回归系数的标准差;*** 、** 、* 分别表示在 1%、5% 及 10% 的显著性水平上显著。

第五节　铁路提速效应的比较分析:距离、铁路线和经济发展水平的影响

一、距离的影响

交通基础设施承担起了联系各地经济活动的纽带,铁路提速通

过缩短旅行或运输时间而强化各地区经济活动的联系,但这种强化作用毫无疑问会随着空间距离的延长而减弱,甚至不存在。比如说,铁路提速前,城市 A 通过铁路能与 500 公里以内的其他经济活动进行有效的联系;铁路提速后,这个长度上升到 600 公里,但城市 A 仍然无法与 600 公里以外的地区实现有效的经济联系。另外,核心城市对周围其他城市的经济辐射也会随着距离的增加而衰减。陆铭(2010)就曾经指出,来自中国的经验表明,距离大港口(上海、香港和天津)500 公里左右的城市土地利用效率要比大港口附近地区低大约 50%。所以,我们根据非中心城市与三大核心城市的距离重新划分实验组。具体来说,以实验组中各城市到三大核心城市铁路里程的最小值 *dis* 的均值作为划分标准,将实验组划分为两组,如果 *dis* 大于均值则划入远距离实验组;反之则划入近距离实验组。相应地,我们用同样的标准重新划分了控制组。

表 1—8 给出的估计结果显示,各城市与核心城市的距离对铁路提速效果的影响是较为明显的。对于整个铁路提速时间段 1997—2006 年,近距离实验组和远距离实验组的估计系数 β_{treat} 都分别为

表1—8　距离对铁路提速效果的影响

提速前		1994—1996 年	1994—1996 年	1994—1996 年 [§]	1994—1996 年 [§]	1994—1996 年
提速后		1997—2006 年	1997—1998 年	1999—2001 年	2002—2003 年	2004—2006 年
近距离组	du×dt	0.0381 * (0.0182)	0.0157 * (0.0071)	0.0427 *** (0.0078)	0.0622 ** (0.0145)	0.0750 *** (0.0181)
	ln(dis)× du×dt	0.006 (0.0036)	0.0014 (0.0012)	0.0060 *** (0.0013)	0.0088 ** (0.0025)	0.0135 *** (0.0029)
	Hausman 检验	37.44 [0.0000]	36.16 [0.0000]	30.14 [0.0002]	22.02 [0.0049]	20.03 [0.0102]
	With-in R^2	0.7943	0.7707	0.7985	0.8888	0.8925
	样本数	323	123	149	124	149

续表

提速前		1994— 1996 年	1994— 1996 年	1994— 1996 年 §	1994— 1996 年 §	1994— 1996 年
提速后		1997— 2006 年	1997— 1998 年	1999— 2001 年	2002— 2003 年	2004— 2006 年
远距离组	du×dt	0.1818 *** (0.0237)	0.1248 ** (0.0363)	0.2072 * (0.1085)	0.2654 ** (0.1404)	0.2103 *** (0.0246)
	ln(dis)× du×dt	0.0286 *** (0.0038)	0.0196 ** (0.0055)	0.0328 ** (0.0167)	0.0403 * (0.0216)	0.0324 *** (0.0039)
	Hausman 检验	24.72 [0.0009]	16.07 [0.0414]	12.31 [0.138]	10.80 [0.2131]	17.53 [0.0250]
	with-in R^2	0.8902	0.5653	0.8038	0.9020	0.9423
	样本数	352	130	159	129	159

注:估计方法为固定效应模型,且采用了 Driscoll & Kraay 方差结构修正截面异方差;§ 则表示
估计方法为随机效应,且采用了 robust 的方差结构。( )内的数值表示相应回归系数的标
准差;[ ]内的数值表示相应统计量的 P 值;*** 、** 、* 分别表示在 1%、5%及 10%的显著
性水平上显著。

0.0381 和 0.1818,且分别通过了 10%和 1%的显著性检验。β_{treat} 测度
的是铁路提速对实验组和控制组人均 GDP 影响的差异,由于上述两
个回归的控制组不一样,两个 β_{treat} 的数值大小并不可比。但从相对
水平上看,对于离核心城市较近的铁路线上的区域,铁路提速对经济
增长的推动作用更弱一些;反之,对于离核心城市较远的铁路线上的
区域,铁路提速对经济增长的推动作用更强一些。这其中的逻辑在
于,铁路提速对要素流动成本的绝对节约数量随着距离的增加而增
加。另外,新经济地理学强调核心城市通常具有强大的经济集聚力,
这种力量也体现在核心城市周围一般都具有更发达的其他交通网
络,比如公路。铁路提速所导致的铁路对其他交通设施的替代性也
会弱一些。而远离核心城市的地区,其他交通网络相对不够发达,铁
路在其交通网络中本身就处于一个较为重要的位置。因此,铁路提
速导致铁路对其他交通设施的替代性会强一些,进而会强化其对经

济增长的促进作用。近距离实验组和远距离实验组回归的组内 R^2 分别是 0.79 和 0.89,这意味着回归方程中的解释变量对远距离实验组的解释力要高于近距离实验组。这从一个侧面也说明了上述观点。同样的特征也表现在铁路提速对核心城市的经济辐射的影响上。近距离实验组和远距离实验组的估计系数 β_d 都分别为 0.006(不显著)和 0.0286(显著)。再进一步从各个子时期看,两种情形中的 β 和 β_d 基本都显著为正,且远距离实验组相应的估计系数要大些。

二、经济发展水平的影响

在经济理论上,外部性是基础设施对经济增长推动作用的主要因素之一。但基础设施只有与市场结构、市场需求和市场制度等经济要素和制度因素结合才能将这种潜在的外部性转化为现实,进而促进这种作用的提高。Banerjee & Duflo(2012)强调发展中国家的企业由于信贷约束、保险市场不完善、地区市场分割等因素而无法有效地利用基础设施获得潜在的投资机会和先进技术。因此,在一个相对发达或者成熟的市场环境中,基础设施带来的经济回报也会更高。收入水平通常是一个体现市场环境的综合指标。所以,我们根据人均 GDP 重新划分实验组,以此考察经济发展环境对铁路提速效果的影响。具体来说,以提速前 1994—1996 年期间实验组的城市人均 GDP 均值作为标准。这样做的原因有两点。第一,以三年的人均 GDP 均值作为经济发展水平标准可以在一定程度消除经济波动所导致的选择误差。第二,由于我们的目的是考察铁路提速的影响,所以选择铁路提速前的人均 GDP 作为衡量经济发展水平的标准。根据上述标准,如果实验组中某城市的 1994—1996 年人均 GDP 均值低于实验组在同时期的均值,那么我们将其划入低收入实验组;反之,则属于高收入实验组。另外,为了便于比较,我们保持控制组不变。

表1—9　经济发展水平对铁路提速效果的影响

提速前		1994—1996 年	1994—1996 年	1994—1996 年	1994—1996 年	1994—1996 年
提速后		1997—2006 年	1997—1998 年	1999—2001 年	2002—2003 年	2004—2006 年
高收入组	du×dt	0.0883 *** (0.0245)	0.0361 *** (0.0075)	0.0804 *** (0.0055)	0.1115 *** (0.0131)	0.1447 *** (0.0164)
	ln(dis)× du×dt	0.0110 *** (0.0043)	0.0049 (0.0012)	0.0120 ** (0.0009)	0.0209 *** (0.0025)	0.0186 *** (0.0029)
	Hausman 检验	18.15 [0.0201]	30.45 [0.0002]	22.92 [0.0035]	13.71 [0.0897]	13.64 [0.0917]
	with-in R^2	0.8192	0.5375	0.7188	0.8627	0.9025
	样本数	485	182	221	182	221
低收入组	du×dt	0.0576 *** (0.0062)	0.0263 ** (0.008)	0.0623 *** (0.0143)	0.0643 *** (0.0105)	0.0651 *** (0.0148)
	ln(dis)× du×dt	0.0088 *** (0.0013)	0.0032 * (0.0013)	0.0099 *** (0.0023)	0.0089 *** (0.0018)	0.0095 *** (0.0024)
	Hausman 检验	28.56 [0.0004]	39.93 [0.0000]	36.96 [0.0000]	27.35 [0.0006]	26.28 [0.0009]
	with-in R^2	0.8298	0.6111	0.7743	0.8828	0.9113
	样本数	545	203	248	203	248

注:估计方法为固定效应模型,且采用了 Driscoll & Kraay 方差结构修正截面异方差;( )内的数值表示相应回归系数的标准差;[ ]内的数值表示相应统计量的 P 值;*** 、** 、* 分别表示在 1% 、5% 及 10% 的显著性水平上显著。

估计结果如表 1—9 所示。对于整个铁路提速时间段 1997—2006 年,高收入实验组和低收入实验组的估计系数 β 都分别为 0.088 和 0.0576,且都通过了 1% 的显著性检验。该结果显示,在经济发展水平较高地区,铁路提速对经济增长的推动作用更为明显。对于铁路提速的各个子时期,高收入实验组的估计系数 β 也均大于对应的低收入组。另外,体现提速对核心城市经济辐射作用的估计系数 β_d 也都显著为正,且表现出同样的特征。上述结果显示,铁路提速对经济增长的促进作用在经济相对发达地区得到了更充分的发挥。收入相对发达地区在经济方面的硬实力和软实力都更具有优势,这些因素进一步对铁路提速所引起的外部性产生催化作用,强化了铁路提速效果。

三、铁路线的差异

最后,我们再进一步对京广线和京沪线两个铁路线的提速效果进行对比。尽管京广线和京沪线都是最早实施提速的铁路线,但两条铁路线在以下几个方面还存在较大的差异。第一,两条铁路线的长度差异较大。京广线全长 2289 公里,两端连接着北京和广州两个国家级中心城市;而京沪线全长 1463 公里,两端连接着北京和上海两个国家级中心城市。第二,两条铁路线路经地理位置上的差异。京广线北起北京市,南到广东省广州市,途经河北、河南、湖北、湖南等四省,北接京哈、京包、京通、京承等干线,南通广深线,中部与陇海线相交。京沪线北起北京市,东南到上海,途经河北、天津、山东、安徽、江苏五省市。显然,除去北京、上海和广州这样的中心城市,京沪线所经过城市经济发展水平相对较高,而京广线所经城市经济发展水平相对较低,这进而影响到两条铁路线沿途省份的基础设施水平。总的来看,京沪线途经的山东、江苏和安徽的基础设施水平高于京广线途经的湖南、湖北和河南。由于基础设施之间的外溢效应,基础设施水平较高的地区可能有助于进一步提升铁路提速的效果。鉴于两条铁路线的差异综合体现了各城市与核心城市距离和发展水平的差异,所以对比两条铁路线提速效果可以进一步丰富本研究的研究结果。

基于上述原因,我们根据两条铁路线重新划分了实验组和控制组。以京广线为例,对于前文所构造的实验组,我们将京广线路过的城市划分出来,构成京广线的实验组;相类似的,我们将原来控制组中属于京广线路经省份河北、湖南、湖北、河南和广东的城市划分出来,构成控制组。估计结果如表1—10所示,在整个提速期间,京广线的估计系数 β 为 0.0217,通过了10%的显著性检验;而京沪线相应的 β 为 0.0483,并通过了5%的显著性检验。京沪线提速对经济增长的推动作用更为明显。再进一步考察4个提速子时期的情况,

表1—10 京广线和京沪线铁路提速的对比

提速前		1994—1996年	1994—1996年	1994—1996年	1994—1996年	1994—1996年
提速后		1997—2006年	1997—1998年	1999—2001年	2002—2003年	2004—2006年
京广线	du×dt	0.0217*(0.0119)	0.0025(0.0124)	0.0082(0.008)	0.0485**(0.0148)	0.0312**(0.0119)
	ln(dis)×du×dt	0.0040*(0.0019)	0.0006(0.0018)	0.0022(0.0012)	0.0071**(0.0023)	0.0054**(0.002)
	Hausman检验	24.73[0.0017]	38.97[0.0000]	31.72[0.0001]	24.37[0.0020]	22.96[0.0034]
	with-in R^2	0.8120	0.5478	0.7443	0.8561	0.8907
	样本数	533	199	243	199	243
京沪线	du×dt	0.0483**(0.0199)	-0.009(0.01)	0.0560***(0.0072)	0.0755***(0.0047)	0.0885***(0.004)
	ln(dis)×du×dt	0.0068*(0.0035)	-0.0034(0.0017)	0.0075***(0.0013)	0.0110***(0.0008)	0.0128***(0.0009)
	Hausman检验	23.29[0.0030]	28.80[0.0030]	30.09[0.0002]	15.10[0.0572]	15.96[0.043]
	with-in R^2	0.8369	0.5996	0.7636	0.8881	0.9210
	样本数	497	186	226	186	226

注:估计方法为固定效应模型,且采用了 Driscoll & Kraay 方差结构修正截面异方差;( )内的数值表示相应回归系数的标准差;[ ]内的数值表示相应统计量的 P 值;***、**、*分别表示在1%、5%及10%的显著性水平上显著。

对于京广线来说,在 1997—1998 年和 1999—2001 年两个时段,估计系数 β 虽然为正,但并不显著,在后面两个子时期,估计系数 β 则显著为正;对于京沪线来说,1997—1998 年的估计系数 β 为负,且不显著,但在后面三个子时期内,估计系数 β 均显著为正,而且存在一个明显的递增趋势,同时大于京广线相对应的各期系数。这进一步显示,在提速的各子时期内,京沪线提速的效果也基本上强于京广线。同样的特征也表现在刻画铁路提速推动下的中心城市扩散作用的估计系数 β_d 上。在整个提速期间,京沪线和京广线估计系数 β_d 均显著为正,分别是 0.0068 和 0.004;在铁路提速初期的 1994—1998 年期间,β_d 均不显著,而在随后的三个子时期,京沪线的 β_d 均显著为正,且高于京广线对应的 β_d。总的来看,京沪线提速对经济增长的效果更为明显。该结论与前文关于距离和发展水平对铁路提速效果影响的分析结果是相一致的。京沪铁路线距离较短,更有利于北京和上海两个核心城市经济辐射的发挥,而京沪线所经的省份相对较高的经济发展水平又为铁路提速实现其潜在的外部性而提供了有利的环境,因此,京沪线提速对经济增长的促进作用更为明显。

第六节　小结与研究展望

基础设施通常被认为是保证经济发展政策走向成功的条件之一,其中的交通基础设施承担着经济活动之间的联系纽带,是企业开拓市场的地域范围、开发潜在客户、有效管理存货等多种经济行为决策的重要影响因素之一。中国在 1997—2006 年分步分地区实施了 6 次铁路提速,由于铁路提速政策制定和实施来自于铁道部等国家级政府部门的决策,独立于提速铁路线沿途经过的地级市,同时提速节约了旅行和运输时间,因此,其为我们提供了一个很好的交通基础设施质量改善的自然实验。基于城市一级数据,本研究以京广线和京沪线作为铁路提速的代表,构造了 1994—2006 年与铁路提速相匹配的实验组和控制组的面板数据,在面板数据环境下运用倍差法较好地识别和测度了铁路提速对经济增长的影响。

本章研究的主要结论是,铁路提速促进了沿途站点经济增长并提高了核心城市对周围城市的经济辐射能力。总体上看,在整个 1997—2005 年提速期间,京广线和京沪线的提速将其沿途提速站点的人均 GDP 增长率提高了约 3.7 个百分点;分时段的分析进一步显示,铁路提速对经济增长的作用随时间呈现递增的趋势。与此同时,在铁路提速的推动下,核心城市的经济辐射能力将人均 GDP 提高了 0.9%。我们的研究进一步发现,铁路提速对经济增长的促进作用表现出明显的地理空间和经济发展环境特征。在距离北上广三大核心城市较近的地区和经济发展水平较高的地区,铁路提速的效果更为明显。另外,京沪线对人均 GDP 和核心城市经济辐射的促进作用高于京广线。该结论从一个侧面支持了本文关于铁路提速作用的地理空间和经济发展环境特征。

当然,本研究仅局限于在较为宏观的层面考察铁路提速这一业已发生的政策对经济增长的影响,而对于铁路提速的成本、资源的重新配置以及由此而产生的成本和其他各方面的社会收益都未能涉及。此外,铁路提速对经济增长的作用渠道和微观机理也是该问题未来进一步研究的方向。

第二章

铁路提速、可达性改善与城市经济增长

"交通和通信设施的诸多好处中包括它们提供的对其他商品和服务的可获得性,这一点对城市而言尤其重要。"(世界银行,1994)。

第一节　引　言

　　交通基础设施在中国改革开放后30多年的经济高速增长历程中扮演着重要角色,不仅带动关联产业高速发展,还有效地缓解了制约国民经济发展的硬件"瓶颈",支撑整个社会经济的平稳运行。相对于公路、水运、航空、管道运输等运输方式,铁路运输具有安全程度高、运输速度快、运输距离长、运输能力大、运输成本低、受天气影响程度小等优势,因此,在中国这样一个幅员辽阔、地形多变的国家中,铁路运输毫无疑问成为发展经济所需的大规模、跨区域远途运输方式的首要选择。特别是铁路运输具有能源消耗低的优点,在当前国际石油资源日趋紧张的环境下,以电气化为主的铁路运输的成本优势和竞争力将进一步增强。鉴于这些优势,我国铁路运输需求将进一步增加。因此,建设快捷、高效的铁路网对于确保国家运输安全、满足经济发展的运输需求更具有重要意义。

为了缓解供求紧张的矛盾,铁路部门千方百计挖潜扩能,主要表现在两个方面:第一是在 1997 年至 2007 年期间,中国逐步实施了 6 次全国范围内的铁路大提速。第二是近年来进行大规模的高速铁路建设。2004 年,国务院审议通过《中长期铁路网规划》,提出修建"四纵四横"客运专线,客车速度目标值达到 200km/h 以上,由此奠定了中国高速铁路网发展的雏形。到 2012 年,新建高速铁路将达到 1.3 万公里。到 2015 年,高速铁路达 1.6 万公里以上,形成 5 万公里以上的快速铁路网,连接所有省会城市和 50 万人口以上城市,覆盖全国 90% 以上人口[①]。

交通基础设施是区域经济活动相互作用和联系的基础支撑,是城市网络化和区域经济一体化发展的物质基础和前提条件。铁路目前还是我国省际间最为主要的交通运输方式之一,铁路客运网络的完善和铁路旅行时间成本的缩短对增强省际间社会经济联系起着重要的支撑作用(孟德友和陆玉麒,2012)。铁路速度的提高可以缩短城市时空距离,产生"空间压缩"作用。一方面,它缩短了城市间的时空距离,为商品交换和旅客流动节约了时间,促进城市间的经济和社会联系,有助于区域经济一体化发展;另一方面,由于铁路网络固有的空间分布结构非均衡性,各城市在网络优化中的获益是不均衡的,从而导致其"相对区位"条件发生变化,对重塑区域和城市空间结构产生重要影响(金凤君等,2003)。

铁路提速的另外一个重要作用就是其对可达性改善的影响,可达性(Accessibility)是一个描述交通网络中某个节点的"相对区位"特征的常用指标。简单讲,可达性是指利用某一特定的交通系统从

---

① 参见"铁道部负责人谈中国高速铁路建设发展",http://news.ifeng.com/mainland/special/2010lianghui/zuixin/201003/0313_9417_1574852.shtml。

某一给定区位到达活动地点的便捷程度,可达性也是评价区域控制市场的能力和获取发展机会的有效指标之一(李平华和陆玉麒,2005)。从区域视角来看,可达性对经济发展和经济活动的空间分布起到了重要作用(Krugman,1991;Fujita et al.,1999)。可达性常常被认为是平衡区域经济发展的关键因素,理论和实证都证明了交通基础设施投资和由其导致的可达性变化对区域经济发展和经济活动的空间分布产生的重要影响(Holl,2007)。Mackiewiez & Ratajczak(1996)认为,可达性是空间经济结构再组织的"发生器",是产生区域经济发展空间差异、并且使各区域在新的空间经济格局中进行角色调整、重新组织的重要原因。这其中的逻辑在于:基础设施,特别是交通基础设施网络的发展和完善,对促进交通枢纽城市的形成、城市密集区和交通沿线经济带的成长、改善区域可达性具有重要作用,可达性的变化进一步引起区域内相对区位价值的变化。因此,可达性改善节约了旅行和运输时间,加快生产要素的区域流动,改变企业的区位决策,导致经济活动的集聚和扩散,从而扩大或减小区域经济发展差异。

本章将聚焦于历时长达近 10 年、涉及范围广泛的中国铁路提速。这 6 次铁路大提速使得区域间的经济联系越来越紧密,促进了区域交通可达性的提高,影响着地区间人员流动和物资流通,改变着区域相互作用的强度与空间导向。王姣娥和丁金学(2011)认为,中国正处于快速城市化时期,铁路提速和高速铁路网的建设将迅速缩短沿线城市的时间距离,这一方面会增强要素流动,沿线地区资源进一步整合,从而重构中国城市之间的空间结构关系;另一方面会缩短城市群内部的时间距离,"同城效应"逐渐显现,城市之间的竞争更趋激烈。由此可见,铁路提速不仅会导致扩散效应,更有可能出现极化效应。那么,由铁路提速导致的可达性的改变对经济发展到底产生了怎样的影响呢? 其次,铁路线将沿途所经过的城市串联起来,形

成一个交通网络,直辖市、省会和其他一些大城市利用这个交通网络
发挥着带动经济增长的区域性或是全国性增长极作用,比如北京、上
海和广州这些超级城市。旅行时间的节约也使得城市间的人员流动
更为便利和快捷,即所谓的可达性的提升,这进而促进了城市间经济
活动联系。由于要素的流动是双向的,所以可达性的提升既可能使
要素资源从增长极流出,也可能使要素资源流入增长极。那么,铁路
提速带来的可达性提升是否强化了这些中心城市的经济扩散力,促
进城市间的协调发展? 抑或提高了中心城市的经济集聚力,使得资
源在空间呈现更为集中的模式? 区域性和全国性的中心城市在铁路
提速期间对经济增长的影响中扮演的角色存在差异吗? 另外,对于
工业部门来说,大规模运输中间投入品、原材料和产成品的手段主要
还是诸如公路、铁路等传统的运输方式;而对于第三产业而言,除了
物流和旅游业,诸如餐饮等传统服务业的经济活动在空间上呈现较
为明显的局部地域特征,更多地使用城市内部的交通设施;而金融等
现代服务业的产品和投入要素通常以一种数字形态方式存在,一般
都通过互联网、电子通讯等方式进行传送。那么,铁路提速和可达性
改善对经济增长的影响是否呈现产业差异呢?

　　鉴于铁道部和城市一级政府行政权力的差异,中国铁路提速的
政策安排和实施具有外生于城市一级行政单位的特征,同时受地方
经济状况的影响也相对较小①。基于这一点,本文将铁路提速看作
一个自然实验,通过建立可达性指标,采用面板数据结构下的倍差法
来考察由铁路提速引致的可达性改善对城市经济活动的影响。

① 沿用第一章的处理方法,为了尽量避免铁路提速线路安排和城市之间潜在的选择偏误,本文在样本选择上剔除了直辖市、省会和计划单列市。

第二节　文献综述：可达性、可达性的测度和经济增长

Hansen(1959)首次提出了可达性的概念，将其定义为交通网络中各节点相互作用的机会大小，并利用重力方法研究了可达性与城市土地利用之间的关系。随后可达性的概念被进一步扩展。Dalvi & Martin(1976)认为，可达性是利用交通系统从一个地方到另一地方的便利程度。Bhat et al.(2000)则认为，可达性是指特定交通模式赋予个人的在特定时间内抵达特定地点以获取机会的能力。基于研究问题和数据可得性，现有研究对可达性的定义和测度多种多样，Bruinsma & Rietveld(1998)对十一种不同的可达性概念和测度方法进行了对比和归纳。Geursa & Weeb(2004)则从理论上比较了可达性的各种衡量方法。Petersen & Tom(2011)认为：可以用可达性指标作为基础设施服务的代理变量，与传统的使用公共资本存量或者公路密度的方式相比，可达性指标可以更好地描述由运输系统带来的服务。Shen(1998)通过比较就业机会的供需关系来判断可达性的好坏。吴威等(2007)以安徽沿江为实证对象，采用加权平均旅行时间指标，分析了高速公路网构建对节点区内联系及区外联系可达性格局的影响。曹小曙等(2005)通过建立 339 个城市之间基于国家干线公路实际里程的矩阵，即借助交通里程图和有关数字资料计算两城市之间的实际交通里程，构造距离矩阵，作为可达性分析的指标。可达性的引入进一步丰富了交通基础设施对宏观经济增长、微观企业行为影响的研究。如 Gutierrz & Gonzalez(1996)对跨欧洲高速铁路网可能引起的欧洲各城市可达性值的变化进行了研究；Eck(1999)等采用 GIS 技术利用可达性来确定商店的市场影响范围，并以药店为例探讨了服务于个人的商店的区位选择问题；刘传明

(2011)基于湖北省 79 个县域的数据分析显示,县域综合交通可达性与经济发展水平之间存在非线性的正相关关系。

另外,随着研究工作的深入,经济学家从两方面深化了可达性的研究。第一,测量方法的改进。随着空间技术(信息技术、通信技术等)的飞速发展,数理方法(贝叶斯估计方法、空间相互作用模型)的引入以及 GIS 技术的普及,使得可达性的评价方法有了新的进展。第二,研究内容的拓展。可达性被广泛应用于公共交通路线站点的规划(O'Sullivan,2000)、城市间的经济联系研究(孟德友和陆玉麒,2012)以及城市土地利用模式的规划等方面。

可达性对经济活动的影响则是区域经济学家重点关注的问题之一。一般而言,可达性的基本内涵是研究区域间社会经济交往的便利程度,它可以用空间距离、旅行时间、运输费用来衡量。韦伯的工业区位论、杜能农业区位论中都渗透着可达性的概念。已有的从可达性角度考察交通基础设施对经济活动影响的研究主要可以划分为宏观和微观两个层面。

在宏观层面,现有的研究主要集中在可达性对区域经济发展的影响(Fujita et al.,1999)。Mackiewiez & Ratajczak(1996)认为,可达性对空间经济结构具有再配置作用。Munnel(1990)指出,区域间可达性的差异可以看成是区域发展差异形成的原因之一,并运用 Aschauer(1989)方法对美国沿路地区进行了验证。Holl(2007)认为,可达性常常被认为是平衡经济发展的关键因素,理论和实证都证明了交通基础设施投资和由其导致的可达性变化对区域经济发展和经济活动的空间分布产生的重要影响。

欧洲的地域特征以及发达的交通网络,使之成为众多研究考察可达性对经济活动影响的对象。在一国内部的交通网络方面,Linneker & Spence(1996)的研究表明,伦敦 M25 环形公路引起的可达性变化对区域经济发展具有积极促进作用。在跨国的交通网络方面,Gutierrz et al.(1996)对跨欧洲高速铁路网进行了研究,结果表明,2010年可达性较低的区域面积相比1993年将会大幅度减少,可达性最高的前两个等级的区域面积则会由1993年的0.22%上升至50.46%;Gutierrz(2001)对马德里—巴塞罗那—法国边境高速铁路线对未来区域可达性的影响进行了评价

同样,很多学者考察了中国交通网络的可达性与区域经济发展的关系。Hou and Li(2011)用平均旅行时间、经济潜力和日常可达性指数(daily accessibility indicator)来衡量可达性,以此考察了中国大珠三角区域的高速公路建设和区域铁路建设的可达性意义。他们认为,交通运输联系的便利性与区域工业化的空间模式有密切的联系,可达性的提高与城市区域经济的发展方向紧密相连。孟德友和陆玉麒(2011)认为,高速铁路具有"时空压缩性",有效缩短了沿线地市的省内和省际旅行时间,强化各地市的省内和省际联系,地区间经济联系的增强也是区域空间结构形成和演化的重要动力。孟德友等(2010)基于铁路交通网络把各省区省会城市抽象为网络中的节点,以2003年和2007年省会城市间铁路客运加权平均最短旅行时间为度量指标,经过对省际可达性时空变化及空间格局的深入探讨,从客观上论证了铁路客运提速对提升全国各地区省际可达性、加强地区经济联系的重要作用和现实意义。此外,刘海隆等(2008)、黄晓燕等(2011)也提供了单个省份内部可达性改善对经济增长具有促进作用的证据。

但是也有部分研究发现可达性与区域经济发展之间的关系是值得商榷的。Sasaki et al.(1997)研究了日本新干线对经济活动扩散和人口迁移的影响,结果显示新干线网络不是造成区域差异的必要条件。Vickerman et al.(1999)则认为,欧洲交通网络(trans-European Networks,TENs)的发展对改善可达性和经济发展的收敛能力是值得怀疑的。

关于可达性研究的另一种思路主要是从微观层面考察可达性对微观经济主体行为区位选择的影响,寻求可达性影响宏观经济增长的微观基础和证据。交通基础设施会通过运输成本和可达性的变化而对企业的区位(再)选择和生产率的变化产生影响(Rietveld,1994)。这方面的研究通常将企业看作一个利润最大化的追求者,运用条件logit模型(conditional logit model,CLM)考察可达性对企业选址的影响;类似地,有些研究则将考察对象拓展到外资企业,研究FDI的区位选择。McQuaida et al.(1996)的研究发现,不同类型的可达性对不同类型企业区位选择的影响有显著差异:劳动力的可达性对大企业相对更为重要,供应商的可达性对内部投资者更为重要,市场的可达性对于位于较大生产经营场所(larger premises)和中心城市的企业更为重要。Holl(2004)证实了西班牙新建交通基础设施引起的可达性变化对制造业企业建立的空间分布的影响,这种影响会随着部门和空间的不同而不同。Bok and Oort(2011)考察了可达性与集聚的外部性对企业区位再选择(relocation)的影响,结果显示可达性和集聚与企业的区位再选择有非常明显的联系,并且这种影响随部门的不同而变化。在关于中国的研究中,杨文智(2008)考察了长三角城市可达性与FDI区位选择的关系,该研究认为:FDI在长三角区位选择的主要决策因素已由第一阶段的外资集聚和优惠政策因素转变为现阶段的可达性和产业集聚因素。类似地,有些研究考察了可达性对总部经济区位选择、住房价格影响的中国证据(郝前进和陈杰,2007;姜海宁等,2011)。

从上述研究文献可知,关于中国经验的现有文献在考察基础设施建设引起的可达性变化对经济影响的时候较少注意基础设施、可达性与经济增长之间潜在的内生性问题。另外,大部分来自地理学科的文献通常只从时间或者距离维度测度可达性,但可达性对经济增长的影响不可避免地受市场需求、供给等经济因素的影响,因此,构造融入经济学元素的可达性指标对目前的研究是一个潜在的有益补充和拓展。本研究拟在以下几方面进行一些新的尝试。

第一,在研究的切入点层面,本文将铁路提速看作一个交通基础设施质量提升的自然实验(natural experiment)。铁路提速可以缩短旅行时间、改善区际可达性,引起一定区域内的规模经济和范围经济。由于中国铁路提速的政策安排主要来自铁道部等国家级机构决策层面的统筹规划,具有外生于沿途各站点地方决策的特征,将其视为自然实验可在一定程度上避免基础设施、可达性与经济增长之间相互影响而产生的内生性问题。第二,在可达性指标构建层面,本章引入了人口因素。由于人口的数量在一定程度上刻画了市场需求大小,因此,本章所用的可达性指标融入了市场需求元素。另外,本章在回归方程中还构造了可达性与代表铁路提速的虚拟变量的乘积项,使得该变量能够反映交通基础设施质量改进对可达性的影响。第三,在研究方法层面,本章将采用面板数据结构下的倍差法来考察铁路提速引起可达性的变化导致的经济发展的差异。倍差法综合考虑了铁路提速上的时间和空间差异,不仅能够更为精确地考察铁路提速的效应,而且更为重要的是可以减少前文提到的内生性问题。第四,在数据结构层面,本文将主要采用较为微观的城市级别面板数据,以区别以往的省级数据和国别数据。一方面,这可以避免宏观数据加总出现的偏误;另一方面,这可以从较为微观的角度考察可达性变化对经济增长的影响,对现有研究是一个不错的补充。

第三节　回归模型假定和估计策略

一、回归模型假定

首先,我们假定生产函数为柯布-道格拉斯形式。具体而言,包含实物资本、劳动力和人力资本的柯布-道格拉斯生产函数可表示为:

$$Y_{it} = A_{it} K_{it}{}^{\alpha} L_{it}{}^{\beta} H_{it}{}^{\gamma} , 0 < \alpha, \beta, \gamma < 1 \tag{2.1}$$

其中 i 表示城市,t 表示时间,Y 表示产出,A 表示全要素生产率,K 表示实物资本,L 表示劳动力,H 表示人力资本,α, β, γ 分别表示实物资本、劳动力和人力资本的产出弹性。同时,我们进一步假定 $\alpha + \beta + \gamma = 1$,这一假定表示生产函数具有规模报酬不变的特性。(2.1)式两边同时除以 L_{it} 可得:

$$Y_{it}/L_{it} = A_{it} (K_{it}/L_{it})^{\alpha} (H_{it}/L_{it})^{\gamma} \tag{2.2}$$

从经济理论上看,交通基础设施通过降低运输成本、加快人力资源流动、促进信息共享等途径影响全要素生产率。因而我们可以将全要素生产率表示为:$A_{it} = B_i \times B_t \times (road_{it})^{\beta r}$,其中 B_i 表示一些无法观测的影响城市全要素生产率的特有要素,即个体特征;B_t 表示随时间推移,社会整体技术进步对全要素生产率的影响,即时间趋势;$road$ 表示城市的单位面积道路,鉴于数据的可得性,本文用其刻画城市的基础设施水平。将其代入(2.2)式,然后两边取自然对数得:

$$\ln(Y_{it}/L_{it}) = \ln B_i + \ln B_t + \beta_r \ln road_{it} + \alpha \ln(K_{it}/L_{it}) + \gamma \ln(H_{it}/L_{it})$$

$$\tag{2.3}$$

另外,大量的外资流入是中国经济改革开放的特征之一。尽管对 FDI 在中国经济增长中所扮演的角色富有争议(罗长远,2007),

但其对中国的经济增长产生的重要影响是毋庸置疑的。不仅直接影响了经济发展,还影响其他要素的流动。陈浪南和陈景煌(2002)认为,和 1980 年代相比,进入 1990 年代之后 FDI 对中国经济增长的贡献有显著的增加。余壮雄等(2010)则认为,FDI 对西部的资本具有挤出效应。鉴于 FDI 对我国经济增长如此重要的作用,我们在模型中加入外商直接投资(*fdi*)。因此,本文的理论模型设定为:

$$\ln rjgdp_{it} = \varphi_i + \beta_{trend}trend_t + \beta_r \ln road_{it} + \alpha \ln k_{it} + \gamma \ln h_{it} + \beta_f \ln fdi_{it} + \varepsilon_{it}$$

$$(2.4)$$

式中 $rjgdp_{it} \equiv Y_{it}/L_{it}$ 表示人均 GDP,$\varphi_i \equiv \ln B_i$ 代表各城市的个体特征,$trend_t \equiv \ln B_t$ 代表时间趋势,$k_{it} \equiv K_{it}/L_{it}$ 表示人均实物资本,$road_{it}$ 表示城市基础设施水平,$h_{it} \equiv H_{it}/L_{it}$ 表示人均人力资本,由于缺乏人力资本的直接度量指标,本章采用人均拥有的病床数来刻画 h_{it},ε_{it} 为随机扰动项。另外,本章使用的有关数据均来自中国城市统计年鉴。

二、倍差法估计

鉴于本研究将铁路提速视为准实验,我们将回归方程可以设定为:

$$\ln rjgdp_{it} = \alpha + \beta_1 du_i + \beta_{time}dt_t + \beta_t dt_t \times du_i + \varepsilon_{it} \qquad (2.5)$$

其中虚拟变量 $du_i = 0, 1$ 分别表示控制组和实验组,在本文中分别代表非提速站点和提速站点;虚拟变量 $dt_t = 0, 1$ 分别表示提速发生前后两个时间段,在本文中分别代表提速前和提速后;两虚拟变量的交叉项 $dt_t \times du_i$ 的估计系数 β_t 则测度了铁路提速对人均 GDP 的净影响。结合(2.4)式和(2.5)式即得:

$$\ln rjgdp_{it} = \varphi_i + \beta_t dt_t \times du_i + \beta_r \ln road_{it} + \alpha \ln k_{it} + \gamma \ln h_{it} + \beta_f \ln fdi_{it} + \varepsilon_{it} (2.6)$$

如前所述,交通基础设施承担起城市间经济活动连接的纽带作用,铁路提速有助于提高城市经济活动的可达性,更有效地发挥经济实力较强城市发挥对周围城市的经济辐射作用。鉴于本文的研究目的，沿用 Holl(2004)的研究，我们在回归方程(2.6)中引入了刻画可达性的两个指标：①区域间可达性，即样本所含城市到北京、上海和广州三大核心城市的加总可达性指标 $AC_i^{national}$，定义 $AC_i^{national} = \sum_{j \in B3} popu_j/dis_{ij}$，其中 $B3$ 代表北京、上海和广州三大超级城市；②区域内可达性，即样本所含城市与其所在省份的省会城市的可达性指标 $AC_i^{regional}$，定义 $AC_i^{regional} = popu_{ipc}/dis_{ipc}$，其中 ipc 表示城市 i 所在省份的省会城市。另外，$popu$ 表示样本城市的年末总人口，dis 表示样本城市到北京、上海、广州或省会城市的铁路里程最小值；如果城市间没有直达列车，则为最小中转次数的铁路里程的最小值。用 $AC_i^{regional}$ 和 $AC_i^{national}$ 分别与虚拟变量 $dt_t \times du_i$ 的乘积来刻画提速改善城市的区域内可达性和区域间可达性对经济增长的影响。这一指标不仅包含了可达性的数量因素，即距离和人口，也包含了可达性的质量因素，即铁路提速。

对于本文构建的可达性指标及其分类，其中的原因在于：第一，以往构建的可达性指标往往是从最短旅行时间、加权平均旅行时间、经济潜能、日常可达性和交通优势度等方面入手(刘传明和曾菊新，2011)，这种可达性指标将距离与市场能力分割开来，没有综合考虑这两种影响可达性的因素。但空间距离和市场能力是密切联系的，这其中的经济含义在于：一方面，旅行距离是影响城市间可达性的最直接因素；另一方面，人口较多城市的市场规模会比较大，经济集聚和经济辐射能力较强，人们会有更多的机会获得资源和财富，也会产生较高的可达性。我们构建的上述可达性指标综合考虑的距离和市场规模的影响，可以较为全面的考察可达性改善对经济增长的影响。第二，进一步将可达性划分为省际和省内可达性有助于本研究考察地方性市场和区域性甚至全国性市场可达性改善对经济增长是否呈现出差异，同时也可以分析铁路作为长距离交通运输工具对城市可达性改善引致的经济效应是否与距离有关。所以,省际可达性指标主要用来考察可达性改善导致北京、上海、广州三大超级城市对其他城市的集聚或辐射影响;而省内可达性指标则用来考察可达性改善导致省会市场作为地方性次增长极对省内经济的集聚或辐射作用。

最终,本文的估计方程为式(2.7):

$$\ln rjgdp_{it} = \varphi_i + \beta_t dt_t \times du_i + \beta_{tr} AC_i^{regional} \times dt_t \times du_i + \beta_{tn} AC_i^{national} \times dt_t \times$$
$$du_i + \beta_r \ln road_{it} + \alpha \ln k_{it} + \gamma \ln h_{it} + \beta_f \ln f di_{it} + \varepsilon_{it} \tag{2.7}$$

三、实验组和控制组的选择

首先,我们构造铁路提速的实验组。基于中国在 1997—2006 年期间铁路提速的历史以及本研究的目的,我们选择京广线和京沪线作为分析对象。其次,基于尽量减少控制组与实验组之间差异的目的,本文选择京广线和京沪线所经省份中该两条线路未经过的地级市作为控制组的成员。最后,在时间节点选择上,将 1994—1996 年作为铁路未提速的时间段,同时将 1997—2006 年作为铁路提速的发生期。为了进一步考察铁路提速的时间效应,我们还将整个提速期间划分为 1997—2001 年和 2002—2006 年两个子时段[①]。

第四节　计量结果与分析

一、基本结果

我们首先对面板估计进行了 Hausman 检验,结果表明宜采用固

[①]　具体的原因参见第一章的解释。

定效应模型进行估计。从经济理论上看,诸如地理位置、经济政策、地域风俗等未纳入回归方程的个体特征对城市经济的发展有着直接的影响,将这些因素作为固定因素引入模型更为合适。另外,本文采用了 Driscoll & Kraay(1998)提出的协方差结构处理通常存在的异方差问题。

首先,我们考察整个提速时期内铁路提速引致的可达性变化对经济增长的影响。表 2—1 的第三列给出了相应的结果。对于铁路提速的整个时间段 1997—2006 年,估计系数 β_t 为 0.0778,通过了 10% 的显著性检验。这意味着铁路提速促使提速站点的人均 GDP 较未提速站点提高了 7.78 个百分点。从表中我们还可以看到组内 R^2 的值为 0.7632,这在一定程度上说明我们引入的控制变量对人均 GDP 变化的解释是比较充分的。

表 2—1 铁路提速对城市经济增长的影响

提速前	1994—1996 年	1994—1996 年	1994—1996 年	1994—1996 年
提速后	1997—2006 年	1997—2006 年	1997—2001 年	2002—2006 年
$AC^{national}$	0.2749 *** (0.083)			
$AC^{regional}$	−0.0005 (0.0513)			
$dt \times du$		0.0778 * (0.0374)	0.1250 *** (0.0267)	0.0852 ** (0.0297)
$AC^{national} \times dt \times du$		0.1370 *** (0.0292)	0.0783 ** (0.0272)	0.1727 *** (0.0261)
$AC^{regional} \times dt \times du$		0.0423 * (0.022)	0.0121 (0.0164)	0.0186 (0.0179)
$\ln k$	0.1264 ** (0.0418)	0.2173 *** (0.0244)	0.1566 *** (0.0225)	0.2480 *** (0.0169)
$\ln fdi$	0.3513 *** (0.0671)	0.3538 *** (0.0801)	0.2994 *** (0.047)	0.1622 *** (0.0237)

续表

提速前	1994—1996 年	1994—1996 年	1994—1996 年	1994—1996 年
提速后	1997—2006 年	1997—2006 年	1997—2001 年	2002—2006 年
ln*pb*	0.3274 *** (0.0587)	0.3096 *** (0.0613)	0.1904 *** (0.0254)	0.3924 *** (0.0648)
ln*road*	0.0934 *** (0.0148)	0.1048 *** (0.0205)	0.0639 ** (0.0187)	0.0850 *** (0.0114)
常数项	8.7292 *** (0.452)	7.4150 *** (0.3316)	7.5437 *** (0.2545)	8.0046 *** (0.3634)
Hausman 检验	64.25 [0.0000]	60.66 [0.0000]	59.91 [0.0000]	68.67 [0.0000]
with-in R^2	0.7714	0.7632	0.6136	0.8571
样本数	849	849	521	521

注:估计方法为固定效应模型,且采用了 Driscoll & Kraay 方差结构修正截面异方差;( )内的数值表示相应回归系数的标准差;[ ]内的数值表示相应统计量的 P 值;*** 、** 、* 分别表示在 1%、5%及 10%的显著性水平上显著。

其次,我们进一步考察提速期间内不同时段提速对经济增长的影响。将整个提速期间分为 1997—2001 年、2002—2006 年两个时段。表2—1 的第四、五两列给出了相应结果。1997—2001 年时段 β_t 为 0.1250,通过了 1%的显著性检验。这说明该时段的火车提速导致提速站点人均 GDP 高出未提速站点 12.5 个百分点;2002—2006 年时段 β_t 为 0.0852,并通过了 5%的显著性检验。这意味着第二时段的提速导致人均 GDP 提高了 8.52 个百分点。一方面,从整个铁路提速过程看,1997—2001 年这个时段内中国铁路实施了四次大提速(1997 年、1998 年、2000 年及 2001 年),而在 2002—2006 年这个时段内仅在 2004 年实行了第五次大提速。第一时段的 β_t 估计系数是前四次提速的综合效果,而第二时段的 β_t 则仅是第五次提速的效果。由此可见,随着时间的推移,提速会使更多的城市受惠,交通基础设施的网络效应也逐步体现出来,多次提速的作用相加使第五次提速对经济增长的推动效果更加明显。

第三,刻画铁路提速对可达性影响的估计系数 β_{in}、β_{tr} 均为正。表 2—1 的第二列给出了未考虑铁路提速情况下可达性对经济增长影响的估计结果。我们可以看到,区域间可达性的估计系数为 0.2749,且显著为正;而区域内可达性的估计系数为负值,但不显著。这说明各城市到"北上广"三大超级中心城市的可达性对人均 GDP 有明显的促进作用,而各城市到区域经济中心省会城市的可达性对当地的经济推动作用并不明显。接下来,我们考察铁路提速和可达性变化对城市经济发展的共同影响。对于整个提速期间,β_{tr} 为 0.0423,β_{in} 的估计值为 0.1370,均通过了 1% 的显著性检验。铁路提速改善了城市间的交通状况,节约了旅行时间,提高了旅行舒适度,估计方程中引入的提速虚拟变量和可达性的乘积项恰好刻画了这种可达性改善的特征。估计结果显示,铁路提速所引起的可达性改善促进了中小城市的经济增长。并且,我们同样看到了类似于未考虑铁路提速情况下的结果,区域间可达性改善对城市人均 GDP 的推动作用明显高于区域内可达性改善的效果。当我们进一步考察提速各时段的效果时,结果显示区域间可达性改善的估计系数在两个子时期内也都显著为正(分别为 0.0783、0.1727),且表现一个递增的态势;而区域内可达性改善的估计系数虽然为正(分别为 0.0121、0.0185),但不显著。从铁路提速的历程看,远距离的省际间旅行时间有明显的减少,而短距离的省内旅行时间却不一定有明显的改善,因为很多提速的旅客列车并不出售短途车票。所以,我们的估计结果在一定程度上反映了铁路提速对区域间和区域内可达性改善的差异。

最后,考察其他控制变量的估计系数。由表 2—1 可见,人均资本存量与人均床位数的估计系数显著为正,这说明物质资本和人力资本依旧是促进经济增长的核心要素。城市基础设施、外商直接投资(FDI)的估计系数同样显著为正,这说明城市基础设施和外商直接投资对经济增长也起到了显著的推动作用。代谦和别朝霞（2006）的研究结果也表明了人力资本和外商直接投资对经济增长的推动作用，普及和改善教育、提高国民的人力资本水平应该成为发展中国家提高自身技术能力、吸引 FDI、促进技术进步和经济增长的核心政策。

二、铁路提速对北京、上海和广州经济辐射力影响的比较

上面的分析表明可达性改善对经济增长的促进作用受到城市自身经济发展水平和基础设施水平的影响。同样地，影响可达性经济效果的另外一个重要因素是城市通过交通网络可触及的外部市场规模。比如说，从城市 A 到城市 B 和 C 的距离或者旅行时间相同，并且城市 A 均能与城市 B 和 C 连接，但城市 B 的市场需求规模高于城市 C，那么城市 B 对城市 A 的经济带动作用可能会更大一些。正因为如此，本文构造的可达性指标融入了体现市场需求因素的人口规模。金凤君等（2003）认为，铁路提速引起的效果在空间上是不均衡的。对于北京、上海和广州三个超级中心城市，它们不仅在经济总量、产业结构、出口政策导向上不同，而且在地理位置上也存在明显的差异，那么铁路提速导致的可达性改善对北京、上海和广州作为区域中心城市带动区域经济增长的作用是否存在差异呢？为了考察北京、上海和广州这三大中心城市作为工业增长火车头的差异，我们进一步将各城市的省际可达性分解为各城市与北京、上海、广州三个城市的可达性，分别用 AC^{bj}、AC^{shh} 和 AC^{gzh} 来表示，估计方程进一步修正为：

$$\ln rjgdp_{it} = \varphi_i + \beta_t dt_t \times du_i + \beta_{tr} AC_i^{regional} \times dt_t \times du_i + \beta_{tnb} AC_i^{bj} \times dt_t \times du_i$$
$$+ \beta_{tnsh} AC_i^{shh} \times dt_t \times du_i + \beta_{tngzh} AC_i^{gzh} \times dt_t \times du_i + \alpha \ln k_{it} + \beta_f \ln fdi_{it}$$
$$+ \beta_r \ln road_{it} + \gamma \ln h_{it} + \varepsilon_{it}$$

$$(2.8)$$

表 2—2　铁路提速对北京、上海和广州区域经济辐射力影响的比较

提速前	1994—1996 年	1994—1996 年	1994—1996 年
提速后	1997—2006 年	1997—2001 年	2002—2006 年
$dt \times du$	0.1069 ** (0.0361)	0.1228 ** (0.0428)	0.0683 (0.073)
$AC^{bj} \times dt \times du$	0.1064 *** (0.0272)	0.0549 ** (0.0182)	0.1104 * (0.0648)
$AC^{shh} \times dt \times du$	0.1533 *** (0.0347)	0.0887 ** (0.0349)	0.2309 *** (0.0671)
$AC^{gzh} \times dt \times du$	0.1548 *** (0.037)	0.0703 (0.038)	0.1844 * (0.0966)
$AC^{regional} \times dt \times du$	0.0276 (0.0231)	0.0035 (0.0174)	−0.0086 (0.056)
$\ln k$	0.2173 *** (0.025)	0.1570 *** (0.0231)	0.2432 *** (0.0168)
$\ln fdi$	0.3509 *** (0.0834)	0.2951 *** (0.0484)	0.3458 *** (0.1309)
$\ln pb$	0.3129 *** (0.0613)	0.1929 *** (0.0265)	0.3951 *** (0.077)
$\ln road$	0.1062 *** (0.0206)	0.0642 ** (0.0192)	0.1012 *** (0.0248)
常数项	7.4353 *** (0.3319)	7.5605 *** (0.2504)	7.6563 *** (0.5838)
Hausman 检验	59.36 [0.0000]	60.58 [0.0000]	9.94 # [0.3555]
with-in R^2	0.7639	0.6144	0.8566
样本数	849	521	521

注:估计方法为固定效应模型,且采用了 Driscoll & Kraay 方差结构修正截面异方差;#则表示估计方法为 robust 协方差结构的随机效应模型;( )内的数值表示相应回归系数的标准差;[ ]内的数值表示相应统计量的 P 值;*** 、** 、* 分别表示在1%、5%及10%的显著性水平上显著。

　　表2—2 第二列给出的结果显示,在整个提速期间的1997—2006年,刻画铁路提速所引起的各城市与北京可达性改善对城市人均

GDP 影响的估计系数 β_{tnb} 为 0.1064,且显著为正,类似地,上海和广州的估计系数 β_{tnsh} 和 β_{tngzh} 分别为 0.1533、0.1548,并且均通过了 1% 的显著性检验。这说明在铁路提速的影响下,各城市与核心城市之间的可达性提高 1% 时,其城市人均 GDP 较未提速站点将高出 0.10%—0.15%。从时间维度进行纵向比较,"北上广"三地各自对应的估计系数在提速后期的 2002—2006 年时段要大于提速前期的 1997—2001 年时段。这种时间维度上的特征和表 2—1 的估计结果是相一致的。同时,估计系数 β_{tnb}、β_{tnsh} 和 β_{tngzh} 之间的差异也显示,上海、广州作为区域经济增长引擎的作用较北京更加显著。首先,从地理位置上看,上海处于中国东部沿海区域带的中心,江苏和山东等京沪线沿途省份经济发展水平相对较高且离上海的距离也相对较近,这些都为上海发挥聚集经济,增强对区域经济的辐射创造了有利条件。对于广州而言,虽然其在地理优势方面则相对弱一些,地处全长约 2300 公里的京广线的最南端,并且京广线沿途省份中离广州相对较近的是湖南和湖北本身的经济发展水平也不算高,但珠三角在中国改革开放中凭借毗邻香港、台湾的地理优势"先行一步",广州也随之成为珠三角经济增长的"龙头",承担了其对周边区域经济的辐射功能。

其次,从近年来地区发展状况和产业转移趋势看,三大中心城市也存在明显的差异。北京不仅是经济中心,同时还承担着更多的文化和政治中心角色,其可达性改善的影响不仅仅局限于经济增长,在文化、教育等领域也会产生影响。随着改革的推进,长三角逐渐崛起,利用制度、环境以及技术优势吸引很多外资企业从珠三角向长三角转移,比如说台湾的个人电脑企业(杨春,2011)。这些因素为进一步发挥上海的区域经济辐射能力创造了有利环境。另外,上海和广州本身也具有较强的经济实力。因此,凭借铁路提速所致的可达性改善,上海和广州作为区域增长极对周围城市工业增长的辐射效果是非常显著的。孟可强和陆铭（2011）的研究同样也表明长三角都市圈核心城市上海的辐射范围和集聚特性要稍强于珠三角都市圈①。

三、铁路提速对第二、三产业发展影响的差异

对于工业部门来说，大规模地运输中间投入品、原材料和产成品的手段主要还是诸如公路、铁路等传统的运输方式，这些传统交通基础设施是联系工业活动的重要手段和方式；而对于第三产业而言，除了物流和旅游业，诸如餐饮等传统服务业的经济活动在空间上呈现较为明显的局部地域特征。因此，传统的跨地区的交通基础设施对第二、三产业发展的影响具有明显的差异。那么铁路提速对经济增长的影响是否也体现了这种产业特点呢？为了比较铁路提速对第二、三产业影响的差异，我们对原模型进行修改，将被解释变量拆分，按铁路提速对第二产业人均 GDP 的影响和对第三产业人均 GDP 的影响分别建立回归方程：

$$\ln rjgdp_{iij} = \varphi_i + \beta_t dt_t \times du_i + \beta_{tr} AC_i^{regional} \times dt_t \times du_i + \beta_{tn} AC_i^{national} \times dt_t \times$$
$$du_i + \alpha \ln k_{it} + \beta_f \ln fdi_{it} + \beta_r \ln road_{it} + \gamma \ln h_{it} + \varepsilon_{it} \qquad (2.9)$$

其中 $j = 1, 2$ 分别表示第二、三产业。

从表 2—3 我们可以发现，对于整个提速期间而言，第二产业的估计系数 β_t 为 0.0235，但不显著，而第三产业的估计系数 β_t 为 −0.0291，同样也不显著。当我们进一步分时段考察时，估计系数 β_t 表现出类似的特征。但我们对 β_t、β_{tn} 和 β_{tn} 进行了联合检验，结果是显著的。因此，铁路提速对第二产业的发展还是具有一定的直接促

---

① 当然，值得指出的是，本文选择的考察对象是京广线和京沪线，样本中包含的城市基本上都属于华东地区和华南地区，而未包括受北京影响较多的北方城市，所以此处的估计结果需要谨慎对待。

进作用。另外,对于铁路提速所引起的可达性改善,其对第二、三产业的作用则存在明显的差异。对于第二产业来说,在整个提速期间以及两个子时期内,无论是刻画区域间可达性改善的 β_{tn},还是代表区域内可达性改善的 β_{tr} 基本上显著为正,而且同样表现出区域间可达性改善对经济增长具有更明显的作用,这和前面关于可达性改善对整个人均 GDP 影响的特点是相一致的。而对于第三产业来说,β_{tn} 虽然为正,但不显著;相反,β_{tr} 则显著为正,即区际可达性的改善对第三产业的发展没有显著促进作用,而区域内可达性改善促进了第三产业的发展,这与第三产业的产业特性和本地化特征是紧密联系的。这与表 2—1 中区域内可达性改善对整个人均 GDP 的促进作用的结果是相似的。在中国,除了少数发达城市正从工业化向后工业化转型,大部分的城市仍处于工业化的进程中,工业经济仍是城市经济的支柱,工业经济发展所需要的要素资源不仅来自区域内部,更多的是来自区域之间(区域间的估计系数大于区域内部的估计系数),这主要是由我国资源分布的地域极度不平衡造成的。所以,区域内可达性改善虽然促进了第三产业的发展,但相对来说对整个经济的促进作用还是有限的。

表 2—3　铁路提速效应的产业差异

	第二产业			第三产业		
提速前	1994—1996 年	1994—1996 年	1994—1996 年	1994—1996 年	1994—1996 年	1994—1996 年
提速后	1997—2006 年	1997—2001 年	2002—2006 年	1997—2006 年	1997—2001 年	2002—2006 年
$dt \times du$	0.0235 (0.0496)	0.0951*** (0.0271)	0.0247 (0.0318)	-0.0291 (0.0316)	-0.0368 (0.0362)	-0.0109 (0.0471)
$AC^{national} \times dt \times du$	0.1371*** (0.0346)	0.0680* (0.0323)	0.2082*** (0.0359)	0.0376 (0.0275)	0.0112 (0.0207)	0.02 (0.0332)

	第二产业			第三产业		
提速前	1994—1996 年	1994—1996 年	1994—1996 年	1994—1996 年	1994—1996 年	1994—1996 年
提速后	1997—2006 年	1997—2001 年	2002—2006 年	1997—2006 年	1997—2001 年	2002—2006 年
$AC^{regional} \times dt \times du$	0.0528 ** (0.0242)	0.0205 (0.0133)	0.0322 * (0.017)	0.1002 *** (0.0217)	0.0754 ** (0.028)	0.0912 *** (0.0191)
ln$k$	0.2350 *** (0.0308)	0.1569 *** (0.0257)	0.2694 *** (0.0237)	0.3832 *** (0.0137)	0.3764 *** (0.0184)	0.3946 *** (0.013)
lnfdi	0.4512 *** (0.1007)	0.3429 *** (0.0434)	0.2052 *** (0.0583)	0.3591 *** (0.0708)	0.4604 *** (0.0583)	0.3145 *** (0.0279)
lnpb	0.3151 *** (0.0734)	0.1684 ** (0.0504)	0.4200 *** (0.0834)	0.3362 *** (0.0503)	0.2705 *** (0.0413)	0.4158 *** (0.0461)
ln$road$	0.0947 *** (0.0248)	0.0449 ** (0.0148)	0.0727 ** (0.0234)	0.0555 ** (0.0186)	0.0433 * (0.0225)	0.0379 ** (0.0124)
常数项	6.4381 *** (0.4122)	6.7148 *** (0.4444)	7.2368 *** (0.3902)	5.0031 *** (0.3138)	4.5316 *** (0.3067)	5.4476 *** (0.3784)
Hausman 检验	49.58 [0.0000]	59.73 [0.0000]	53.77 [0.0000]	31.57 [0.0001]	18.36 [0.0187]	33.34 [0.0000]
with-in R^2	0.6958	0.4942	0.8020	0.8064	0.7610	0.8517
样本数	844	516	518	849	521	521

注:估计方法为固定效应模型,且采用了 Driscoll & Kraay 方差结构修正截面异方差;#则表示估计方法为 robust 协方差结构的随机效应模型;( )内的数值表示相应回归系数的标准差;[ ]内的数值表示相应统计量的 P 值;*** 、** 、* 分别表示在 1%、5% 及 10% 的显著性水平上显著。

铁路提速对第二产业有如此显著的促进作用主要原因是:一方面,铁路提速为先进制造业和高新技术所需的科技人才、专业人才、管理人员等人力资源的流动创造了条件,同时促进了信息交流及治理资源的共享;另一方面,铁路提速使已有线路的运货能力大幅提升,保证原材料、产品的运输,降低综合运输成本,提高了企业的竞争力,这对于对交通运输条件要求高、运输费用占成本比重高的制造业尤为重要。我们的估计结果基本上反映了这种特点。

第五节 小结与研究展望

作为生产性基础设施的交通设施对整个社会经济发展具有重要作用,是联系经济活动的纽带。通过促进生产要素流动提高资源配置效率,交通设施的发展有利于加快技术外溢,从而提高社会生产率,进而加快经济增长速度。中国在 1997—2007 年间部分地区实施了 6 次铁路提速,由于铁路提速政策的制定和实施独立于提速线路沿途的大部分城市,且提速节约了旅行和运输的时间,因而可以将铁路提速看作一次交通基础设施质量改善的自然实验。同时,铁路线路提供了一种相对直观的刻画城市经济活动联系的方式。基于城市一级的数据,本文以京广线和京沪线为考察对象,构造了 1994—2006 年与铁路提速相匹配的实验组和控制组的面板数据,并运用倍差法较好的识别和测度了铁路提速对提速站点城市的可达性及经济增长的影响。

本章的主要结论是,铁路提速改善了提速路线所经城市的区域内可达性和区域间可达性,促进了其经济增长,同时提高了核心城市对周围城市的经济辐射能力。从总体上看,在 1997—2006 年整个提速期间,京广线和京沪线的提速使其沿途提速站点较未提速站点人均 GDP 提高了约 7.8 个百分点,且铁路提速对经济增长的促进作用具有叠加效应;铁路提速对区域内可达性和区域间可达性的改善也对经济增长具有显著的促进作用,且区域间可达性改善对经济增长的促进作用更为明显。本章的研究还进一步表明铁路提速效果具有空间特征和产业差异。在铁路提速的推动下,上海和广州作为区域经济增长引擎的作用较北京更加显著;同时,铁路提速对第二产业的促进作用较第三产业更为显著。

当然,本章仅局限于在城市层面考察铁路提速这一业已发生的政策对城市可达性及经济增长的影响,而在微观层面考察铁路提速通过何种渠道和途径影响企业或个体的经济行为,比如企业选址、企业存货管理、企业内部生产部门和研发部门的空间分布等问题则是本人未来的研究方向。

第三章

交通基础设施溢出效应与经济增长

"网络效应和空间溢出效应是交通基础设施固有的特性。"
（Condeco-Melhorado et al.，2014）。

第一节 引 言

经济的持续增长是一个国家和地区长期追求的目标之一，也是实现充分就业、促进社会稳定、增进社会福利的重要保障。公共资本，尤其是基础设施，对于家庭和厂商而言具有极其重要的作用（Romp & De Haan，2007）。20 世纪 30 年代，为了应对空前的经济大萧条，美国总统罗斯福推行了著名的"罗斯福新政"，其中很重要的一项宏观经济政策就是政府主导的大规模基础设施建设。大规模的基础设施建设投资一直伴随着中国改革开放政策的不断深入和推进。1979—2007 年，中国基础产业和基础设施方面的投资累计达到297985 亿元，占同期全社会投资的 38.4%，年均增长 19.9%，比同期国民经济年均增幅高 4.2 个百分点[①]。2008 年，受国际金融危机的

---

① 国家统计局:《改革开放 30 年报告之四:基础产业和基础设施建设成绩斐然》，参见 http://www.stats.gov.cn/ztjc/ztfx/jnggkf30n/200810/t20081030_65690.html。

影响,中国政府推出"四万亿"投资的经济刺激计划,该计划近一半资金投向交通基础设施和城乡电网建设。基础设施投资长期以来已经成为政府调控经济的重要手段之一,同时也对经济复苏和经济增长起到了至关重要的作用。

发展经济学家罗森斯坦·罗丹将基础设施视为社会先行资本,认为基础设施可以为其他产业创造投资机会,在工业化过程中起决定性作用。这些先行资本包括运输、电力、通讯等所有基础工业,他们是社会经济发展的基础,其发展必须先于直接生产性投资。《1994年世界发展报告:为发展提供基础设施》认为,基础设施主要包括公用事业(电力、管道煤气、电信、供水、环境卫生设施和排污系统、固体废弃物的收集和处理系统),公共工程(大坝、灌渠和道路)以及其他交通部门(铁路、城市交通、海港、水运和机场)。交通基础设施属于狭义基础设施的一种,也是基础设施最为主要的组成部分,主要包括公路、铁路等。交通基础设施的建设与交通运输业的发展在人类社会的发展中发挥着重要作用,交通基础设施具有很强的外部性,一般由政府提供,进入社会化大生产之后,交通基础设施作为一种社会先行资本,更是成为实现经济增长的重要先决条件。

一般认为,交通基础设施对经济的影响可以分为两条作用路径。第一条路径是交通基础设施投资流量通过乘数效应促进经济增长,这是交通基础设施对经济增长影响的一般溢出效应,这种溢出效应直接表现为GDP的增加。同时,经济发展也为交通基础设施的维护和新建提供了资金和技术支持。经济发展和交通基础设施两者相得益彰。第二条路径是交通基础设施资本存量通过溢出效应促进增长,这是交通基础设施对经济增长影响的空间溢出效应。长期来看,交通基础设施投资扩大了交通基础设施的规模与存量,这种规模与存量的增加会降低运输成本,提高区域的可达性,加快要素的区际流动,改变家庭与企业的区位决策,形成聚集和扩散,这是交通基础设施与其他类型基础设施的本质区别(张学良,2009)。因此,对于某个特定的区域来说,由于交通基础设施的聚集和扩散作用,"涓滴效应"和"涓汇效应"的力量在经济的不同发展阶段可能会大相径庭,进而在空间上产生正的或负的溢出效应。特别是当区域间经济活动主要表现为集聚活动时,交通基础设施对其他落后区域的经济增长可能产生负的空间溢出作用,这会削弱其他区域的经济增长,Boarnet(1998)就研究了这种负的空间溢出效应。因此,交通基础设施在不同区域、不同时间会产生完全不同甚至相反的空间溢出效应,这种空间溢出效应更为间接和不易测度。为了考察中国交通基础设施空间外溢效应对区域经济增长的影响,本章将使用中国大陆28个省、市、自治区(删除海南、西藏,合并重庆、四川)1998—2008年的面板数据,运用空间计量经济学方法,通过引入不同经济意义的空间权重矩阵来考察这种空间溢出效应。

第二节　文献综述:基础设施外溢
效应对经济增长的影响

经济学家对基础设施的研究热情始于20世纪80年代末。Aschauer(1989a,1989b,1993)的经验研究表明了基础设施投资对经济发展的极端重要性。在Achaure出色的研究激励下,随后大量的研究都集中于在宏观层面测度基础设施的产出弹性。但是直到现在,国内外关于基础设施对经济增长到底有没有作用(产出弹性是否显著)以及产出弹性的大小仍没有定论。早期普遍使用时间序列数据的研究,得出产出弹性比较大[1];而使用面板数据估计的基础设施弹

---

① Aschauer(1989)的估计为0.39;Munnell(1990)的估计为0.34;Hulten & Schwab (1991)的估计为0.42;Wylie(1995)的估计为0.517。

性要比使用时间序列数据估计小得多,有的研究甚至得出基础设施对经济增长作用不显著的结论①。

关于基础设施的溢出效应的研究,Munnell(1992)认为,正的空间溢出效应可以解释使用时间序列数据所发现的美国公共资本产出弹性较大的原因。Holtz-Eakin & Schwartz(1995)对 Munnel 的观点提出质疑并进行了检验,他们认为,没有发现临近区域对经济增长存在着或正或负的溢出效应。Boarnet(1998)研究了公路基础设施可能存在负的溢出效应,通过引入空间权重矩阵,找到了公路基础设施对经济增长存在负溢出的证据,他发现公路基础设施在互相竞争生产要素的各县之间存在明显的负溢出作用,本地公路基础设施水平的提高会给其他地区的产出带来不利影响。Cohen & Paul(2004)利用最大似然估计法,使用美国制造业关于价格、总产出数量、投入和公路基础设施存量的州级数据来估计一个成本函数。研究发现,某一地区基础设施的发展能在一定程度上降低相邻地区的运输成本,对相邻地区产生正的空间溢出效应。Hulten(2006)研究了高速公路投资与制造业生产率增长的三个问题:即高速公路投资对制造业部门增长的总体影响、高速公路投资的区域内部作用以及估计这类投资对制造业的外部溢出效应。他将基础设施的溢出效应进一步分为两种非直接的"渠道"。第一种外部性的渠道在购买基础设施的服务和要素投入的市场中被内部化了;第二种外部性的渠道主要是指网络外部性,即在一个现存的基础设施系统中,一个交通节点运输能力的扩张可以通过增加或扩展关键性的联系或消除瓶颈而对整个交通基础设施网络都产生影响,这种影响进而可以惠及微观经济主体,从而带来经济活动效率的提升。通过对美国、印度、西班牙的研究发

---

① Evans,Karras(1994)的估计不显著;Nourza,Vrieze(1995)的估计为 0.05;Kelejian & Robinson(1997)的估计不显著;Canning(2000)的估计为 0.028—0.114。

现,交通基础设施网络投资会影响经济增长模式,并且这种影响取决于经济发展所处的阶段。第二种外部性(网络外部性)对经济发展具有显著的正向促进作用。

国内关于基础设施溢出效应的研究还不是很多。胡鞍钢和刘生龙(2009)利用中国1985—2006年28个省份的数据对溢出效应进行实证检验。根据理论模型和实证结果,他们认为交通运输的正外部性的确存在,交通运输投资的直接贡献与外部溢出效应之和对经济增长的年均贡献率为13.8%。刘勇(2010)利用中国1978—2008年省级面板数据研究了公路、水运交通固定资本存量对中国经济增长的溢出作用,研究发现公路水运交通固定资本存量从总体上看对区域经济增长起着正向作用。外地公路水运交通固定资本存量对区域经济增长的作用从全国范围看存在正向效应,但不同区域不同时段存在差异。刘生龙和胡鞍钢(2010)利用中国1988—2007年的省级面板数据来验证三大网络性基础设施(即交通、能源和信息基础设施)对我国经济增长的溢出效应。研究结果表明:交通基础设施和信息基础设施对我国的经济增长有着显著的溢出效应;能源基础设施对我国经济增长的溢出效应并不显著,这主要是由我国的能源使用效率低所决定的。

交通基础设施对产业(行业)影响的研究主要集中在交通基础设施对工业生产率的影响方面。Hulten et al.(2006)研究了基础设施(包括交通基础设施和电力基础设施)对印度制造业的溢出效应,他们将基础设施的溢出分为直接溢出效应和间接溢出效应。通过估计"总生产率"(Total Productivity),他们发现基础设施对生产率的提高有重要作用(提升幅度高达47%)并且导致了生产成本的降低。Boarnet(1998)的研究则将交通基础设施的外溢作用进一步拓展到非制造业行业,其研究发现公路基础设施对美国加利福尼亚州的制造业产生了正的空间溢出,而对金融、保险和房地产业则产生了负的空间溢出,但是,Boarnet(1998)并没有比较这两种截然不同溢出效应的原因。另外,国内也鲜有研究涉及基础设施溢出效应的行业差别。

借鉴现有研究的做法,本研究拟在以下几点进行尝试。

首先,本研究将运用空间计量经济学理论,通过定义不同经济意义的空间权重矩阵来考察不同的空间溢出效应。空间计量经济学理论(Anselin,1988)认为,一个地区空间单元上的某种经济地理现象或某一属性值与邻近地区空间单元上同一现象或属性值是相关的。国内已经有一些学者运用空间分析方法对中国省市(区)间或其内部的经济发展进行了研究。吴玉鸣和徐建华(2004)运用空间统计学方法和时空数据模型分析了中国31个省级区域经济增长集聚及其影响因素,结果显示中国省域经济增长具有明显的空间依赖性。孟斌(2005)采用空间分析方法对中国区域社会经济发展差异问题进行了经验分析,表明社会经济发展主要指标存在强烈的空间自相关。基础设施的溢出效应显然具有空间网络特征,因此对其的研究不能忽略空间相关性的影响。基于空间计量方法,通过引入空间矩阵,可以有效解决截面空间单元(如不同地区)之间可能存在交互影响,亦即空间依赖性的问题。交通基础设施属于网络基础设施,空间网络化特征使得交通基础设施有利于改善区际间要素与商品的流动,从而对不同的区域产生正的或负的溢出效应,一个地区的所失或许正是另一个地区的所得。具体来说,本研究主要引入三类空间权重矩阵:第一类是最简单的二进制临近空间权重矩阵,反映地理因素对溢出效应的影响;第二类是基于人口密度和人均GDP的空间权重矩阵,反映市场规模对溢出效应的影响;第三类是基于第二产业和第三产业就业人员比重的空间权重矩阵,反映产业结构对溢出效应的影响,突出溢出效应的产业差异,这也是本研究的一个创新点。

其次,本研究在处理内生性方面进行了两方面的尝试。第一,沿用 Hulten et al.(2006)的思路,本研究将全要素生产率(TFP)而不是真实产出作为被解释变量,这样可以减少实证检验时存在的内生性问题,并且使得交通基础设施的溢出效应独立出来,避免空间溢出效应在购买基础设施的服务和要素投入的市场中被内部化(Hulten et al.,2006)。第二,本研究采用交通基础设施的分布密度,而不是交通基础设施建设的绝对量来考察其溢出效应。使用分布密度指标比使用绝对量指标更能全面地反映一个地区交通基础设施发展的均衡程度,从而在一定程度上避免交通基础设施建设与经济发展之间的内生性问题,对溢出效应估计的偏误会得到一定程度的缓解。

最后,鉴于基础设施的溢出效应并非简单的线性关系,本研究在回归方程中加入基础设施变量的二次项来控制这种非线性影响。

第三节 模型和数据说明

在已有的文献中,Hulten et al.(2006)通过一个简单的理论模型论证了基础设施如何通过溢出效应来促进经济增长,本章的理论模型部分借鉴了他的思想。由于基础设施既可以作为投入要素直接促进经济增长,又可以通过规模效应和网络效应间接促进经济增长,为了综合考虑这两方面的因素,本研究中的生产函数设定如下:

$$Y = A(I,t) \times F(K,L,I) \tag{3.1}$$

这里的 Y 代表总产出,I 是基础设施存量,K 是非基础设施资本(私人资本)。从(3.1)式中可以看出,基础设施可以从两个渠道促进产出增长:一种是作为直接的投入要素,主要体现在(3.1)式中的 $F(K,L,I)$ 项;另一种是规模效应,即本文所说的溢出效应,主要体现在(3.1)式中的 $A(I,t)$ 项,这是一个标准的希克斯中性的效率函数,它使得整个生产函数能够外生地移动,当生产函数向外移动时表现为规模报酬递增,反之则表现为规模报酬递减。我们主要关注的是 $A(I,t)$ 这一项,因为它反映了基础设施的外部性,即通过影响产出效率从而间接地影响产出增长。假定 $A(I,t)$ 具有如下的形式:

$$A_{it}(I,t) = A_{i0}e^{\lambda_i t}I_{it}^{\gamma_i} \qquad (3.2)$$

由(3.1)可知 TFP 的计算公式为 $TFP_{it} = Y_{it}/F(K_{it},L_{it},I_{it})$,将(3.2)式带入并取自然对数,即可得:

$$LnTFP_{it} = LnA_{i0} + \lambda_i + \gamma_i LnI_{it} \qquad (3.3)$$

其中,(3.3)式中的 γ_i 是我们感兴趣的参数。(3.3)式右边的变量可以直接观测并测度,而左边的变量则需要估计。参数 γ_i 反映的就是本文所要考察的交通基础设施的溢出效应。

根据以上论述,本章的实证模型主要建立在(3.3)式的基础上,具体形式如下:

$$Lntfp_{i,t} = \alpha + \beta X_{i,t} + \gamma_1 LnRail_{i,t} + \gamma_2 LnRoad_{i,t} + \gamma_3(LnRail_{i,t})^2 +$$
$$\gamma_4(LnRoad_{i,t})^2 + \gamma_5 Ln(\sum W_{ij}H_n) + \varepsilon_{i,t} \qquad (3.4)$$

(3.4)式中被解释变量是使用柯布-道格拉斯生产函数方法计算的 TFP。[①] 解释变量包括交通基础设施变量铁路($Rail$)、公路($Road$)和其他一些影响 TFP 变化的控制变量向量 X。

回归方程中的相关变量的具体说明如下。

交通基础设施变量:主要包括铁路营运里程和公路里程,为了使各省份在不同年份的交通基础设施存量上具有可比性,我们计算了各省的交通基础设施密度。$Rail$ 和 $Road$ 为各省的铁路网、公路网密

---

① 柯布-道格拉斯生产函数形式为 $Y = A L^{\alpha}K^{\beta}$,两边取对数得 $\ln Y = \ln A + \alpha \ln L + \beta \ln K$,估计系数 α 和 β,即可得 $\ln tfp = \ln Y - \alpha \ln L - \beta \ln K$。其中:产出 Y 为各省市以 1990 年为基期的实际 GDP,数据来自 1999—2009 年《中国统计年鉴》,并经过平减计算(本文所有的 GDP 数据均为以 1990 年为基期的实际 GDP);L 为各省市年末就业人员,数据来自《新中国 60 年统计资料汇编》;K 为采用永续盘存法计算的实际资本存量,采用单豪杰(2008)发表于《数量经济技术经济研究》论文的数据,感谢单豪杰教授在数据提供上给予的慷慨帮助。

度,单位为公里/百平方公里。

其他控制变量:

(1)政府干预经济的程度(Gov):政府规模越大,对交通基础设施的影响也就越大;同时较大的政府规模,对基础设施的建设也会比较重视,这都可能会带来较大的溢出效应,从而提高经济发展水平。该变量用政府消费支出占 GDP 的比重表示。

(2)城市化水平(Urban):城市化水平的提高很大一部分受益于基础设施建设的发展。一般来说,城市化水平较高的地区对交通基础设施的建设会比较重视,交通基础设施的建设数量和质量都会比较高,同时该区域交通基础设施的利用率也会较高,可能会比城市化水平较低的区域带来更大的溢出效应,这进而会提高该地区的产出水平。沿用现有研究的一贯做法,该变量用各地区城镇人口占总人口的比重表示。

(3)进出口贸易(Trade):一个区域进出口贸易的增长(贸易开放度)会对该地区交通基础设施产生强有力的需求,同时也会促进政府税收增加,进而导致地方政府有更多的财力物力建设更好的交通基础设施,最终会导致其溢出效应可能会比进出口贸易落后地区的大。该变量用各地区进出口之和占 GDP 的比重表示。

(4)空间权重矩阵($\sum W_{ij}H_n$):在这里 W_{ij} 为最常用也是最简单的二进制临近空间矩阵,其元素 w_{ij} 定义如下:

$$w_{ij} = \begin{cases} 1 & \text{当区域 i 和区域 j 相邻} \\ 0 & \text{当区域 i 和区域 j 不相邻} \end{cases}$$

习惯上将 W 的所有对角线元素设为 0,W 是一个($n×n$)矩阵,一般对 W 进行标准化处理,使其各行元素之和为 1。H_n 为基础设施存量矩阵,使用铁路网密度和公路网密度之和表示。因此 $\ln(\sum W_{ij}H_n)$ 的系数 γ_5 测度的就是交通基础设施基于临近空间权重矩阵的空间溢出效应。本章最终的回归方程形式如下:

$$Lntfp_{i,t} = \alpha + \beta_1 Gov_{i,t} + \beta_2 Urban_{i,t} + \beta_3 Trade_{i,t} + \gamma_1 LnRail_{i,t}$$
$$+ \gamma_2 LnRoad_{i,t} + \gamma_3 (LnRail_{i,t})^2 + \gamma_4 (LnRoad_{i,t})^2$$
$$+ \gamma_5 Ln(\sum W_{ij} H_n) + \varepsilon_{i,t} \qquad (3.5)$$

方程中所涉及各变量的描述性统计如表 3—1 所示。

表 3—1 各变量的描述性统计

变量名称	观察个数	均值	标准差	最小值	最大值
lntfp	308	−1.1043	0.3644	−1.8297	−0.2597
ln$Rail$	308	0.2335	0.8530	−2.5189	1.9613
ln$Road$	308	3.5393	0.9292	0.6769	5.2003
(ln$Rail$)^2	308	0.7798	1.1739	0.0013	6.3450
(ln$Road$)^2	308	13.3874	5.9550	0.4582	27.0431
ln($\sum W_{ij}H_n$)	308	3.6024	0.6641	1.7072	4.9057
Gov	308	0.1521	0.0398	0.0821	0.3015
$Urban$	308	0.4210	0.1478	0.2079	0.8746
$Trade$	308	0.2794	0.3743	0.0001	1.7884

第四节 实证结果

一、基本实证结果

表 3—2 给出了按照(3.5)式估计的全国混合回归、固定效应和随机效应模型的结果,以及固定效应和随机效应模型的各种检验值。首先,从面板设定的 F 检验值来看,均表明拒绝采用混合回归的原假设,接受采用固定效应和随机效应的备择假设。然后,根据 Hausman 检验来看,应该优先选择随机效应模型。表 3—2 的第三、四列为没有二进制空间权重矩阵的估计结果,第五、六列为加入二进制空间权

重矩阵的估计结果。从估计结果看,绝大部分的估计值都通过了1%水平的显著性检验(最少也通过了5%的显著性水平检验);从变量的估计符号来看,除了$(\ln Road)^2$的符号显著为负以外,其他变量均显著为正。这说明,中国公路、铁路、政府规模、城市化水平和进出口贸易(经济开放度)对经济发展都存在显著的正向溢出作用。

表3—2　全国面板数据 Pooled 回归、固定效应和随机效应模型的估计结果

估计方法 / 变量	Pooled 回归	固定效应	随机效应	固定效应	随机效应
$\ln Rail$	−0. 1585 *** (0. 000)	0. 1090 *** (0. 000)	0. 1025 *** (0. 000)	0. 1063 *** (0. 000)	0. 1009 *** (0. 000)
$\ln Road$	0. 5786 *** (0. 001)	0. 1871 *** (0. 000)	0. 1797 *** (0. 000)	0. 1466 *** (0. 000)	0. 1404 *** (0. 000)
$(\ln Rail)^2$	0. 0046 (0. 872)	0. 0681 *** (0. 000)	0. 0643 *** (0. 000)	0. 0647 *** (0. 000)	0. 0615 *** (0. 000)
$(\ln Road)^2$	−0. 0646 *** (0. 008)	−0. 0166 *** (0. 000)	−0. 0156 *** (0. 000)	−0. 0165 *** (0. 000)	−0. 0158 *** (0. 000)
$\ln(\sum W_{ij}H_n)$	−0. 0233 (0. 659)			0. 0562 *** (0. 002)	0. 0566 *** (0. 001)
Gov	0. 2753 (0. 620)	0. 2130 * (0. 067)	0. 2293 ** (0. 047)	0. 2362 ** (0. 040)	0. 2492 ** (0. 028)
$Urban$	1. 302 *** (0. 000)	0. 3839 *** (0. 000)	0. 4053 *** (0. 000)	0. 2826 *** (0. 008)	0. 3029 *** (0. 004)
$Trade$	0. 0128 (0. 892)	0. 0957 *** (0. 000)	0. 0929 *** (0. 000)	0. 0935 *** (0. 000)	0. 0912 *** (0. 000)
常数项	−2. 7638 *** (0. 000)	−1. 8432 *** (0. 000)	−1. 8364 *** (0. 000)	−1. 8602 *** (0. 000)	−1. 8558 *** (0. 000)
adjust-R^2	0. 2512	0. 1352	0. 1387	0. 1259	0. 1290
面板设定的 F 检验		121. 36	1,371. 40	110. 95	1,374. 75
Hausman 检验		8. 48		7. 82	
观测量	308	308	308	308	308

注:括号内为值,*、**、*** 分别表示 10%、5%、1%的显著性水平。

　　此外,还可以发现$(\ln Rail)^2$的符号显著为正,这说明中国铁路溢出的边际效应递减规律并不存在,而是存在比较小的边际报酬递增现象,原因可能主要来源于中国铁路基础设施质量的提升和科技含量的提高,而并不是单纯依靠劳动和资金投入来提高铁路运输能力。周浩和郑筱婷(2012)认为,1997年以来中国实施了六次铁路大提速促进了铁路运输设施的质量提升,并利用倍差法系统考察了其对经济增长的影响。研究表明,提速铁路线沿途站点的经济增长率显著地提高了约8个百分点,并且其作用随时间呈现递增的趋势。这也进一步验证了本文的研究结果。$(\ln Road)^2$的符号显著为负,这说明中国公路溢出已经存在边际报酬递减(虽然递减程度很小,但是仍不能忽视这种现象的存在)的现象。我们认为原因可能来源于以下三个方面:第一,中国高等级公路里程比重很小。2008年中国高速公路和一级公路里程占全部公路里程的比例仅为3.07%,二级公路以上的比例仅为10.72%,绝大部分为低等级公路。李涵和黎志刚(2009)的研究发现,高等级公路的建设显著降低了我国制造业的库存资金占用。企业库存资金占用的降低可以加快企业资金周转速度,提高资金运用效果,减少潜在或现实的存货积压损失,提高企业经济效益。因此,低等级公路受路面状况、通车流量和维护费用的限制,导致利用效率较低,在通车一段时间后很可能出现边际报酬递减的现象。第二,中国公路通车里程在2008年已达到373多万公里,可能已经达到边际报酬递减的“产量”边界。第三,中国较高的公路通行费提高了公路运输成本,限制了企业产品在区域间的自由流通。此外,由超载严重造成的公路损耗和维护成本较高也是公路利用效率变低的原因之一。

　　另一个值得注意的是二进制空间权重矩阵的估计值,通过比较可以看出二进制空间权重矩阵的加入较为显著地减小了 $\ln Road$ 和 *Urban* 的系数值(其他变量系数大小均没有显著改变),空间因素对公路交通和城市化水平产生了较为显著的影响。地理意义上的空间相邻产生了显著的正向空间溢出,这与刘勇(2010)、胡鞍钢和刘生龙(2009)、张学良(2009)的研究结果一致。交通基础设施的空间溢出作用可能主要来自于公路交通方面(来自于铁路方面的空间溢出仍需要更为细致地考察),这与我国公路网络相对于铁路网络更为完善有关。

二、基于市场规模空间溢出的估计结果

在上述实证分析中,我们将空间权重矩阵简单的定义为二进制临近空间权重矩阵。但是对于经济发展来说,简单的地理位置相邻还不能恰当地反映交通基础设施的空间溢出作用,经济联系并不仅仅是单纯地通过地理相邻发生作用的,因此,下面将引入基于人口密度和人均 GDP 的空间权重矩阵,来考察基于市场规模视角的交通基础设施的空间溢出效应。矩阵 W 的元素 w_{ij} 定义如下:

$$w_{i,j} = \frac{\dfrac{1}{|X_i - X_j|}}{\sum_j \dfrac{1}{|X_i - X_j|}} \tag{3.6}$$

其中 X 的定义如下:

W_o:X_i 表示人口密度,为各省市自治区 1998—2008 年的平均人口密度。

W_{gd}:X_i 表示人均实际 GDP,为各省市自治区 1988—2008 年的平均人均实际 GDP(1990 年为基期)。

具体的估计结果如表 3—3 所示。根据 Hausman 检验的结果,基于人口密度和人均 GDP 的市场规模空间权重矩阵估计都应采用随机效应模型,绝大多数变量都通过了 1% 的显著性水平检验。通过

表 3—3   基于人口密度和人均 GDP 的市场规模空间权重矩阵估计结果

变量 \ 矩阵及估计方法	$\ln(W_o H_n)$		$\ln(W_{gd} H_n)$	
	固定效应	随机效应	固定效应	随机效应
$\ln Rail$	0.1066 *** (0.000)	0.1024 *** (0.000)	0.1054 *** (0.000)	0.1008 *** (0.000)
$\ln Road$	0.1457 *** (0.000)	0.1427 *** (0.000)	0.1504 *** (0.000)	0.1458 *** (0.000)
$(\ln Rail)^2$	0.0708 *** (0.000)	0.0679 *** (0.000)	0.0674 *** (0.000)	0.0645 *** (0.000)
$(\ln Road)^2$	−0.0167 *** (0.000)	−0.0162 *** (0.000)	−0.0161 *** (0.000)	−0.0155 *** (0.000)
$\ln(\sum W_{ij} H_n)$	0.0813 *** (0.000)	0.0789 *** (0.000)	0.0628 *** (0.000)	0.0623 *** (0.000)
Gov	0.2471 ** (0.027)	0.2521 ** (0.023)	0.2000 * (0.079)	0.2082 * (0.065)
$Urban$	0.2044 ** (0.050)	0.2296 ** (0.026)	0.2372 ** (0.029)	0.2588 ** (0.015)
$Trade$	0.0794 *** (0.001)	0.0787 *** (0.001)	0.0905 *** (0.000)	0.0890 *** (0.000)
常数项	−1.9322 *** (0.000)	−1.9269 *** (0.000)	−1.8886 *** (0.000)	−1.8849 *** (0.000)
adjust−R^2	0.0865	0.0906	0.1119	0.1151
面板设定的 F 检验	119.37	1341.99	112.41	1377.44
Hausman 检验	10.59		7.78	
观测量	308	308	308	308

注:括号内为值,*、**、*** 分别表示 10%、5%、1%的显著性水平。

与表 3—2 比较可以发现以下几点。第一,不同经济意义空间权重矩阵的加入没有显著改变 $\ln Rail$、$\ln Road$、$(\ln Rail)^2$、$(\ln Road)^2$、Gov 和 $Trade$ 的显著性、符号和系数值。这说明这几个变量本身的一般溢出效应是比较稳定的。第二,我们关注的空间权重矩阵变量的系数值则发生了较为明显的变化,$\ln(W_o H_n)$ 和 $\ln(W_{gd} H_n)$ 的系数值均比二进制空间权重矩阵的系数值大。市场规模的空间溢出效应高于地理因素的空间溢出(最多高出 2.2%),这反映了市场规模有助于提高基础设施的空间溢出效应。较大的市场规模一方面增加了对生产要素的需求,从而促进生产要素的有效流动;另一方面促进了企业产品的流通、提高了企业的规模报酬状况,交通基础设施在这个过程中起到了降低交易成本、降低区域间价格差异和提高区域可达性的作用。Donaldson(2010)的理论和实证研究均证实了交通基础设施在减少交易成本、减少区域间价格差异以及增加区域交易方面的作用。

第五节　交通基础设施空间溢出效应的产业差异

前文主要考察了基于地理因素和市场规模因素空间权重矩阵的交通基础设施空间溢出效应,本部分将主要考察基于产业结构空间权重矩阵的交通基础设施的溢出效应,这也是当前诸多关于基础设施溢出效应的研究所忽视的领域。

矩阵元素 W 的定义仍如(3.6)式,其中 X 的定义如下:

W_{secind}:X_i表示第二产业就业人员占全部就业人员的比重,为各省市自治区 1998—2008 年比重的平均值。

W_{thiind}:X_i表示第三产业就业人员占全部就业人员的比重,为各省市自治区 1998—2008 年比重的平均值。

从表 3—4 可以看出,基于第二产业和第三产业就业人员比重的空间权重矩阵的估计都应采用随机效应模型,绝大多数变量都通过了 1% 的显著性水平的检验。首先,通过比较表 3—4 的第三列和第五列可以发现,第二产业就业人员比重空间权重矩阵的系数值大于第三产业的系数值,而其他变量的系数值均没有显著变化。这一特

表 3—4　基于第二产业、第三产业就业人员比重（产业结构）
的空间权重矩阵估计结果

矩阵及估计方法　　变量	$\ln(\sum W_{secind}H_n)$		$\ln(\sum W_{thiind}H_n)$	
	固定效应	随机效应	固定效应	随机效应
$\ln Rail$	0.0969 *** (0.000)	0.0930 *** (0.000)	0.1049 *** (0.000)	0.1007 *** (0.000)
$\ln Road$	0.1097 *** (0.001)	0.1046 *** (0.001)	0.1404 *** (0.000)	0.1354 *** (0.000)
$(\ln Rail)^2$	0.0563 *** (0.000)	0.0537 *** (0.000)	0.0631 *** (0.000)	0.0604 *** (0.000)
$(\ln Road)^2$	−0.0129 *** (0.002)	−0.0123 *** (0.002)	−0.0157 *** (0.000)	−0.0152 *** (0.000)
$\ln(\sum W_{ij}H_n)$	0.0824 *** (0.000)	0.0839 *** (0.000)	0.0679 *** (0.000)	0.0693 *** (0.000)
Gov	0.2133 * (0.052)	0.2187 ** (0.044)	0.1845 * (0.104)	0.1908 * (0.090)
$Urban$	0.2579 *** (0.010)	0.2721 *** (0.005)	0.2397 ** (0.025)	0.2539 ** (0.016)
$Trade$	0.0923 *** (0.000)	0.0910 *** (0.000)	0.0989 *** (0.000)	0.0976 *** (0.000)
常数项	−1.8639 *** (0.000)	−1.8619 *** (0.000)	−1.8699 *** (0.000)	−1.8674 *** (0.000)
adjust−R^2	0.1503	0.1539	0.1289	0.1316
面板设定的 F 检验	123.30	1336.55	113.46	1370.10
Hausman 检验	6.95		6.91	
观测量	308	308	308	308

注:括号内为值, *、**、*** 分别表示 10%、5%、1%的显著性水平。

点符合我国当前的产业结构现状,2008 年第二产业占国内生产总值
的比重为 48.6%(其中工业占 42.9%),第二产业的贡献率达到
50.6%。同时这也与第二产业(制造业)和第三产业(服务业)的产
业性质有关。一般来说,制造业一方面需要充足的要素投入,另一方

面需要广阔的产品销售市场。便利的交通基础设施可以提高要素流动，减少运输成本和交易费用，提高企业竞争力，因此，交通基础设施对制造业的生产和区位的选择会产生相当大的影响。Holl（2004）研究了西班牙1980—1994年公路基础设施对新制造业企业建立的影响，研究发现，制造业企业建立的空间分布受到新建公路的影响，并且这种影响程度随着部门和区域的不同而改变。Deno（1988）认为，基础设施在成本和利润方面的有利影响，会使企业扩大经营范围并诱使新企业进入该区域。这会导致制造业部门劳动力需求的增加，使得劳动力市场的均衡工资面临上涨的压力，从而产生更多的劳动力使用和较高的制造业部门工资水平。

我国的第三产业主要包括两大部门，一是流通部门，包括交通运输业、邮电通讯业、商业饮食业、物资供销和仓储业；二是为生产和生活服务的部门等。第三产业的服务对象通常局限于本地市场，并且往往以城市为中心，这是因为城市是一个区域的商业、交通、通信、金融、文化、教育、科技、信息等方面的中心，人口密集，第三产业相对集中。所以，相对于第二产业对要素需求和产品销售的特点来说，第三产业对传统的铁路、公路基础设施的利用水平较低，其更多的是利用通信、网络基础设施。本文的估计结果显示，基于不同地区产业结构差异的交通基础设施的空间溢出差异应该受到重视。

其次，通过比较表3—3和表3—4估计的五种不同空间权重矩阵的系数值可以发现，在考虑了基于市场规模和产业结构的空间因素之后，交通基础设施的溢出明显比只考虑地理因素的溢出高，简单的地理相邻会造成溢出效应的估计偏小（最多少估了2.7%），这进一步说明了交通基础设施的市场规模效应和产业结构效应。

最后，通过比较表3—3和表3—4估计的市场规模和产业结构的四个空间权重矩阵的系数值可以发现，基于产业结构的交通基础设施的空间溢出大于基于市场规模的空间溢出，这反映了交通基础设施通过产业结构方面会产生更大的空间溢出,这对交通基础设施的规划和建设具有重要的借鉴意义。

第六节　小结与研究展望

大部分发展中国家和新兴工业化国家的增长经验以及相当一部分的实证研究都证实了基础设施(尤其是交通基础设施)的正向溢出效应,当然,也有部分研究得出了相反的结论。通过利用中国省级全要素生产率作为被解释变量,本章通过引入空间因素研究了交通基础设施的空间溢出效应,并进一步分析了交通基础设施空间溢出效应的产业差异。本研究发现,我国交通基础设施存在明显的正向溢出,并且空间溢出效应随着基于不同经济意义的空间权重矩阵的加入而变大;交通基础设施的空间溢出效应更多的是通过经济联系(而不仅仅是地理相邻)发生作用。不同经济意义的空间权重矩阵的空间溢出作用有明显不同:交通基础设施对第二产业的空间溢出大于对第三产业的空间溢出,基于产业结构的交通基础设施的空间溢出大于基于市场规模的空间溢出。此外,还发现中国铁路溢出存在边际报酬递增的现象,而中国公路溢出出现边际报酬递减的现象。

基础设施建设作为政府调控经济的一个重要手段,其对经济发展方向和模式都有非常重要的影响。基于上述研究事实,我们认为:中国当前的铁路建设应该提高铁路基础设施的质量,可以通过改造原有铁路线路,提高铁路电气化水平来达到这一目标,从而提高铁路边际报酬递增的时间和程度。而对于中国公路来说,应当更多的建设较高等级的公路,提高公路利用效率,降低公路通行费用。特别需要注意的是,应当根据地区产业结构的现状来发展不同类型的交通基础设施。对于制造业占主导地位的城市和地区来说,应当主要建设质量较高的铁路和较高等级的公路；对于服务业占主导地位的城市和地区来说，应当主要发展通讯、网络基础设施，提高本地区服务业的专业化水平。

本研究虽然对空间权重矩阵做了一些新的尝试用以刻画交通基础设施的外溢作用，但处理方法还不够细致，内在的经济机制阐述的还不够，有待未来进一步深入；另一方面，将外溢作用的对象延伸到一些企业微观行为，可能更有助于我们了解交通基础设施外溢作用是通过何种渠道、方式和机制影响宏观层面的经济增长。这些都有可能成为未来的研究主题。

微观篇

公路交通网络与企业微观行为

第四章

公路可达性、集聚经济和新建企业选址[①]

"市场在哪,厂就建在哪。"(丰田公司前主席 Hiroshi Okuda[②])

第一节　引　言

选址设厂是企业最重要的微观活动之一。企业与市场之间的距离决定着其与市场联系的难易程度。由公路、铁路和航空等交通设施构建起来的交通网络直接影响企业和个人经济活动在空间上的延伸能力,从而决定着微观企业可触及的潜在市场范围。在经验研究中,结合空间距离和其他经济因素,研究者通常用可达性指标测度企业可触及的外部潜在市场[③]。产业集聚导致的外部性也深刻地影响着企业的市场行为。现实世界中"块状经济"地理空间分布的特征

---

①　本章内容即将发表于《经济学(季刊)》,感谢审稿人和编辑部提出的建设性意见。
②　"*We want to build our lants where the markets are.*" 参见 http://www.marketwatch.com/story/toyota-to-build-lant-in-france-1997 年 12 月 10 日。
③　Harris(1954)认为可达性(accessibility)是指交通网络中各节点相互作用的机会大小,是由节点之间的距离和其他节点的市场需求规模决定的,也被称为市场潜力。

事实就反映了集聚经济（agglomeration economy）是影响企业空间位置的因素。总的来看，可达性和集聚经济是影响企业选址决策的两种重要因素。

李涵和黎志刚（2009）指出，根据近十年中国交通运输状况，国内货运的70%依靠公路运输，17%通过铁路运输完成①。显然，公路交通网络影响着中国企业潜在市场的范围，即可达性，这进而影响着企业的空间分布。如表4—1所示，从2007年中国制造业企业的省域分布看，企业数量排在前五名的省份基本都是东部沿海地区，这五个省份的制造业企业占全国的比重合计55%，而这些地区具有相对发达的交通基础设施；排名后五位的省份都是西部交通欠发达地区，而且制造业企业占全国的比重合计不到1%。

既然公路交通网络是影响中国企业可达性的关键因素，那么中国的公路交通网络对工业企业选址有何影响？出口企业的产品部分或全部销往海外，那么基于国内公路交通网络建立的可达性指标对出口和非出口企业的选址影响是否存在差异？同样地，集聚经济显著地影响企业的生产行为，那么其在企业选址中又扮演什么样的角色？为此，本研究以现有的288个地级及以上城市（后文简称"地级市"）作为新建制造业企业的备选空间，基于公路交通网络构建了城市一级的可达性指标，考察了1998—2007年期间可达性和集聚经济对制造业企业选址的影响。

本研究的主要贡献有以下几点。首先，基于城市交通网络和企业微观数据，本研究构造了市级层面的可达性和集聚经济指标。本研究拟重点研究城市经济环境对企业选址问题的影响，因此有必要在市级空间上构造上述两个指标。鉴于中国省级行政疆域较大的空

---

① 根据《中国统计年鉴》的数据，笔者计算了1998—2007年期间历年的公路货运量占总货运量的比重，结果显示该比值一直高于72%。

间范围,利用加总数据计算的省级层面可达性和集聚经济指标肯定不足以准确和科学地刻画微观企业面临的真实经济环境。同时,有别于利用经纬度计算空间节点间球面距离的方法,我们利用整个国家公路网络取得城市间点对点的行车时间和里程,用其测度城市间经济活动联系的难易程度,并在此基础上构建了较为科学和有效的可达性指标。第二,鉴于本研究重点考察的是可达性和集聚经济对企业选址的影响,而这两种因素刻画的是空间节点所具有的特性,所以,本章沿用 Coughlin & Segev(2000)和 Guimaraes et al.(2003)等研究的思路,在估计方法上采用泊松(*Poisson*)模型。和企业选址研究中通常采用的条件 *Logit* 模型相比,在企业备选空间数量较多的环境下,泊松模型一方面可以避免 *Logit* 模型通常遇到的违背独立不相关假设的问题;另一方面也可以避免因备选空间数量较多导致的计算量急剧膨胀的难题(Arauzo et al.,2010)。该估计方法比较适合本研究以中国 288 个地级市作为企业备选空间的环境。第三,本研究以地级市作为新建企业选址空间与市级层面的可达性和集聚经济指标相匹配的,也更适合企业微观数据。同时,当前的经济环境与新建企业的选址决策也更为匹配。随着经济的发展,新建企业和现有企业选址决策所依据的经济环境很可能存在明显的差异,因此,在样本选择上有必要将两者区分开来。

表 4—1　2007 年中国制造业企业的空间分布

排名	省份	企业数	比重
1	浙江	51604	0.1532
2	广东	42260	0.1255
3	江苏	41841	0.1242
4	山东	36145	0.1073
5	辽宁	16556	0.0492
27	新疆	1575	0.0047

续表

排名	省份	企业数	比重
28	宁夏	745	0.0022
29	海南	488	0.0014
30	青海	471	0.0014
31	西藏	100	0.0003

注:为了节约篇幅,本表只列了企业数量前五和后五的省份。

第二节　文献综述:可达性、集聚经济与企业选址

在理论方面,早在韦伯(A. Web)的工业区位论和勒施(A. Losch)的市场区位论中就明确指出:运输成本是影响企业利润的主要因素之一,从而影响经济活动在空间上的分布(艾萨德,2011)。随着新经济地理学的兴起,Krugman(1991)、Venables(1996)等人在Dixit-Stiglitz垄断竞争模型的基础上,融入了运输成本和规模报酬递增等因素,解释经济活动的空间集聚和"中心—外围"空间结构的形成,此类模型中通常以冰山成本(*Iceberg Cost*)的形式刻画运输成本。Harris(1954)提出了可达性指标,将运输成本和市场需求有机地结合在一起。随后大量的实证研究在Harris(1954)的基础上构造不同的可达性指标,以此考察其对企业区位选择的影响。由于要素是自由流动的,可达性改善对企业选址具有双向作用:一方面,对于"中心"区域企业,与外部市场的联系更为便利,提高了可达性,增加了需求和利润,强化了"中心"的集聚力;另一方面,对于"外围"区域企业,能以更低的成本获得来自"中心"区域的生产要素供给和各种外溢效应,强化了"中心"的离散力。因此,从理论上看,可达性对企业的利润及其选址的影响是不确定的(Venables,1996;Puga,1999)。

随着微观计量方法的发展和微观数据可得性的改善,有大量的研究从微观层面考察可达性对企业区位选择的影响①。McFadden(1974)提供的 *Logit* 模型将企业选址问题看作是企业基于利润最大化的选择结果,由此为企业选址的估计方程建立了坚实的微观基础。早期的研究主要集中在企业在较大空间单元上的选址问题,比如省或地区。Carlton(1983)率先运用该方法考察了美国企业在大都市地区的选址问题,随后大量的研究应用该方法考察企业选址问题,比如 Head & Mayer(2004)考察了日本企业在欧洲的选址问题,Guimaraes et al.(2000)则考察了外资企业在葡萄牙境内的选址问题。随着改革开放的深入,中国对 FDI 的吸引力与日俱增,中国大陆境内 FDI 的区位选择问题也受到学者的关注。余佩和孙永平(2011)、张俊妮和陈玉宇(2006)等国内学者也都运用该方法考察了外资企业在中国省级层面的选址问题。另外,Chen(2009)、Belderbos & Carree(2002)和 Wakasugi(2005)也采用该方法考察了台湾地区企业、日本企业在中国大陆境内的区位选择。

但是,基于较大空间单元内交通基础设施状况构建的可达性面临两个问题。第一个是可达性指标的准确性问题,比如说省,由于空间较大,加总的省级可达性很可能掩盖省内各城市可达性的差异。第二个是估计的内生性问题。由于可达性是基于交通设施状况构建的,而交通设施与经济发展在宏观层面的相互作用是一个公认的事实,即交通设施发达,吸引更多的企业,促进经济发展。同样地,经济发展后促进交通设施投资、从而吸引更多的企业。因此,在省或区域层面利用 *Logit* 模型考察企业区位选择问题会遭遇内生性偏误。

随后,一方面由于地理信息系统(*geograhic information system*,*GIS*)技术的应用使得研究者能够根据交通网络构建较小空间单元

---

① 囿于本文的主题,我们主要回顾利用微观数据考察企业选址问题的文献。

之间的可达性,比如 Holl(2004)和 Chandra & Thomson(2000)研究的样本单元是城市和县;另一方面 Coughlin & Segev(2000)和 List & Mchone(2000)将企业区位选择问题转换成新企业数量在空间位置上的分布,利用泊松模型进行估计。这两方面的发展使得企业在较小空间单元间的选址问题得以实现。同时,Schmidheiny & Brulhart(2011)和 Guimaraes et al.(2003)从理论上证明了当回归元是刻画备选空间性质的变量时,*Logit* 模型和泊松模型的似然函数只相差一个常数,因此,两种估计方法得到的系数是完全一致,从而为利用 *poisson* 模型考察企业选址问题建立起相应的经济理论基础。Holl(2004)就用该方法考察了西班牙企业在 438 个城市的区位选择问题。

从研究结果上看,可达性对企业选址的影响并不统一。Holl(2004)利用西班牙城市公路网络构建了城市可达性指标,研究结果表明:新企业更愿意在远离具有较高可达性的城市建厂。Chandra & Thomson(2000)的研究显示,美国州际高速公路对企业区位选择具有明显的空间差异,新企业更多地选择在州际高速公路直接穿过的县落户;同时很多企业从这些县周边地区迁走。学者的研究进一步发现可达性对企业选址影响同样也存在行业差异,因为不同行业对投入品和产出品的运输要求具有明显差异,比如农产品和农产品加工制造业的中间投入品和产成品的运输条件要求会比较高,而一般工业产品的运输要求则相对低些。Holl(2004)基于投入产出表构建了行业的供给可达性,结果发现,供给可达性对运输设备行业吸引力最大。Arauzo & Viladecans(2009)和 Bade & Nerlinger(2000)的研究显示:技术密集型的制造业更倾向靠近大都市建厂;而 Chandra & Thomson(2000)的研究则指出:州际高速公路对工业、零售业和服务业增长的影响存在明显差异。

如前所述,可达性和集聚经济是企业区位选择问题的两个重要影响因素,从研究的内容上看,上述提及的很多研究也同时考察了集聚经济对企业选址的影响。总的来看,集聚经济对企业选址正面影响的证据较为统一。Coughlin & Segev(2000)、Holl(2004)、Guimaraes et al.(2000)等文献都给出了集聚经济有助于吸引新企业的证据[①]。大部分文献通常通过构造城市化经济和地方化经济两个指标测度集聚经济[②],以此考察集聚经济对企业区位选择的影响。因此,两种因素在企业区位选择中影响大小的比较是一个非常有趣的问题。Head et al.(1995)和 Guimaraes et al.(2000)指出在大城市中,城市化经济和服务业集聚经济对新企业落户的影响力更大些,而 De Bok & Van Oort(2011)认为,迁移企业也偏好于城市化经济较强的区域。但 Holl(2004)基于大样本城市数据的研究显示地方化经济对制造业企业的吸引力更大,Figueiredo et al.(2002)在考察葡萄牙企业家乡土情结对企业区位影响的研究中也给出了同样的结果。大城市由于各种资源丰富、基础设施较为完善,使得在产业多元化方面具有天然优势,而中小城市则更注重某些特色产业的发展,这导致了城市化经济和地方化经济在吸引新企业方面的空间差异。

随着经济全球化的发展,FDI 在各国经济中所扮演的角色日益突出,政策制定者关注的焦点之一就是如何吸引外资,促进本国相关产业和经济发展,因此,考察 FDI 的区位选择成为企业选址问题中的一个重要分支。Head et al.(1999)和 Bobonis & Shatz(2003)认为,美国的经验显示,集聚经济对 FDI 的吸引力明显高于财政补贴和其他优惠措施,原因在于集聚经济能够促进企业生产率一个持久性的提高。梁琦(2003)同样认为,欧美跨国公司在中国的投资更注重于集

---

① Arauzo et al.(2010)就集聚经济对企业选址问题有一个详细的综述。
② 地方化经济,即专业化经济,是指在某一空间范围内,当地某一行业整体的企业规模和集聚程度会影响本行业单个企业的生产效率;城市化经济,即多样化经济,是指单个企业的生产效率受当地所有行业的生产规模和行业种类影响。

聚经济产生的外部性,而非地方政府推出的优惠政策。余佩和孙永平(2011)、张俊妮和陈玉宇(2006)、Chen(2009)采用了 *Logit* 模型在省级层面考察了 FDI 在中国大陆的区位选择,这些研究都显示集聚经济和可达性均是决定 FDI 区位选择的主要影响因素。

关于中国企业区位选择的研究多数采用宏观省级层面的数据,就笔者所知,余佩和孙永平(2011)、Chen(2009)、陈玉宇(2006)和 Wu(1999)的工作是近年来利用微观企业数据进行的相关研究,但这些研究主要集中于 FDI 的区位选择。因此,更一般意义上的关于中国企业选址问题的研究还有待补充。另外,关于中国企业选址的文献存在以下几个不足。首先,省级数据和省份备选空间导致的偏误。中国省级行政疆域较大,因此,在基于省份构建的可达性指标和集聚经济指标都可能导致由变量测量偏误和相互作用而导致估计的内生性问题(刘钜强和赵永亮,2010)。其次,样本选择问题。现有研究的考察对象一般不对企业进行区分,比如说新建企业和已建企业,这种处理方法会导致估计的偏误。因为,当研究期限较长时,新建企业和现有企业在进行区位选择决策时所面临的经济环境可能差异非常大。第三,*Logit* 模型的独立不相关假设(Indeendence of Irrelevant Alternatives assumtion)难满足。关于中国企业区位选择的研究多数采用 *Logit* 模型作为估计方法,比如余佩和孙永平(2011)、Chen(2009)、陈玉宇(2006)。事实上,在考察集聚经济对企业区位选择的时候,产业集群所在核心区域及其周围地区与其他地区对将要选址的企业来说显然是有显著差异的,从而容易导致独立不相关假设被违背。这一问题同样会出现在可达性对企业选址影响的问题上。尤其是当企业选址空间的样本个数较大时,各空间点之间的相互联系不言而喻。虽然,很多研究通过引入地区虚拟变量来弥补这个问题,但作用还是较为有限。

因此,本章基于中国公路交通网络和城市制造业企业数据分别构建城市一级的可达性和集聚经济指标,以 288 个地级市作为企业选择空间,运用 *Poisson* 模型考察可达性和集聚经济对制造业部门新建企业选址问题的影响。

第三节　计量模型设定与变量选择

一、实证模型设定

对于企业区位选择问题,无论是理论研究,还是经验研究都认为企业选址不是一个随机过程,而是单个企业基于利润最大化做出的微观决策。假设经济中行业 k 的代表性企业 i 选择在空间位置 j(在本章为中国的地级市,后文均用城市表示)处建厂,那么,该代表性企业的利润为:

$$\Pi_{ijk} = R(x_{ijk}{}^{d}) - C(x_{ijk}{}^{s}) \tag{4.1}$$

其中 $R(\,\cdot\,)$ 和 $C(\,\cdot\,)$ 分别表示企业的收入和成本,$x_{ijk}{}^{d}$ 和 $x_{ijk}{}^{s}$ 则分别表示城市 j 影响企业 i 收入和成本的需求因素和供给因素。根据 McFadden(1974),企业 i 的利润可以正式地表示为:

$$\Pi_{ijk} = V_{ijk} + \varepsilon_{ijk} = R(x_{ijk}{}^{d}) - C(x_{ijk}{}^{s}) + \varepsilon_{ijk} \tag{4.2}$$

其中 ε_{ijk} 代表随机误差项。假设可供每个企业选择的城市集合为 J,那么基于利润最大化的代表性企业 i,选址于 j 处的原因在于

$$\Pi_{ijk} > \Pi_{imk}, \forall m \in J, m \neq j \tag{4.3}$$

随机的利润函数意味着企业 i 选址于 j 处的概率为:

$$P_{ijk} = Prob(\Pi_{ijk} > \Pi_{imk}), \forall m \in J, m \neq j \tag{4.4}$$

如果我们进一步假设随机误差项 ε_{ijk} 是独立且服从 Weibull 分布,那么可以用条件 *Logit* 模型将行业 k 的企业 i 选址于 j 处的概率表示为:

$$P_{ijk} = \frac{\exp(V_{ijk})}{\sum_{j \in J} \exp(V_{ijk})} \tag{4.5}$$

如前所述,存在一组系统性影响企业利润的供给和需求因素,为了考察这些因素的影响,通常假设 V_{ijk} 可以表示作为这些解释变量的线性组合,即

$$V_{ijk} = \beta^d X_{ijk}^{\ d} + \beta^s X_{ijk}^{\ s} \tag{4.6}$$

其中 $X_{ijk}^{\ d}$ 和 $X_{ijk}^{\ s}$ 分别表示来自需求和供给面的解释变量向量。一般情况下,可以通过极大似然估计法确定参数 β^d 和 β^s,从而给出各解释变量对企业选址的影响。但是,当企业备选空间数量较大时,条件 *Logit* 模型估计就会遭遇计算问题。面对这种情况,McFadden(1978)建议对整个选择集进行随机抽样,构建一个较小的选择集,从而可以继续使用 *Logit* 模型估计。Guimaraes et al.(2003)指出,尽管这种处理方法的估计结果是一致的,但由于随机抽样会导致一些潜在的重要信息被遗漏,而且对所得到的小样本性质还不清晰,可能和渐近性质有较大的差异。同时,Guimaraes et al.(2003)进一步强调,条件 *Logit* 模型要求在控制了估计方程中各种可观察变量之后,进行选址决策的企业认为各个备选的空间是相似的,可以替代的,即独立不相关假设(Independence of Irrelevant Alternatives assumption)。但当备选空间集合中各备选空间数量较大和尺度较小时,各备选空间之间通常容易存在相关性,从而容易导致独立不相关假设被违背。Woodward(1992)和 Luker(1998)通过引入地区虚拟变量来解决该问题。但只有认为独立不相关假设在区域内的各备选空间成立,这种方法才是有效的。

另一种思路是将企业选址问题转换成考察各个备选空间的新企业数量,利用泊松模型进行估计(Coughlin & Segev, 2000; List & Mchone, 2000)。List & Mchone(2000)假设 t 时刻空间 j 处新企业数

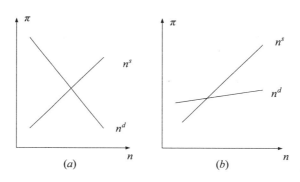

图 4—1 新企业的供给和需求

量的供给曲线为 $n_{jt}^s(\Pi(X_{jt},e_{jt}))$，$\Pi$ 代表企业在 j 处的利润，X_{jt} 代表一组可观测的影响企业利润的城市特征变量，即前文提及的影响企业区位选择的需求和供给因素，X^d 和 X^s，另外 e_{jt} 则是随机误差项。显然，利润越高，新企业数量也越多，供给曲线斜向上，而 X_{jt} 则影响着供给曲线的整体移动。随着 j 处企业数量的增加，一方面，集聚效应的外部性，比如说地方化经济和城市化经济，可能有助于企业利润增加；另一方面，企业之间的竞争会更加激烈，可能会导致企业利润下降。所以，t 时刻空间 j 处新企业数量的需求曲线可以表示为 $n_{jt}^d(X_{jt})$，且其斜率可能为正，也可能为负。最终，n_{jt}^s 和 n_{jt}^d 的交点确定了均衡的新企业数量（如图 4—1 所示）。因此，我们可以得到一个 j 处新企业数量的简约估计方程：

$$n_{jt}=f(X_{jt})+e_{jt} \tag{4.7}$$

由于每个城市新建企业数是整数，因此假设 n_{jt} 服从 $Poisson$ 分布，那么在 t 时刻，j 处的 k 行业有 n_{jkt} 个新建企业的概率为：

$$Prob(n_{jkt}) = \frac{\exp(-\lambda_{jkt})\,\lambda_{jkt}^{n_{jkt}}}{n_{jkt}!},\lambda > 0,n_{jkt}=0,1,2,\cdots n \tag{4.8}$$

其中 λ_{jkt} 是 $Poisson$ 分布的参数，表示 t 时刻城市 j 处行业 k 新建企业数量 n_{jkt} 的均值。值得一提的是，当备选空间较多时，可能出现较多城市的新企业数为零的情况,在用条件 *Logit* 模型估计时,一种处理方法是将这些备选空间略去,但在泊松回归并不需要这样,因此,泊松回归在这方面能够保留相关的信息。另外,和条件 *Logit* 模型相比,这种方法的微观基础稍显薄弱。但是,Guimaraes et al.(2003)和 Schmidheiny & Brulhart(2011)证明了在考察空间特征变量对企业选址影响的环境下,条件 *Logit* 模型和泊松模型的估计系数是等价的,从而为用泊松模型估计企业选择问题建立起微观基础。假设参数 λ_{jkt} 和 n_{jkt} 的期望的对数与解释变量存在线性关系,即

$$ln(\lambda_{jkt}) = \beta_k X_{jt} \tag{4.9}$$

其中 β_k 是一组待估参数。在现实中,一些不可观测的,或者是不易测度的地理、行业和宏观经济环境等特征因素同样会影响着企业的区位选择。因此,本文引入了省、年份和行业虚拟变量以控制上述不可观测的影响因素。最终,本文可以利用(4.9)式估计 β_k。

二、数据

本章所用的样本数据主要来自两个数据集。第一个数据集是中国工业企业数据库①。该数据库的样本范围为全部国有工业企业及规模以上非国有工业企业,行业范围涉及"采掘业"、"制造业"和"电力、燃气及水的生产和供应业"三大门类,时间跨度为 1998—2007 年②。本章选取制造业企业作为考察对象,以二位数行业代码计,该数据集的制造业行业涵盖了 30 个大类,对应于国民经济行业分类与代码(GB/T4754—2002)中的代码 13—43(没有 38)。根据数据集中关于企业地理位置、行业及开工时间等信息,本章整理了从 1998 年

---

① 聂辉华等(2012)对该数据库的基本信息、使用现状及潜在问题有一个详细的评论。
② 由于缺乏相关指标,2004 年的数据未用。

到 2007 年期间,历年的各省、各行业的新建企业情况①。从新企业的空间分布看,如附表 4—1 所示,在 1998—2007 年期间,历年新建企业主要集中分布在经济发达、基础设施比较完善的广东、江苏、浙江、山东等东部沿海地区,表现出一定的空间集聚模式,并且这种集聚特征有着逐渐增强的趋势,排名前五的省份总的新企业数量占全国新建企业比重从 1998 年的近 50%上升到 2007 年的近 70%;而在经济相对不发达、基础设施建设落后的西部地区,各年新建企业数占全国新建企业总数的比例还不足 1%。从新企业的行业分布看,如附表 4—2 所示,总体上,各年新建企业所属的行业类别具有较强的一致性,主要集中在食品制造及烟草加工业、纺织业、化学工业、非金属矿物制品业和通用、专用设备制造业,这些行业每年新建企业数量之和占该年整个制造业新建企业总数的比例均超过 50%,而对于各年新建企业数最少的五个行业(石油加工、炼焦及核燃料加工业、通信设备、计算机及其他电子设备制造业、仪器仪表及文化、办公用机械制造业、工艺品及其他制造业及废品废料回收加工业),该比例还不到 10%②。

---

① 首先,笔者根据该数据库中的国民经济行业分类新旧类目对照表将 1998—2002 年数据的行业类别调整为 2003—2006 年的行业类别。其次,以该数据库中的变量"企业开工时间年"作为判断新建企业的依据。比如说,如果企业的开工时间为 2000 年,那么本研究就认为该企业是 2000 年的新企业。由于数据质量原因,原始数据有大量观测值该变量缺失或错误,笔者按以下三步进行了处理。第一步,对于缺失的情况,根据企业法人代码找到该企业随后两年数据中是否有相应的"企业开工时间年",有的话则予以替代。第二步,对于输入错误的情况,比如将"1998"输入为"98"的,我们采用类似第一步的做法,对照其随后多年的数据进行修正。第三,在上述两步中未能修正的存在缺失或错误观测值,归于旧企业。

② 为了利用 2007 年各省投入产出表的相关数据(见后文),我们将中国工业企业数据里面的部分行业进行合并,最终考察的行业为 17 个,各行业及其代码具体为 13—16(食品制造及烟草加工业)、17(纺织业)、18—19(纺织服装鞋帽皮革羽绒及其制品业)、20(木材加工及家具制造业)、22—24(造纸印刷及文教体育用品制造业)、25(石油加工、炼焦及核燃料加工业)、26—30(化学工业)、31(非金属矿物制品业)、32—33(金属冶炼及压延加工业)、34(金属制品业)、35—36(通用、专用设备制造

第二个数据集是《中国城市统计年鉴》。本章以该年鉴中涵盖的地级市作为制造业企业选址的选择空间集①。由于行政管辖权的变更，全国地级市的数量由 1998 年的 227 个上升到 2007 年的 288 个，本章选择 2007 年的 288 个地级市作为新企业选址的备选空间。同时，本章利用城市经济、人口和地理信息等指标构建回归模型中刻画城市特征的解释变量。相关的数据以 1998 年为基期进行了调整。另外，本章利用 Google 地图获得城市间的公路里程和行车时间②。

三、变量

（1）公路交通网络与城市可达性

对于选择在城市 j 建厂的企业，如式（4—1）所示，其利润受其与产品和中间投入品市场之间的可达性影响。如前所述，公路交通是目前中国货运的主要方式，因此，本章根据目前中国城市公路交通网络构建城市可达性。值得一提的是，传统的利用球面距离来测度两点间的距离可能会由于没有考虑两点间实际交通状况而导致偏误。城市间的公路里程和路况决定了运输的便利程度，从而影响城市间可达性，最终对微观企业的选址行为产生影响（Rietveld，1994）。因此，本章选取行车时间衡量城市间距离，这样能够比较真实地反映城市间经济活动的"距离"。另外，在做稳健性检验的时候，我们也用公路和铁路里程来测度距离。

业）、37（交通运输设备制造业）、39（电器机械及器材制造业）、40（通信设备、计算机及其他电子设备制造业）、41（仪器仪表及文化办公用机械制造业）、42（文艺品及其他制造业）、43（废品废料回收加工业）。

① 2010 年《中国城市统计年鉴》所列的地级及以上城市共有 288 个。
② 具体来说，在 google 地图中输入出发地和目的地所在的城市，即可得到两个城市间的行车时间和公路里程。详情参见 http://ditu.google.cn/mas? hl = zh - CN&ie = UTF-8&tab = wlTTT。

可达性刻画的是交通网络中各节点经济相互作用的机会大小,因此,除了空间维度的距离之外,直接影响着市场需求的人口规模和收入水平等经济因素也是影响可达性的重要因素。沿用 Holl(2004)提出的方法,本章结合地理因素和经济因素构建中国城市一级的可达性指标。

(2)需求可达性

如前所述,在需求方面,交通基础设施直接影响企业的运输成本,进而影响企业与外地潜在市场的可达性,所以,本章首先构造需求可达性。鉴于中国地域广阔的地理特征和某些大城市作为增长极带动本省、区域甚至全国经济发展的经济特征,本章将省会和计划单列市作为中心城市①,将它们作为各地级市的潜在市场,并用中心城市的工资总额衡量需求规模。Martin & Rogers(1995)指出:区域内和区域间的交通基础设施对企业的区位选择有着不同影响。区域内交通设施状况的改善通常会提高本地区对企业的吸引力;但区域间交通设施状况的改善对企业区位选择的影响是不确定的。因此,本章进一步将需求可达性分为区域内和区域间需求可达性。具体来说,区域内需求可达性的计算公式为:

$$DAC_j^{INTRA} = \sum \frac{wage_{jc}}{t_{j,jc}} \tag{4.10}$$

其中 jc 表示城市 j 所在省份的省会,$wage_{jc}$ 表示省会 jc 的工资,而 $t_{j,jc}$ 表示 jc 和 j 之间的公路行车时间。类似地,区域间需求可达性的计算公式为:

$$DAC_j^{INTER} = \sum_{c=1}^{36} \frac{wage_c}{t_{j,c}} \tag{4.11}$$

---

① 2010 年《中国城市统计年鉴》所列的直辖市、省会和计划单列市共计 36 个,分别为北京、天津、石家庄、太原、呼和浩特、沈阳、大连、长春、哈尔滨、上海、南京、杭州、宁波、合肥、福州、厦门、南昌、济南、青岛、郑州、武汉、长沙、广州、深圳、南宁、海口、重庆、成都、贵阳、昆明、拉萨、西安、兰州、西宁、银川和乌鲁木齐。

其中 c 表示所有中心城市, $wage_c$ 和 $t_{j,c}$ 的定义与区域内需求可达性中的类似①。

(3)供给者可达性

制造业作为国民经济的基础,其产品不仅是终端消费品,而且还是其他经济活动的中间投入品,而且不同经济活动所需的中间产品数量具有明显的行业特征,所以,本章进一步构造相应的行业供给者可达性,以此刻画空间节点上某行业企业在全国范围内采购中间投入品的便利程度。和需求可达性的构造类似,我们继续以中心城市作为各地级市各行业的主要中间产品需求点,并且以中心城市所在省份的每个二位数制造业行业总产出作为各行业中间产品需求总量,同时利用投入产出表确定行业间的需求系数。由于有些省份包含计划单列市,为避免供给总量的重复计算,我们将计划单列市剔除②。因此,按照行业构造的供给者可达性的具体计算公式为:

$$SAC_{jck} = \sum_{c=1}^{30} \sum_{m=1}^{17} \frac{\theta_{j,k,m} VA_{c,m}}{t_{j,c}} \tag{4.12}$$

其中 j 和 c 的含义如前所述,$VA_{c,m}$ 表示中心城市 c 所在省份行业 m 的总产值,$\theta_{j,k,m}$ 表示城市 j 制造业行业 m 的产出中需要投入行业 k 产品的比例③。

(4)集聚外部性

集聚外部性是企业区位选择的主要影响因素之一。沿用众多文献的思路,本章重点考察地方化经济和城市化经济这两个因素(Guimaraes et al.,2000;余佩和孙永平,2011)。地方化经济的思想可以追溯到 Marshall(2004)对专业化的阐述,这方面流传最广的例子

---

① 对于 36 个中心城市,本文简单地将其按市辖区面积划分为两类,市区内部行车时间分别为 30 和 20 分钟。

② 这些计划单列市分别是:大连、宁波、青岛、厦门和深圳。用于构造供给可达性的中心城市数量为 31 个。

③ θ 来自各省 2007 年的投入产出表,感谢审稿人给出的意见。

之一就是硅谷的计算机产品。相反,Jacob(1969)则强调了产业多样化在培育知识跨行业交流和外溢带来的优势,提出了城市化经济。

在经验研究中,基于数据的可得性和研究目的不同,这两种集聚外部性指标的测度方法也多种多样,但主要可以分为绝对值和相对值两种测度方法。结合中国的情况,沿用范剑勇和李方文(2012)的方法,对地方化经济采用绝对指标测度,而对城市化经济采用相对指标测度①。两个指标的计算公式具体如下:

$$LE_{jkt} = labor_{jkt} \tag{4.13}$$

$$UE_{jkt} = \left(\sum_{K} \left| rl_{jkt} - rl_{kt} \right| \right)^{-1}, rl_{jkt} = \frac{labor_{jkt}}{labor_{jt}}, rl_{kt} = \frac{labor_{kt}}{labor_{t}} \tag{4.14}$$

其中式(4.13)测度的地方化经济 LE_{jkt},用 t 时刻城市 j 行业 k 的就业人数 $labor_{jkt}$ 衡量;式(4.14)测度的是城市化经济,其中 rl_{jkt} 表示 t 时刻城市 j 行业 k 就业人数占同期城市 j 就业人数的比重,而 rl_{kt} 则表示 t 时刻行业 k 就业人数占全国就业人数的比重。

(5)其他影响因素

其他一些影响企业利润的因素也被引入到解释变量中用以刻画城市经济发展环境。本章用城市人口密度(denou)刻画本地市场需求,用平均工资(awage)刻画企业的用工成本。虽然可达性指标中含有地理位置信息,但是我们同样对其他一些重要地理信息感兴趣,所以,我们进一步引入城市在全国公路交通网络中的相对位置(dum_road)②。此外,我们还引入了一组虚拟变量以控制其他一些因素,

---

① 对于以中国作为考察对象的研究,范剑勇和李方文(2011)对众多文献中关于地方化经济和城市化经济的测度指标有一个详细的评论。

② 刻画城市交通网络空间位置的虚拟变量构造如下:首先基于公路网络得到各城市到达 36 个中心城市的总时间 $\sum_c time_{jc}$,然后以所有城市为样本,根据该变量的上下四分位数将所有城市划分为三类,由此构造相应的虚拟变量,dum^{road1} 表示城市 j 的 $\sum_c time_{jc}$ 落在下四分位数以内,而 dum^{road2} 表示城市 j 的 $\sum_c time_{jc}$ 落在上下四分位数之间,因此,dum^{road1} 表示城市在全国公路网络中处于相对中心的位置。

其中包括用于控制可观测和不可观察的省份个体特征的省份虚拟变量(dum_rov)、控制行业特征的 2 位数行业虚拟变量(dum_sci)、控制整个全国宏观经济发展环境的年份虚拟变量(dum_year)。本文最终的估计方程为：

$$n_{jkt} = \beta(DAC_{jt}^{inter}, DAC_{jt}^{intra}, SAC_{jkt}, UE_{jt}, LE_{jt}, denpopu_{jt}, awage_{jt},$$
$$dum\_road, dum\_prov, dum\_sci, dum\_year, constant) \qquad (4.15)$$

第四节　估计结果与分析

一、基本回归

表 4—2 给出了对整个制造业企业选址的基本估计结果。泊松回归虽然比较适合一般计数模型的估计，但前提条件是因变量的均值与方差相等。对于企业选址问题，样本中新企业数的方差往往大于均值，比如本章中新企业数的方差约为 4.62，而期望则只有 1.39（见表 4—3），这一问题被称为过度分散问题。沿用 Cameron & Trivedi(1990) 的方法，本文基于泊松回归构造了人工被解释变量 Z_i[①]，并进行相应的过度分散检验。如表 4—3 所示，估计系数的 t 值高达 31.56，所以，存在过度分散问题。为了处理该问题，我们引入随机变量 $\nu \sim Gamma(1, \alpha)$，用 $\lambda\nu$ 代替 $Poisson$ 分布中的参数 λ，因此

---

① 根据 Cameron & Trivedi(1990)，定义构造的被解释变量：

$$z_i \equiv \frac{(num\_firm_i - \widehat{num\_firm_i})^2 - num\_firm_i}{\sqrt{2}\,\widehat{num\_firm_i}}$$

然后用 Z_i 对 $\widehat{num\_firm_i}$ 进行最小二乘(LS)回归。另外，负二项回归中给出的 LR 检验值为 0.9048，通过了 5% 显著性水平的检验，也拒绝 alha = 0 的原假设(对应于泊松回归)，即存在过度分散问题。

新建企业数量 $N \sim Poisson(N|\lambda\nu)$。在该假定下,新建企业数量 N 的分布就修正为负二项分布(the negative binomial distribution),记为 $NB(\lambda,\alpha)$。这允许新建企业数量 N 方差大于均值。负二项回归的结果如表4—2第4列所示。另外,当采用较小空间单位时,容易出现较多观测值的新企业数为零的情况。以本研究的2007年为例,当以地级市为单位时,有87个城市的新企业数为零,比重约为30%;而当我们进一步细化到每个城市每个行业的新企业数时,有3173个观测值的新企业数为零,比重约为65%。对于这种情况,零膨胀负二项回归也是一个可行的选择,为此我们进行了零膨胀负二项回归和 Vuong 检验(Vuong,1989),根据表4—2给出的 Vunog 检验结果,本章最终采用的是负二项回归。另外,泊松回归和负二项回归的结果也是较为近似的。

虽然我们通过引入省份、行业和年份的虚拟变量以缓解由于遗漏变量所造成的内生性问题。但本章回归方程中的核心解释变量可达性可能是造成内生性问题的另一个来源,因为,城市新企业数量与可达性之间存在联立性偏误(simultaneity bias)。一方面,当城市企业数量较多时,其经济发展水平也随之提高,从而有助于改善基础设施水平,比如修建更好的交通设施,进而提高城市的可达性水平;另一方面,城市可达性的改善意味着该城市覆盖的潜在市场范围扩大,城市的经济环境得到改善,从而有助于吸引更多的新企业过来投资建厂。针对该问题,结合数据的可得性,我们采用滞后一期的可达性指标作为工具变量,沿用 Hilbe(2011)的两步法进行估计[1],对应的

---

[1]　第一步,利用工具变量(滞后一期的可达性)及其他控制变量对内生变量(当期的可达性)进行 OLS 估计,得到对应的残差,以区域间需求可达性为例,估计方程为 $DAC_t^{inter}=DAC_{t-1}^{inter}+DAC_{t-1}^{intra}+SAC_{t-1}$+其他变量;第二步,利用内生变量、第一步估计的残差及其他控制变量(不包括工具变量)对新建企业数进行负二项回归。为了节约篇幅,表4—2只给出了第二步的估计结果。

估计结果见表 4—2 中的第 6 列。res_DAC^{inter}、res_DAC^{intra} 和 res_SAC 是通过第一步 OLS 估计得到的对应三个可达性指标的残差,表 4—2 的结果显示 res_DAC^{intra} 的系数通过了 1% 的显著性检验,res_DAC^{inter} 的系数也接近通过了 10% 的显著性检验;另外,三者联合检验的 Chi2 统计量为 20.55(对应的 P 值为 0.0001),这拒绝了三个可达性指标是外生变量的假设。通过比较,Hilbe(2011)两步法和普通的负二项回归的估计结果较为相似,没有本质上的区别,但 Hilbe(2011)两步法的似然比有了较为明显的提高。因此,本文将基于 Hilbe(2011)两步法的估计结果分析可达性和集聚经济对企业选址的影响。

表 4—2　基本估计结果

估计方法	OLS	Poisson	NB	NB$^\$$	two-step NB
DAC^{inter}	1.0019 *** (7.5551)	−0.2383 *** (−3.5611)	−0.3229 *** (−5.6766)	−0.3858 *** (−5.5459)	−0.3132 *** (−4.7761)
DAC^{intra}	0.0915 *** (3.0368)	0.0924 *** (4.4066)	0.0920 *** (5.1984)	0.1054 *** (4.7341)	0.0850 *** (4.3261)
SAC	−0.0166 (−1.3989)	0.1556 *** (6.2837)	0.1658 *** (8.3879)	0.1353 *** (5.5911)	0.1809 *** (8.0460)
UE	0.0595 (0.6691)	0.1723 *** (4.1142)	0.2748 *** (6.7950)	0.2506 *** (4.9812)	0.2937 *** (6.7166)
LE	0.2059 *** (26.9833)	0.6223 *** (48.2120)	0.5990 *** (75.4052)	0.6079 *** (63.0491)	0.6058 *** (72.9637)
$denpopu$	0.1075 *** (2.6249)	0.1650 *** (5.0887)	0.1445 *** (5.4319)	0.1249 *** (3.8587)	0.1563 *** (5.4130)
$awage$	−0.3345 *** (−3.5528)	−0.4930 *** (−7.0930)	−0.1516 *** (−2.9141)	−0.1717 ** (−2.4968)	−0.2634 *** (−4.6337)
res_DAC^{inter}					−0.2052 (−1.5279)
res_DAC^{intra}					0.6505 *** (4.4907)

续表

估计方法	OLS	Poisson	NB	NB$^\$$	two-step NB
res_SAC					−0.0102 (−0.3539)
dum_road	YES	YES	YES	YES	YES
dum_year	YES	YES	YES	YES	YES
dum_prov	YES	YES	YES	YES	YES
dum_sci	YES	YES	YES	YES	YES
常数项	YES	YES	YES	YES	YES
Vuong 检验			z=−0.04 Pr>z=0.5162		
Log-likelihood	−106162.8595	−45756.2205	−35922.7677	−23327.9959	−31704.6050
N	38758	38758	38758	22470	34865

注:( )内为 z 统计量,对于 OLS 模型则为 t 统计量; * <0.1, ** <0.05, *** <0.01; $ 表示删除了 1999,2000 和 2002 年的观测值①。下表同。

　　本章从三个角度考察了可达性对工业企业区位选择的影响。首先,区域间需求可达性的估计系数−0.3132,且通过 1% 的显著性检验。该结果说明,在交通网络对区域间市场一体化硬件的改善,企业能够覆盖更广阔的外地市场的环境下,新企业的选址更倾向于远离可达性较高的地方。这和 Holl(2004)对西班牙公路交通网络对企业选址影响的结果是相似的。从新地理经济学角度看,一方面,区域间交通基础设施的改善降低了产品的运输成本,这直接扩大了企业跨区域的产品覆盖范围,而该区域间需求可达性的提高自然会增强了高可达性地区,即"中心"地区,对新企业加入的吸引力;另一方面,需求可达性高的地区通常是经济发达地区,虽然区域间需求可达

---

① 由于数据缺失,1999 年、2000 年和 2002 年的新企业数较其他年份有明显的减少,为此我们将这三年的数据删除后进行了回归,估计结果没有发生本质性的改变。

性的提高增加了该地区的市场总规模,但由于现有企业存量较多,市场竞争更激烈,导致新企业所能分到的市场份额很可能减少,从而提高了"中心"地区对新企业的离散力。因此,在理论上,区域间需求可达性的改善对企业区位选择的影响是不确定的。上述结果显示,对于中国制造业而言,在"中心"地区的企业面临较为激烈的竞争环境,区域间需求可达性改善的合力促进了新企业向"中心"周围扩散。其次,区域内需求可达性的估计系数为 0.085,且显著。Martin & Rogers(1995)的理论模型指出,由于区域内的经济环境、产业特征和经济政策较为相似,交通设施的改善有利于区域内中心地区(比如说省会城市)发挥其经济集聚力,从而导致区域内需求可达性和生产要素流动同方向变动。我们的结果支持了这种观点。这也说明,在目前的环境下,可达性的改善有助于各省级中心城市发挥带动本省经济增长的火车头作用。最后,供给者可达性的估计系数显著为正,达到 0.1809。这说明,来自上游企业的中间产品供给成为新企业向"中心"地区靠拢的驱动力。如表 5—1 所示,从存量上看,大多数的制造业企业都集中于沿海地区。上游厂商在空间上的相对集中,有助于企业在购买中间投入品时"货比三家",降低了相应的交易费用,这有利于企业在"中心"地区寻找到合适的和大量的上游卖家并与其建立稳定的供货关系,从而为企业对中间投入品的需求提供保障。同时交通基础设施的改善也节约了运输成本,这进一步扩大了"中心"地区中间投入品的供给。所以,供给者可达性的改善成为企业向"中心"地区集聚的吸引力。总的来看,可达性对企业区位选择的影响与其作用渠道有关,区域间的需求可达性促使新企业离开"中心"地区向"外围"地区扩散;而供给者可达性则促使新企业的向"中心"地区的聚集;但在省级层面,区域内的需求可达性则促进新企业的空间分布趋向于本省的经济中心。

表 4—3　制造业新建企业选址 Poisson 估计的过度分散检验

	Mean			Variance	
num_firm	1.3884			4.6190	
Z	Coef.	Std.Err.	t	|P|>t	[95% Conf. Interval]
$\widehat{num\_firm}$	0.6381	0.0202	31.56	0.000	[0.5985　0.6778]

供给者可达性对企业选址的影响反映的是来自供给面的力量，而另外一种在研究中常常提及的供给面力量就是集聚经济。城市化经济和地方化经济是集聚经济的两种主要形式，它们直接影响企业的生产效率和方式，进而影响企业的利润，成为企业区位选择的重要影响因素。如表 4—2 所示，两者的估计系数分别为 0.2937 和 0.6058，且都通过了 1% 的显著性检验。值得一提的是，地方化经济的系数高于城市化经济的系数。这说明，相对而言，专业化经济对新企业进入的吸引力更强一些。从实际情况看，当前中国地方政府的招商行为正在从"招商引资"转向"招商选资"，注重引进企业的质量与结构，以大项目和龙头企业为吸引增量投资的工作核心，利用龙头企业在生产规模和技术水平上的优势提升本地在某些行业方面的专业化水平，带动地方经济发展。我们的估计结果给予了这种引资的行为和策略的支持性证据。

在城市其他经济环境因素中，人口密度和平均工资对新企业的加入都有明显作用。首先，城市人口密度的估计系数显著为正。由于人口密度在一定程度上刻画的是本地市场规模，从需求方面影响企业的利润，本地市场的需求越大，企业获得的利润越高，对新企业的吸引力也越大。其次，平均工资的估计系数则显著为负。该变量影响的是企业供给，城市从业人员平均工资刻画的是企业雇佣工人的成本，一般来说工人平均工资越高，企业的利润越低，新企业进入的意愿下降。总的来看，城市人口密度和平均工资的估计结果符合一般的经济直觉。

二、稳健性检验

有关中国的经验研究中,大部分文献给出的结论认为,可达性和企业选址的概率是正相关的。比如,余佩和孙永平(2011)基于微观数据的研究认为,可达性的提高对外资企业有更大的吸引力,该文以省作为企业的备选空间。但是,当基于城市一级数据构建可达性指标时,本文的研究结果显示,区域间需求可达性的提高对企业的吸引力是下降的。为此,本章进一步分别从可达性指标构建和内生性处理两个方面进行稳健性检验。

(1)可达性指标的构造

首先,我们对需求可达性指标进行重构。在现有的文献中,可达性指标的构造多种多样。基于比较的目的,对构建可达性指标的式(4.10)、(4.11)和(4.12)进行以下几种修改:(Ⅰ)保持其他不变,计算需求可达性时分别用城市 GDP 和人口代替工资(wage),区域间需求可达性的公式分别修正为 $DAC_j^{INTER} = \sum_c gdp_c/t_{jc}$,$DAC_j^{INTER} = \sum_c popu_c/t_{jc}$,对应的估计结果分布为表附 4—3 中的模型(1)和(2);(Ⅱ)在(Ⅰ)的基础上,用城市间的行车时间 t 平方替换时间 t,区域间需求可达性的公式分别修正为 $DAC_j^{INTER} = \sum_c gdp_c/t_{jc}^2$,$DAC_j^{INTER} = \sum_c popu_c/t_{jc}^2$,对应的估计结果分别为附表 4—3 中的模型(3)和(4);(Ⅲ)用城市间公路里程 d 替换行车时间 t,同时分别用城市 GDP 和人口代替工资(wage),区域间需求可达性的公式分别修正为 $DAC_j^{INTER} = \sum_c gd_c/d_{jc}$,$DAC_j^{INTER} = \sum_c popu_c/d_{jc}$,同时将供给者可达性的公式修正为 $SAC_{jck} = \sum_c \sum_m \theta_{jkm} VA_{cm}/d_{jc}$,对应的估计结果分别为附表 4—3 中的模型(5)和(6);(Ⅳ)用城市间的铁路里程代替行车时间 t,区域间需求可达性的公式分别修正为 $DAC_j^{INTER} = \sum_c wage_c/rail$-

way_{jc}，供给者可达性的公式修正为 $SAC_{jck} = \sum_c \sum_m \theta_{jkm} \, VA_{cm}/railway_{jc}$，对应的估计结果为附表4—3中的模型(7)[①]。基于前面的分析，我们仍就采用Hilbe(2011)两步法处理内生性问题。如附表4—3给出的结果所示，区域间需求可达性的估计系数全部显著为负，区域内需求可达性估计系数的符号也基本上是显著为正，供给可达性的估计系数均显著为正。其次，基于与现有研究结果比较的目的，我们将原估计方程中的区域内需求可达性和供给者可达性去掉，只保留区域间需求可达性及其他变量，且用城市GDP去构建需求可达性指标。附表4—3的模型(8)给出了对应的结果，区域间需求可达性的系数为-0.0354，但不显著性。最后，我们用省级的区域间需求可达性代替市级的区域间需求可达性，而保持其他变量不变，估计结果对应于附表4—3的模型(9)。区域间和区域内需求可达性的系数符号分别为负和正，但都不显著；而供给者可达性的估计系数则显著为正。显然，根据不同方式构建城市一级可达性指标后的估计结果与基本回归的结果非常相似。

(2)内生性问题

在基本回归中，本章采用了Hilbe(2011)两步法处理可达性带来的内生性问题，两步回归的结果显示，可达性变量确实存在一定的内生性(有一个残差显著)。但是，简单的对比可以看出，两步回归和直接的负二项回归的结果非常的接近，关键变量的系数方向和显著性完全没有改变，系数的大小也非常接近，这说明可达性指标引起的内生性偏差较小。鉴于可达性指标的内生性可能是因为使用同期变量引起，直接采用滞后一期可达性指标作为解释变量进行负二项

[①]　区域内需求可达性的修正与区域间需求可达性类似；供给可达性只需根据时间t和距离d进行相应的调整，而不需要根据城市GDP和人口进行修正，因为其计算公式中利用的是工业总产值。另外，由于短途运输通常不采用铁路运输，所以，未构建相应的区域内需求可达性指标。

回归可以避免由此带来的内生性问题。因此,我们保留其他变量不变,将三个可达性变量替换为各自的滞后一期,采用一般的负二项回归,估计结果见附表4—3的模型(10)。结果我们发现,三种可达性的估计系数与基本回归的也非常类似。

总体上看,基于可达性指标构建和内生性处理两个方面稳健性检验与基本回归的估计结果非常相似。因此,本文的回归结果是较为稳健的。

三、出口与非出口企业的比较

对于基于某个空间范围内构建的可达性指标,严格地说,其测度的是企业在该空间范围内可覆盖的潜在市场。如果利用该空间所有企业作为样本考察可达性对企业选址的影响,那么一个隐含假设是该经济体处于封闭经济的环境。但在开放经济的环境中,出口企业会将部分或全部产品销售到该空间范围以外的市场。因此,基于区域内构建的可达性指标对非出口企业和出口企业的影响也许存在差异。但是,现有研究似乎并没有明确地考虑到这一点,无论是考察所有企业还是 FDI 选址问题(Holl,2004;Guimaraes et al.,2000)。有鉴于此,我们进一步考察可达性对出口和非出口企业选址影响的差异。另外,如前所述,厂商不仅将产品卖给终端消费者,而且也需要从上游厂商购买中间投入品。如果可达性对出口和非出口企业选择影响存在差异,那么,这种差异来自于需求可达性还是供给者可达性呢?

基于中国工业企业数据库,本章定义出口交货值为零的企业为非出口企业,出口交货值占工业销售产值比高于0.2的为出口企业。沿用 Hilbe(2011)两步法处理可达性导致的内生性问题,估计结果如表4—4所示。其中,第2列给出了非出口企业的估计结果,区域间和区域内需求可达性、供给者可达性的估计系数符号和大小与基本回归的结果没有本质区别。对于出口企业,本文考虑了出口交货值占工业销售产值比重高于 0.2、0.5 和 0.8 的三种情形,表4—4 第3,4,5 列分别给出了相应的估计结果。如表4—4 所示,和非出口企业相比,出口企业的区域间需求可达性和供给可达性的估计系数基本一致,前者显著为负,后者显著为正;但区域内需求可达性的估计系数均不显著,虽然都为正。通过比较我们可以看出,随着企业出口比重越来越高,区域间需求可达性和供给者可达性的估计系数绝对值越大,这说明来自需求和供给两方面的因素对出口企业的吸引力刚好相反。从需求角度看,对于出口企业来说,随着出口比重的提升,海外市场的重要性随之提高,而国内市场的重要性则随之下降,从而促使企业远离可达性较高的地区,缓解竞争压力。另外,海外市场对国内市场的替代也进一步弱化了区域内需求可达性对企业的吸引力。从供给角度看,中国已经成为全球最大的制造业基地,是制造业厂商获取中间投入品的重要来源,中国出口企业也需"就地取材",以较低的成本获取中间投入品用于最终产品的生产,从而积攒在国际市场中的价格优势,而那些拥有制造业存量较高、实力较强的经济发达地区也基本上都是可达性较高的地区,从而对新建企业依旧保持着吸引力。

表4—4　可达性对出口企业与非出口企业选址的影响

分组	非出口企业	出口企业 P▲	出口企业 P▲▲	出口企业 P▲▲▲
估计方法	two-step NB			
DAC^{inter}	−0.3188 *** (−4.8253)	−0.2125 * (−1.9360)	−0.3433 *** (−2.9293)	−0.4667 *** (−3.7272)
DAC^{intra}	0.1035 *** (5.0188)	0.0262 (0.6698)	0.0261 (0.6187)	0.0365 (0.8164)

续表

分组	非出口企业	出口企业 P▲	出口企业 P▲▲	出口企业 P▲▲▲
SAC	0.1218 *** (5.8939)	0.1200 *** (3.7236)	0.1333 *** (3.8819)	0.1454 *** (3.9740)
UE	0.3839 *** (8.1730)	0.2487 *** (2.9783)	0.2540 *** (2.8303)	0.2638 *** (2.7397)
LE	0.5806 *** (66.9723)	0.7503 *** (37.1188)	0.7649 *** (35.0768)	0.7707 *** (32.8027)
denpopu	0.1325 *** (4.2992)	0.4058 *** (7.7246)	0.4292 *** (7.7159)	0.4314 *** (7.3532)
awage	−0.2820 *** (−4.5315)	−0.3598 *** (−3.0972)	−0.3260 *** (−2.6124)	−0.2737 ** (−2.0368)
Res_DAC^{inter}	−0.5221 *** (−3.8206)	−0.6659 *** (−3.2357)	−0.6567 *** (−3.0368)	−0.6754 *** (−2.8989)
Res_DAC^{intra}	0.6688 *** (4.3603)	1.6335 *** (5.4812)	1.8217 *** (5.7852)	1.9394 *** (5.7677)
Res_SAC	0.1137 *** (3.0821)	0.1057 ** (2.1022)	0.1088 ** (2.0692)	0.1416 ** (2.5569)
dum_road	YES	YES	YES	YES
dum_year	YES	YES	YES	YES
dum_prov	YES	YES	YES	YES
dum_sci	YES	YES	YES	YES
常数项	YES	YES	YES	YES
过渡分散检验 P#	0.6306 [0.000]	0.7648 [0.000]	0.8357 [0.000]	0.8958 [0.000]
Vunog 检验	Z=−0.00 Pr>z=0.5019	Z=−0.00 Pr>z=0.4993	Z=−0.00 Pr>z=0.5002	Z=−0.00 Pr>z=0.4991
Log-likelihood	−28926.5235	−10474.2178	−9583.6317	−8711.5496
N	34865	34865	34865	34865

注:▲、▲▲、▲▲▲分别表示出口交货值占工业销售产值比重大于 0.2、0.5 和 0.8;#表示过度分散检验中num_firm的估计系数。

四、可达性影响的行业差异

如前所述,制造业内部各行业的生产特性以及对运输条件的要求也不尽相同,因此,可达性对制造业企业区位选择的影响是否具有行业特征? 为此,我们将式(4.15)进行修正,将其改成为行业变系数模型,并且将研究重点放在可达性的行业特征上,而不考虑集聚经济和城市经济环境等其他变量对不同行业的影响。具体来说,估计方程设为:

$$n_{jkt} = \beta((DAC_{jt}^{inter}, DAC_{jt}^{intra}, SAC_{jkt}) \times dum\_sci, denpopu_{jt}, awage_{jt},$$
$$UE_{jt}, LE_{jt}, distance^{big3}, dum^{road}, dum\_prov, dum\_year) \quad (4.16)$$

同样采用 Hilbe(2011)两步法负二项回归,表4—5 给出的估计结果显示,可达性对企业区位选择的影响存在明显的行业差异。首先,对于区域间需求可达性,17 个行业中共有 9 个行业的估计系数显著为负(系数范围在-0.28 到-0.84 之间);1 个行业(交通运输设备制造业)的估计系数显著为正;其他 7 个行业的估计系数均不显著。其次,对于区域内需求可达性,有 7 个行业的估计系数显著为正(系数范围在 0.0739 到 0.1993 之间)。最后,对于供给者可达性,有 11 个行业的估计系数显著为正(系数范围在 0.14 到 0.353 之间)。总的来看,三种可达性估计系数的行业差异反映了行业的生产特性以及对运输条件的要求不同。

另外,对于金属冶炼及压延加工业和废品废料回收加工业,三种可达性指标的估计系数均不显著,这说明可达性对这两个行业的区位选择影响甚微。从行业生产活动的特征看,矿产的自然地理分布是金属冶炼及压延加工业选址主要因素;而废品废料回收加工业则属于新兴行业,更多出于环境保护的目的而设立。因此,市场的位置不是这两个行业区位选择的主要因素。

表 4—5 分行业估计

行业代码	DAC^{inter}	DAC^{intra}	SAC
13—16	−0.6565*** (−5.7200)	0.0534 (−1.6177)	0.1921*** (−2.7769)
17	−0.2081 (−1.3250)	0.0739* (−1.7207)	0.1976*** (−2.781)
18—19	−0.2820* (−1.8437)	0.1391** (−2.5694)	0.1795*** (−3.1317)
20	−0.8441*** (−4.4735)	0.0852* (−1.8039)	0.5343*** (−4.5274)
22—24	−0.0361 (−0.2211)	0.1993*** (−4.5496)	0.1188 (−1.3209)
25	−0.6643*** (−2.9176)	−0.1309 (−1.3909)	0.4439*** (−3.1137)
26—30	−0.2575 (−1.5624)	0.1361*** (−3.8878)	0.1878** (−2.0049)
31	−0.0155 (−0.1078)	0.0313 (−0.8716)	0.1825** (−2.3685)
32—33	0.2076 (−0.9778)	0.002 (−0.0396)	−0.013 (−0.1153)
34	0.075 (−0.4727)	0.0409 (−0.9113)	0.1503** (−2.3061)
35—36	0.078 (−0.5562)	0.0402 (−0.9881)	0.2962*** (−4.5056)
37	0.4069*** (−2.5927)	−0.0502 (−1.1003)	0.1059 (−1.4369)
39	−0.0723 (−0.5586)	0.1510*** (−3.1921)	0.1441** (−2.0664)

续表

行业代码	DAC^{inter}	DAC^{intra}	SAC
40	0.0512	0.0276	0.0435
	(−0.2683)	(−0.4867)	(−0.7224)
41	−0.6459***	0.1914**	−0.0039
	(−3.3917)	(−2.5345)	(−0.0514)
42	−0.6448**	−0.0746	0.2857***
	(−2.5486)	(−0.8305)	(−3.6991)
43	−0.5452	−0.1503	0.02
	(−0.9837)	(−1.0552)	(−0.1351)

注:完整的估计结果见附表4—4。

第五节 小结与研究展望

交通网络和运输技术的发展使得生产要素大范围、大规模的流动成为现实,交通基础设施成为影响经济活动空间分布的重要因素之一。三大产业中,跨地区的交通基础设施对工业部门尤为重要,影响着工业企业可覆盖的市场版图,即可达性,进而影响企业的选址行为。另外,经济活动的块状空间分布体现了集聚经济是企业区位选择的另一重要影响因素。

基于公路交通网络,本章结合城市经济数据构建了城市一级的可达性指标,然后利用制造业企业的微观数据计算了城市空间尺度上的集聚经济指标。在此基础上,以288个地级市作为企业的选址空间,运用负二项回归估计考察了1998—2007年期间中国制造业新建企业的区位选择问题。首先,从全国层面看,区域间需求可达性是新企业离开"中心"地区,向"外围"地区扩散的力量,供给者可达性则吸引新企业向"中心"地区靠拢;在省级层面,区域内需求可达性则是新企业向省内经济中心靠近的力量;同时,集聚经济仍旧是吸引新企业落户的重要因素,其中地方化经济比城市化经济对新企业的吸引力更大。其次,可达性对出口和非出口企业选址影响存在一定的差异:区域内需求可达性对出口企业选址的影响没有显著作用;而且区域间可达性和供给者可达性对出口企业选址的影响随企业出口比重的上升而增强。最后,可达性对企业选址的影响存在明显的行业差异。

鉴于已有中国制造业主要集中于东部沿海地区的历史现状,从全国的角度看,东部地区市场需求对新企业的吸引力减弱,成为其向中西部等可达性欠发达地区转移的力量,但产业供给仍对新企业有着足够强大的吸引力,保持着东部地区对新企业的集聚力。因此,政府刺激消费的政策除了对宏观经济增长有直接作用,还会因为刺激消费政策的区域结构和产业结构通过需求和供给两方面的因素影响着微观企业的选址行为,并进一步影响到产业的转移动态和生产要素在空间上的合理有效配置。所以,对于政府来说,结合交通基础设施空间分布的特点及其对全国市场对接和融合的影响,通过调整刺激消费政策的地区结构将有助于引导宏观层面的产业转移和空间分布,进而为产业升级和区域协调发展创造条件。

除了备选空间所具有的经济和地理特征会影响企业选址行为,企业自身的一些诸如规模、生产率、研发、所有者等个体特征也是决定企业选址的重要因素。考察企业个体因素对其选址的影响将是本研究未来的主题和方向。

附表 4—1　制造业行业新企业的地域分布（1998—2007 年）

年份 省份	1998 年		1999 年		2000 年		2001 年		2002 年		2003 年		2005 年		2006 年		2007 年	
	新企业数	比重	新企业数	比重	新企业数	比重	新企业数	比重	新企业数	比重	新企业数	比重	新企业数	比重	新企业数	比重	新企业数	比重
北京	104	0.0206	62	0.0212	23	0.0104	75	0.018	31	0.0111	31	0.0059	45	0.0059	24	0.0029	12	0.0011
天津	154	0.0306	185	0.0632	159	0.0717	152	0.0365	13	0.0047	19	0.0036	72	0.0094	59	0.0072	96	0.0091
河北	311	0.0617	197	0.0673	155	0.0699	316	0.0758	201	0.0723	341	0.0646	408	0.0535	411	0.0505	387	0.0367
山西	54	0.0107	41	0.014	20	0.009	36	0.0086	41	0.0147	56	0.0106	8	0.001	19	0.0023	29	0.0028
内蒙古	46	0.0091	45	0.0154	34	0.0153	52	0.0125	10	0.0036	35	0.0066	22	0.0029	29	0.0036	58	0.0055
辽宁	255	0.0506	188	0.0643	132	0.0595	156	0.0374	126	0.0453	290	0.0549	664	0.0871	828	0.1017	675	0.0641
吉林	15	0.003	50	0.0171	30	0.0135	52	0.0125	25	0.009	66	0.0125	139	0.0182	170	0.0209	258	0.0245
黑龙江	174	0.0345	106	0.0362	102	0.046	111	0.0266	103	0.037	132	0.025	114	0.015	96	0.0118	108	0.0102
上海	338	0.0671	218	0.0745	162	0.073	196	0.047	178	0.064	160	0.0303	106	0.0139	48	0.0059	50	0.0047
江苏	680	0.135	158	0.054	72	0.0324	284	0.0681	211	0.0758	204	0.0386	266	0.0349	236	0.029	215	0.0204
浙江	471	0.0935	183	0.0625	170	0.0766	550	0.1319	253	0.0909	529	0.1002	762	0.1	1208	0.1484	1433	0.136
安徽	104	0.0206	38	0.013	72	0.0324	96	0.023	104	0.0374	172	0.0326	198	0.026	205	0.0252	308	0.0292
福建	172	0.0341	141	0.0482	165	0.0744	158	0.0379	153	0.055	365	0.0691	252	0.0331	361	0.0444	303	0.0288
江西	96	0.0191	37	0.0126	23	0.0104	53	0.0127	29	0.0104	106	0.0201	204	0.0268	241	0.0296	205	0.0195
山东	399	0.0792	160	0.0547	100	0.0451	283	0.0679	194	0.0697	770	0.1458	2212	0.2902	2281	0.2803	2702	0.2564
河南	450	0.0893	241	0.0824	8	0.0036	10	0.0024	6	0.0022	3	0.0006	92	0.0121	0	0	233	0.0221
湖北	159	0.0316	153	0.0523	93	0.0419	286	0.0686	207	0.0744	326	0.0617	231	0.0303	93	0.0114	356	0.0338

续表

年份 省份	1998年 新企业数	比重	1999年 新企业数	比重	2000年 新企业数	比重	2001年 新企业数	比重	2002年 新企业数	比重	2003年 新企业数	比重	2005年 新企业数	比重	2006年 新企业数	比重	2007年 新企业数	比重
湖南	79	0.0157	89	0.0304	91	0.041	178	0.0427	148	0.0532	365	0.0691	374	0.0491	482	0.0592	449	0.0426
广东	486	0.0965	358	0.1224	278	0.1253	638	0.153	506	0.1819	871	0.1649	892	0.117	1064	0.1307	2025	0.1922
广西	56	0.0111	45	0.0154	55	0.0248	98	0.0235	53	0.0191	90	0.017	105	0.0138	58	0.0071	100	0.0095
海南	11	0.0022	5	0.0017	6	0.0027	3	0.0007	1	0.0004	2	0.0004	2	0.0003	0	0	0	0
重庆	71	0.0141	39	0.0133	40	0.018	95	0.0228	11	0.004	81	0.0153	91	0.0119	19	0.0023	144	0.0137
四川	161	0.032	98	0.0335	94	0.0424	169	0.0405	115	0.0413	182	0.0345	248	0.0325	156	0.0192	296	0.0281
贵州	25	0.005	19	0.0065	15	0.0068	10	0.0024	9	0.0032	17	0.0032	29	0.0038	24	0.0029	2	0.0002
云南	21	0.0042	10	0.0034	12	0.0054	7	0.0017	10	0.0036	14	0.0027	22	0.0029	6	0.0006	6	0.0006
西藏	4	0.0008	1	0.0003	9	0.0041	9	0.0022	2	0.0007	2	0.0004	0	0	0	0	0	0
陕西	82	0.0163	19	0.0065	6	0.0027	33	0.0079	31	0.0111	32	0.0061	24	0.0031	13	0.0016	35	0.0033
甘肃	25	0.005	25	0.0085	76	0.0342	46	0.011	3	0.0011	6	0.0011	26	0.0034	0	0	31	0.0029
青海	3	0.0006	3	0.001	0	0	3	0.0007	0	0	3	0.0006	0	0	6	0.0007	7	0.0007
宁夏	7	0.0014	3	0.001	2	0.0009	6	0.0014	5	0.0018	10	0.0019	11	0.0014	0	0	10	0.0009
乌鲁木齐	25	0.005	9	0.0031	15	0.0068	9	0.0022	3	0.0011	2	0.0004	3	0.0004	1	0.0001	4	0.0004
合计	5038	1	2926	1	2219	1	4170	1	2782	1	5282	1	7622	1	8138	1	10537	1

附表4—2　制造业行业新企业的行业分布（1998—2007年）

年份 行业代码	1998年 新企业数	比重	1999年 新企业数	比重	2000年 新企业数	比重	2001年 新企业数	比重	2002年 新企业数	比重	2003年 新企业数	比重	2005年 新企业数	比重	2006年 新企业数	比重	2007年 新企业数	比重
13—16	837	0.1661	493	0.1685	313	0.1411	538	0.1290	365	0.1312	651	0.1232	982	0.1288	929	0.1142	1192	0.1131
17	398	0.0790	257	0.0878	198	0.0892	383	0.0918	262	0.0942	496	0.0939	605	0.0794	609	0.0748	708	0.0672
18—19	321	0.0637	160	0.0547	140	0.0631	303	0.0727	190	0.0683	420	0.0795	514	0.0674	684	0.0841	741	0.0703
20—21	188	0.0373	115	0.0393	93	0.0419	134	0.0321	99	0.0356	233	0.0441	455	0.0597	529	0.0650	762	0.0723
22—24	276	0.0548	159	0.0543	117	0.0527	222	0.0532	174	0.0625	277	0.0524	358	0.0470	353	0.0434	489	0.0464
25	48	0.0095	21	0.0072	17	0.0077	50	0.0120	28	0.0101	59	0.0112	76	0.0100	70	0.0086	88	0.0084
26—30	878	0.1743	464	0.1586	344	0.1550	695	0.1667	495	0.1779	803	0.1520	1206	0.1582	1327	0.1631	1511	0.1434
31	477	0.0947	306	0.1046	223	0.1005	401	0.0962	261	0.0938	524	0.0992	702	0.0921	758	0.0931	963	0.0914
32—33	220	0.0437	153	0.0523	136	0.0613	236	0.0566	125	0.0449	301	0.0570	449	0.0589	388	0.0477	467	0.0443
34	216	0.0429	125	0.0427	91	0.0410	219	0.0525	133	0.0478	250	0.0473	408	0.0535	397	0.0488	666	0.0632
35—36	443	0.0879	243	0.0830	172	0.0775	343	0.0823	221	0.0794	459	0.0869	850	0.1115	949	0.1166	1197	0.1136
37	172	0.0341	121	0.0414	90	0.0406	166	0.0398	104	0.0374	211	0.0399	297	0.0390	285	0.0350	467	0.0443
39	341	0.0677	187	0.0639	166	0.0748	284	0.0681	205	0.0737	308	0.0583	350	0.0459	428	0.0526	666	0.0632
40	89	0.0177	46	0.0157	64	0.0288	76	0.0182	44	0.0158	153	0.0290	174	0.0228	203	0.0249	284	0.0270
41	134	0.0266	76	0.0260	55	0.0248	120	0.0288	76	0.0273	43	0.0081	51	0.0067	51	0.0063	76	0.0072
42	0		0		0		0		0		82	0.0155	114	0.0150	148	0.0182	219	0.0208
43	0		0		0		0		0		12	0.0023	31	0.0041	30	0.0037	41	0.0039
合计	5038	1	2926	1	2219	1	4170	1	2782	1	5282	1	7622	1	8138	1	10537	1

注：由于行业统计口径发生变化，2003年前的行业分类中不包括42和43两个二位数行业类别。

附表4—3　稳健性检验

模型	1	2	3	4	5	6	7	8	9	10
估计方法	two-step NB									NB
DAC^{inter}	-0.3311*** (-4.8155)	-0.1642** (-2.5300)	-0.1042*** (-5.8058)	-0.0741*** (-4.1775)	-0.2980*** (-7.0604)	-0.1852*** (-4.6915)	-0.1713*** (-5.3022)	-0.0354 (-0.6968)	-0.0264 (-0.0611)	-0.2519*** (-4.1716)
DAC^{intra}	0.0692*** (-3.0435)	0.0455** (-2.2861)	0.0555*** (-4.7043)	0.0453*** (-3.9023)	0.0457*** (-2.5833)	0.0256 (-1.5801)			0.0092 (-0.5286)	0.0922*** (-4.8846)
SAC	0.1912*** (-8.4356)	0.1807*** (-8.0518)	0.1777*** (-7.9364)	0.1752*** (-7.8508)	0.1823*** (-8.9061)	0.1746*** (-8.5981)	0.1900*** (-10.1491)		0.1741*** (-7.8015)	0.1097*** (-5.9731)
res_DAC^{inter}	-0.04 (-0.2730)	-2.3575*** (-4.7937)	0.0546 (-0.8636)	-1.1126*** (-4.5962)	0.1201 (-1.2008)	-1.5766*** (-4.7471)	-0.2902*** (-3.4429)	-0.0193 (-0.2014)	-0.9160* (-1.7597)	
res_DAC^{intra}	0.009 (-0.1819)	1.1562*** (-8.966)	-0.0324 (-0.7042)	1.1737*** (-8.6002)	-0.0384 (-0.8645)	1.1064*** (-9.0218)			0.031 (-0.7871)	
res_SAC	-0.0111 (-0.3866)	-0.0109 (-0.3745)	-0.0104 (-0.3623)	-0.0109 (-0.3775)	-0.0065 (-0.2324)	-0.0066 (-0.2330)	-0.0066 (-0.2350)		-0.0097 (-0.3348)	
UE	0.3107*** (-7.086)	0.3011*** (-6.8165)	0.3259*** (-7.3497)	0.3193*** (-7.1844)	0.3370*** (-7.4919)	0.3206*** (-7.0413)	0.3101*** (-6.933)	0.3057*** (-6.9274)	0.2842*** (-6.3908)	0.2804*** (-6.4148)
LE	0.6077*** (-72.9304)	0.6041*** (-72.8859)	0.6092*** (-72.5539)	0.6072*** (-72.5223)	0.6112*** (-73.3695)	0.6077*** (-73.4871)	0.6072*** (-73.569)	0.6274*** (-75.6254)	0.6013*** (-73.4867)	0.6126*** (-73.0958)

续表

模型	1	2	3	4	5	6	7	8	9	10
估计方法					two-step NB					NB
denpopu	0.1608***	0.1615***	0.1561***	0.1572***	0.1632***	0.1657***	0.1639***	0.1756***	0.1628***	0.1602***
	(-5.5697)	(-5.5781)	(-5.3905)	(-5.4292)	(-5.6855)	(-5.7552)	(-5.7577)	(-6.1101)	(-5.6093)	(-5.5346)
awage	-0.2482***	-0.2992***	-0.2209***	-0.2598***	-0.1958***	-0.2643***	-0.2406***	-0.2528***	-0.3334***	-0.2814***
	(-4.3577)	(-5.2212)	(-3.8308)	(-4.4475)	(-3.3868)	(-4.5325)	(-4.1606)	(-4.4141)	(-6.0252)	(-4.9644)
dum_road	YES	YES	YES	YES	YES	YES	YES	YES	YES	YES
dum_year	YES	YES	YES	YES	YES	YES	YES	YES	YES	YES
dum_prov	YES	YES	YES	YES	YES	YES	YES	YES	YES	YES
dum_sci	YES	YES	YES	YES	YES	YES	YES	YES	YES	YES
constant	YES	YES	YES	YES	YES	YES	YES	YES	YES	YES
过渡分散	0.6372	0.6377	0.6377	0.6377	0.6398	0.6393	0.6405	0.6446	0.6351	0.6133
检验#	(-30.8)	(-30.21)	(-30.62)	(-30.28)	(-31.61)	(-31.02)	(-31.31)	(-32.19)	(-30.61)	(-28.67)
Vunog 检验	$z=0.03$ Pr>z=0.49	$z=0.03$ Pr>z=0.49	$z=0.03$ Pr>z=0.49	$z=0.03$ Pr>z=0.49	$z=-0.04$ Pr>z=0.52	$z=0.03$ Pr>z=0.49	$z=-0.04$ Pr>z=0.52	$z=0.03$ Pr>z=0.49	$z=0.03$ Pr>z=0.49	$z=-0.05$ Pr>z=0.52
Log-likelihood	-31750	-31721	-31747	-31717	-31734	-31713	-31709	-31853	-31756	-31739
N	34882	34882	34882	34882	34882	34882	34865	36176	34882	34865

注：#表示过度分散检验中*num_firm*的估计系数。

附表 4—4　分行业估计

估计方法	two-step NB
$DACP^{inter} \times dum\_sci$	见表 5—6
$DACP^{intra} \times dum\_sci$	见表 5—6
$SAC \times dum\_sci$	见表 5—6
UE	0.2922 *** (6.8118)
LE	0.5957 *** (73.0922)
$denpopu$	0.1481 *** (5.2831)
$awage$	−0.2843 *** (−5.1410)
$res\_DACP^{inter} \times dum\_sci$	YES
$res\_DAPC^{intra} \times dum\_sci$	YES
$res\_SAC \times dum\_sci$	YES
dum_road	YES
dum_year	YES
dum_prov	YES
dum_sci	YES
常数项	YES
$Vuong$ 检验	z=−0.03　Pr>z=0.5134
$Log\text{-}likelihood$	−31511.2258
N	34865

第五章

公路网络、FDI 外溢和新建企业选址[①]

"从外国子公司到国内公司的递向联系是重要的渠道,可以通过这些渠道将无形财产和有形财产从前者输送给后者。这些渠道可以促进国内企业的升级,使外国子公司更牢固地在东道国扎根。"(UNCTAD,2001)

第一节 引 言

在全球范围内,无论是发达国家还是发展中国家,各级政府经常采取税收减免、关税优惠、贷款优惠利率、土地配额等多种多样的优惠政策吸引外商直接投资(FDI)[②]。这背后的经济理由是:FDI 不仅能直接带来资本、创造就业,还能凭借衍生需求带动上下游产业发展,同时利用其在技术、管理、研发方面的优势间接地向个人和其他企业传递正外部性,即外溢效应。众多的研究认为,FDI 外溢影响东

[①] 本章主要内容发表于《管理世界》,感谢审稿人提出的建设性意见。
[②] 比如,在美国,梅赛德斯公司 1994 年在阿拉巴马州建厂,州政府为每个岗位配套了 15 万美元(Head,1998);在中国,为吸引富士康西进成都,当地政府使用行政力量为其招工。

道国企业微观经济活动的多个方面,比如有助于东道国企业生产率的提高(Görg & Strobl,2001;Lin et al.,2009)、出口二元边际的改善(Greenaway et al.,2004)和创新活动的增强(Chuang & Lin,1999)。外溢的一个重要特征是其辐射范围的"局部"性,外溢效应通常会随着距离而衰减。因此,只有和 FDI 在空间上较为邻近的企业才能更有效地享受外溢。那么,FDI 外溢是否会成为企业选址决策中考虑的重要因素之一呢?

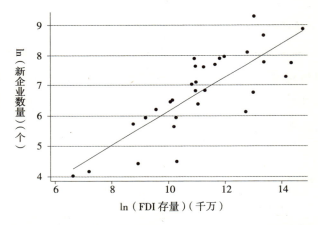

图 5—1　中国省级 FDI 存量与新企业数量(1998—2007 年)

自改革开放以来,大量 FDI 持续流入我国。2010 年达到 1057.4 亿美元,成为继美国之后的世界第二大 FDI 流入国。2011 年中国 FDI 流入量增长 8%,达到 1240 亿美元。截止到 2011 年底,中国国内 FDI 存量估计约为 7120 亿美元。联合国贸易和发展组织 2011 年的世界投资前景年度调查报告显示,在由跨国公司评选出来的最受欢迎的东道国排名中,中国排名第一,领先于排名第二的美国和排名第三的印度,是对 FDI 最具吸引力的经济体之一。如图 5—1 所示,在 1998—2007 年期间,31 个省份的制造业新企业数量和 FDI 存量呈现较为明显的正相关关系。鉴于中国庞大的 FDI 存量,外商直接投资的外溢效应是否对中国新建企业的选址产生影响是一个值得研究的问题。

现有研究考察了 FDI 外溢的两种主要方式。一是水平外溢(也称行业内外溢),即本地企业通过劳动力的流动、示范作用和同类企业的积极或消极竞争作用从同一产业的 FDI 获得外溢效应[①]。二是垂直外溢(也称行业间外溢)。该外溢可以进一步分为两种:第一种是作为供货商的本地企业从下游产业的 FDI 获得的后向外溢;第二种是作为客户的本地企业从上游产业的 FDI 获得的前向外溢。那么,不同的外溢效应对企业选址的影响是否存在差异呢? 另外,有的研究强调企业自身的个体特征会影响其对外溢效应的吸收效果(Blake et al.,2009),那么,FDI 外溢对企业区位选择的影响会随企业所有制和规模的不同而呈现出显著差异吗? 鉴于流入中国的 FDI 基本上集中于制造业,本章重点考察 FDI 外溢对中国制造业新建企业选址的影响。

第二节 文献综述:FDI 与企业选址

企业区位选择的影响因素一直是区域经济学的重点问题。从古典区位理论中杜能、韦伯对农业和工业区位的研究,到新古典区位理论,运输成本、价格、供求、市场、竞争和集聚经济等都逐步被纳入到企业区位选择的影响因素之中。

[①] Teece(1977)认为,劳动力的流动是指被外商投资企业雇佣和训练的工人可以加入本地企业或者创建自己的企业,示范作用是指本地企业能够简单地通过观察和模仿外商投资企业来降低创新成本,积极的竞争作用是指外商投资企业的进入能够促使本地企业去重组和改善他们的生产技术以及管理方法,这三种作用主要体现在内资企业上。

在经验研究方面,现有文献主要关注运输成本、市场需求和集聚经济对企业区位选择的影响。Figueiredo & Guimarães(2002)考察了运输成本对葡萄牙企业选址的影响。更多的文献是将运输成本和市场需求相结合,构造可达性或者市场潜力指标(Harris, 1954),考察它们对企业区位选择的影响。Holl(2004)利用地理信息系统(geographic information system, GIS)构建了西班牙城市可达性指标以考察其对不同行业企业选址的影响。

集聚经济也是企业区位选择的重要决定因素之一。大多数的研究中通常把集聚经济分解为地方化经济和城市化经济(又分别称为地区产业专业化和地区产业多样化)。Figueiredo & Guimarães(2002)认为,集聚经济是葡萄牙企业进行选址的重要影响因素。Head et al.(1995)和Guimaraes et al.(2000)指出,在大城市中,城市化经济和服务业集聚经济对新企业落户的影响力更大些,而De Bok & Van Oort(2011)认为,迁移企业也偏好于城市化经济较强的区域。但Holl(2004)基于大样本城市数据的研究显示地方化经济对制造业企业的吸引力更大。

随着经济全球化的发展,FDI在各国经济中所扮演的角色日益突出,政策制定者关注于如何吸引外资,促进本国相关产业和经济发展,因此,考察FDI的区位选择成为企业选址问题中的一个重要分支。除了上述的市场可达性和集聚经济之外,影响FDI区位选择的一个重要影响因素是FDI的自我集聚效应,即现有的FDI有助于吸引更多的新增FDI。Head & Ries(1996)指出,现有FDI存量和潜在供应商是吸引FDI流入的重要因素,一个拥有大量工业基础和FDI存量的城市对FDI具有较强的集聚能力。Cheng & Stough(2006)进一步指出:FDI母国集聚效应积极且显著,日本投资者更喜欢将新企业建在已有的日资公司附近。

从研究方法上看,McFadden(1974)提供的*Logit*模型是企业选

址研究中较为常见的计量方法。*Logit* 模型将企业选址问题看作是
企业基于利润最大化的选择结果,由此为企业选址的估计方程建立
了坚实的微观基础。早期的研究主要集中于较大空间单元上的企业
选址问题,比如国家、洲、省或地区(Carlton,1983;Head & Mayer,
2004;余佩和孙永平,2011;张俊妮和陈玉宇,2006)。*Logit* 模型一般
要求进行选址决策的企业认为各个备选的空间是相似的,可以替代
的,即独立不相关假设(Independence of Irrelevant Alternatives as-
sumption)。但当备选空间集合中各备选单元数量较大和地理面积
较小时,各备选空间单元之间通常存在相关性,从而容易导致独立不
相关假设被违背。为了解决该问题,Coughlin & Segev(2000)和List
& Mchone(2000)将企业区位选择问题转换成新企业数量在空间位
置上的分布,利用泊松(*Poisson*)模型进行估计。同时,GIS 技术的应
用使得研究者能够获得较小空间单元之间的联系信息。这两方面的
发展使得分析和考察企业在较小空间单元间的选址问题得以实现。
Holl(2004)就用该方法考察了西班牙企业在 438 个城市的区位选择
问题。

　　关于中国企业区位选择的研究大多基于省级层面的数据。刘修
言和张学良(2010)利用 2004—2007 年的工业企业数据进行研究,认
为地区的产业专业化和多样化、市场潜力对该地区期望进入的企业
数量有显著正的影响。另外,环境管制(王芳芳和郝前进,2011)和
企业规模差异(张玉梅,2011)也会影响企业选址行为。除上述影响
因素之外,黄肖琦和柴敏(2006)研究发现:劳动力成本对外商投资
企业区位选择的作用越来越小,强调应结合劳动力质量来衡量企业
的区位选择。

　　随着微观数据可得性的改善,近年来一些研究在城市层面考察
微观企业的选址问题。余佩和孙永平(2011)的结果表明,FDI 集聚
效应是企业区位选择的重要决定因素,在华投资的欧美制造业公司

普遍采用与本国或本地区企业"集聚"这一战略;而张俊妮和陈玉宇(2006)则将"集聚"延伸到产业集聚效应。徐康宁和陈健(2008)认为,市场规模、交通便利程度、金融条件对制造类跨国公司区位选择的影响较大,而研发类跨国公司对技术基础或人力资本、通讯能力等较为敏感。苏桄芳和胡日东(2008)指出:FDI 的流入具有空间相关性,一省 FDI 的增加对相邻地区的 FDI 流入有正向影响。

虽然现有研究在考察 FDI 的区位选择问题时也涉及 FDI 的自我集聚效应,但还存在以下几个局限。首先,未能就 FDI 自我集聚效应对企业区位选择影响的微观作用渠道进行分析。现有文献一般采用 FDI 存量作为 FDI 自我集聚效应的代理变量(Cheng & Kwan,2000)。但是,这种处理方式只能在较为宏观的层面考察 FDI 存量对新增 FDI 区位选择的影响。并且,将 FDI 的自我集聚效应当作一个黑箱处理,无法进一步揭示 FDI 自我集聚效应是通过什么渠道对新增 FDI 的区位选择产生影响。其次,现有研究未能考虑 FDI 外溢效应随空间距离衰减的特征,从而导致对 FDI 外溢测度准确性的欠缺。本章将结合外资企业经济活动和空间距离因素构建城市间的 FDI 外溢指标。第三,未能考察 FDI 对中国企业区位选择的影响。对于中国这样一个世界第二大 FDI 流入国而言,存量巨大的 FDI 资源显然会影响到各种生产资源的配置,而且这种影响不会仅局限于外资企业的选址行为。因此,本章以 FDI 外溢作为切入点,将 FDI 外溢效应分解为水平、后向和前向外溢效应,建立起 FDI 对企业区位选择的微观作用渠道,考察 FDI 外溢对中国企业空间分布的影响具有现实意义。并且,基于异质企业的角度,本章还考察了 FDI 对企业选址影响在规模和所有制方面的差异。

第三节　模型设定、数据来源和变量说明

一、计量模型

　　关于企业选址的经验研究中，*OLS*、*Logit*、*Tobit*、泊松模型、负二项模型(Negative Binomial Model)都是文献中较为常用的估计方法。从某种意义上看，FDI 外溢具有公共品性质，其刻画的是某空间点上具有的性质，鉴于本章的主要目的是在市级层面考察 FDI 外溢对企业选址的影响，因此，本研究选用泊松模型作为估计方程。沿用 List & Mchone(2000)的方法，本研究以城市作为企业选址的空间单元，为了论述方便，省略时间维度 t。假设 π_{ijk} 表示属于 k 行业的 i 企业在 j 地区的期望利润，如(5.1)式所示。其中 x^f_{ijk} 表示影响企业利润的自身特征变量，x^r_{jk} 表示影响企业利润的 j 城市 k 行业的地区特征变量。

$$\pi_{ijk} = f(x^f, x^r_{jk}) + e_i \tag{5.1}$$

　　一个城市新企业的数量与新企业的期望利润有关，期望利润越高，新企业数量越多。因此一个城市的新企业数量可用式(5.2)表示，其中 N_{jk} 表示城市 j 的 k 行业的新企业数量。另外，u_{jk} 为随机扰动项。

$$N_{jk} = g(x^f_{ijk}, x^r_{jk}) + u_{jk} \tag{5.2}$$

　　显然，新企业数量 N_{jk} 是非负整数，而且某些城市某些行业的 N_{jk} 为零在现实中也较为普遍，因此用 Poisson 分布来描述某个时间段内城市 j 行业 K 的新建企业数量这一个随机过程是较为合适的。新企业数量 N_{jk} 的概率密度函数如式(5.3)所示，其中 λ 为"泊松到达率"，表示城市 j 行业 K 的新建企业数量 N 的均值。

$$Prob(N_{jkt}) = \frac{\exp(-\lambda_{jkt})\,\lambda_{jk}}{N_{jk}}, (N_{jkt} = 0,1,2,\cdots) \qquad (5.3)$$

假设新建企业数量 N 的期望 λ 的对数与解释变量存在线性关系,即

$$In(\lambda_{jk}) = \beta' x_{jk} \qquad (5.4)$$

其中 β 是待估参数,x 是影响企业利润的地区特征变量和企业自身特征变量。但是,泊松模型一个基本假设是期望和方差都等于泊松到达率,即 $E(N_{jk}|x_{jk}) = Var(N_{jk}|x_{jk}) = \lambda_{jk}$。对于企业选址问题,该条件一般难以满足,一些难以观测的异质性会导致新建企业数量 N 更大的波动,即方差大于期望,导致所过度分散(overdispersion)问题。为了处理该问题,我们引入随机变量 $\nu \sim$ Gamma$(1,\alpha)$,用 λ、ν 代替 λ,因此新建企业数量 $N \sim$ Poisson$(N|\lambda\nu)$。在该假定下,新建企业数量 N 的分布就修正为负二项分布(the negative binomial distribution),记为 $NB(\lambda,\alpha)$。这允许新建企业数量 N 方差大于均值。最终,本章利用负二项分布估计考察企业选址问题。

二、数据来源

本研究的数据主要来自两个数据库。一是中国工业企业数据库;二是《中国城市统计年鉴》,本研究选取 212 个地级市作为企业区位选择的备选城市,利用该年鉴提供的各城市经济指标计算本研究所需的各解释变量。本研究利用中国工业企业数据库提供的关于企业地理位置、行业及开工时间等信息,整理了从 1998 年到 2007 年期间,各城市、各行业历年的新建企业情况;同时也计算了全国各省市自治区归属于外商资本的工业销售总产值。表5—1 给出了 2005 年中国制造业新建企业的空间分布概况。首先,新企业数最多的五个省份主要分布在沿海省份山东、广东、浙江等,这些省份不仅经济

发达,并且历史FDI存量也较高。新企业数最少的五个省份主要分布在西部经济欠发达地区。其次,新企业最多的五个省份新企业数量约占全国新企业总数量的60%,而归属于外商资本①的工业销售总产值也占到全国总额的约50%。相应的新企业数最少的五个省份新企业数量和归属于外商资本的工业销售总产值都分别只占全国总数的3%和2%。结合表5—1的信息,新建企业数量和FDI存量之间存在较为明显的正相关关系。

表5—1　2005年中国制造业新企业数的空间分布

	省份	新企业数	归属于外商资本的工业销售总产值(亿元)
新企业数最多的五个省	山东	2212	335
	广东	892	1840
	浙江	762	392
	辽宁	664	148
	河北	408	107
新企业数最少的五个省	宁夏	11	2.3
	山西	8	4.38
	新疆	3	1.06
	西藏	0	0.1
	青海	0	0.38
全国总数		7622	5893.11

三、变量测度及说明

（一）FDI的外溢效应

如前所述,FDI不仅可以通过劳动力的流动、示范作用和同类企

———————

① 本文的外商资本包括港澳台资本。

业的竞争作用给企业带来水平外溢效应,并且"本地企业可能因与跨国公司的子公司的前向或后向联系改善他们的生产力"(Blomström & Kokko,1998),即后向外溢效应和前向外溢效应。沿用 Lin et al.(2009)的方法,本章构建了三种 FDI 外溢的指标。

(1)FDI 的水平外溢效应

记变量 Hor_{jk} 表示 j 地区 k 行业的 FDI 水平外溢效应,具体的计算公式如式(5.5)所示。$Foreignshare_i$ 指企业 i 中港澳台资本金和外商资本金占总实收资本的份额,Y_i 指企业 i 的工业销售产值,其中 i 表示属于 j 城市 k 行业的所有企业。

$$Hor_{jk} = \frac{\sum_{i \in j, i \in k} Foreignshare_i \times Y_i}{\sum_{i \in j, i \in k} Y_i} \tag{5.5}$$

随着交通设施和通讯技术的发展,经济活动在空间上的联系变得更为紧密,这使得企业能够获得的 FDI 外溢效应不再局限于本地区内,尤其是那些区域性或全国性增长极的 FDI 外溢效应。因此,本文还考察了两种外部 FDI 水平外溢。第一种是北京、上海和广州三大城市的 FDI 水平外溢($Hor_{jk(bsg)}$);第二种是省会和计划单列市等 31 个中心城市 FDI 水平外溢($Hor_{jk(center)}$)。结合空间因素,本文进一步将 FDI 水平外溢的计算公式进一步修正为式(5.5a)和式(5.5b)。其中 Hor_{bk}、Hor_{sk} 和 Hor_{gk} 分别指北京、上海和广州行业 k 的水平外溢效应,d_{bj}、d_{sj} 和 d_{gj} 分别指北京、上海和广州到城市 j 的距离①。由于外溢效应会随着距离而衰减,因此,用距离的倒数作为外部 FDI 水平外溢的权重。类似地,Hor_{ck} 指中心城市 c 的水平外溢效应,共 31 个中心城市。d_{cj} 表示中心城市 c 到城市 j 的距离。

$$Hor_{jk(bsg)} = Hor_{jk} + \frac{Hor_{bk}}{d_{bj}} + \frac{Hor_{sk}}{d_{sj}} + \frac{Hor_{gk}}{d_{gj}} \tag{5.5a}$$

---

① 本文所有城市间距离都是用谷歌地图(http://ditu.google.cn/)查找的最短行车距离。

$$Hor_{jk(center)} = Hor_{jk} + \sum_{j \neq c} \frac{Hor_{ck}}{d_{cj}} \qquad (5.5b)$$

（2）FDI 的后向外溢效应

FDI 后向外溢效应测度的是下游产业的 FDI 对国内企业中间品需求产生的外溢效应。记 $Back_{jk}$ 是 j 城市 k 行业的 FDI 后向外溢效应，具体公式如（5.6）式所示。θ_{kl} 指下游行业 l 购买上游行业 k 生产的中间投入品的份额，并且剔除了由自身行业购买的份额，因为这一份额已经包含在水平外溢效应里了。其中 θ_{kl} 来自国家统计局 2002 年和 2007 年的投入产出系数表，Hor_{jk} 为上文计算的水平外溢效应。

$$Back_{jk} = \sum_{l \neq k} \theta_{kl} \times Hor_{jk} \qquad (5.6)$$

如同 FDI 的水平外溢效应，本文也在每个城市自身的 FDI 后向外溢中分别加入了外部的"北上广"（$Back_{jk(bsg)}$）和 31 个中心城市的 FDI 后向外溢效应（$Back_{jk(center)}$）。$Back_{bk}$、$Back_{sk}$ 和 $Back_{gk}$ 分别表示北京、上海和广州到的 FDI 后向外溢效应；$Back_{ck}$ 表示中心城市 c 的后向外溢效应。计算公式如（5.6a）和（5.6b）所示。

$$Back_{jk(bsg)} = Back_{jk} + \frac{Back_{bk}}{d_{bj}} + \frac{Back_{sk}}{d_{sj}} + \frac{Back_{gk}}{d_{gj}} \qquad (5.6a)$$

$$Back_{jk(center)} = Back_{jk} + \sum_{j \neq c} \frac{Back_{ck}}{d_{cj}} \qquad (5.6b)$$

（3）FDI 的前向外溢效应

前向外溢效应测度的是上游行业中的 FDI 对下游行业的国内企业提供中间投入品而产生的外溢效应，具体的计算公式如（5.7）式所示。For_{jk} 测度的 j 城市 k 行业的 FDI 前向外溢效应。ρ_{km} 指下游行业 k 使用的总中间投入品由上游行业 m 提供的比例，同样排除了自身行业提供的份额。另外，由于企业生产的产品在国内销售的份额才与测算的前向外溢效应相关，因此，FDI 生产的出口产品被排除了，出口产品 EX_i 用企业的出口交货值衡量。类似地，本文也考虑了含有外部 FDI 前向外溢效应的两种情形,如(5.7a)和(5.7b)所示,For_{bk}、For_{sk}和 For_{gk}分别指北京、上海和广州的 FDI 前向外溢效应,For_{ck}指中心城市 c 的 FDI 前向外溢效应。$For_{jk(bsg)}$ 和 $For_{jk(center)}$ 分别表示加入了"北上广"和 31 个中心城市的前向外溢效应。

$$For_{jk} = \sum_{m \neq k} \rho_{km} \frac{\sum_{i \in j, i \in m} Foreignshare_i \times (Y_i - EX_i)}{\sum_{i \in j, i \in m} (Y_i - EX_i)} \qquad (5.7)$$

$$For_{jk(bsg)} = For_{jk} + \frac{For_{bk}}{d_{bj}} + \frac{For_{sk}}{d_{sj}} + \frac{For_{gk}}{d_{gj}} \qquad (5.7a)$$

$$For_{jk(center)} = For_{jk} + \sum_{c \neq j} \frac{For_{ck}}{d_{cj}} \qquad (5.7b)$$

(二)其他控制变量

为了提高估计结果的准确性,依据现有文献中重点考察的企业选址影响因素,我们在估计方程中加入了以下控制变量:城市国家级开发区数量、集聚经济、本地市场规模、市场潜力、中间投入品的供给、劳动力成本、城市基础设施以及城市和行业的虚拟变量。各指标的构建如下所述。

开发区数量

Head & Ries(1996)认为:现有 FDI 数量向新增 FDI 提供了一个地方市场环境的信号,即 FDI 对企业选择的信号作用。沿用 Lin et al.(2009)的方法,本文构建的 FDI 外溢指标也是建立在 FDI 经济活动规模的基础上。为了尽可能地控制 FDI 外溢作用中的信号作用,本文选用城市国家级开发区数量作为控制变量,即 Sez_j,其中 j 表示城市。各城市国家级开发区的设立一方面显示了当地政府对招商引资的支持;另一方面也向潜在厂商提供当地经济环境信息,因为中央政府在审批国家级开发区时会综合考虑城市基础设施条件和经济环境,择优选取。所以,这两方面的因素能够保证城市开发区个数可以作为当地经济环境的一个信号,从而在一定程度上可以充当 FDI 信号作用,而且还不会具有外溢效应。

集聚经济

经济集聚而产生的外部性是企业区位选择时的重要影响因素之一,大量文献考察了集聚经济对企业区位选择的影响(Holl,2004;Figueiredo & Guimarães,2002)。沿用现有文献的一般做法,本文用地方化经济和城市化经济两个指标来测度集聚经济。地方化经济是指一个地区某一产业的专门化程度,用相对指标 L_E_{jk} 测度;城市化经济即为一个地区产业的多样性,用相对指标 U_ER_{jk} 测度,两者的计算公式如(5.8)和(5.9)所示。其中,$labor_{jk}$ 表示城市 j 行业 k 的职工数;$labor_j$ 表示城市 j 制造业部门总职工数;$labor_k$ 表示全国行业 k 的总职工数;$labor$ 表示全国制造业部门的总职工数。

$$L\_E_{jk} = \frac{\dfrac{labor_{jk}}{labor_j}}{\dfrac{labor_k}{labor}} \tag{5.8}$$

$$U\_E_{jk} = \left(\sum_k \left| rl_{jk} - rl_k \right| \right)^{-1}, rl_{jk} = \frac{labor_{jk}}{labor_j}, rl_k = \frac{labor_k}{labor} \tag{5.9}$$

本地市场规模和市场潜力

市场规模通常也是影响企业选址的重要因素之一。本文用各城市的实际 GDP 衡量本地市场规模(rgdp);用 31 个中心城市的实际 GDP 作为各城市潜在的外地市场规模,沿用 Holl(2004)的方法,刻画外地市场规模的市场潜力指标如公式(5.10)所示,其中 $rgdp_{ck}$ 表示中心城市 c 的实际 GDP,d_{jc} 表示城市 j 到中心城市 c 的最短行车距离。

$$Po\_Ma_{jk} = \sum_{c=1}^{31} \frac{rgdp_{ck}}{d_{jc}} \tag{5.10}$$

中间投入品的供给

企业进行生产需要多种中间投入品,中间投入品获得的难易程度和成本也成为企业区位选择的重要影响因素之一。中间投入品不仅来源于本地,还可以来源于外地,因此此处使用式(5.11)进行衡量,其中 Θ_{mk} 表示行业 m 提供给行业 k 产品份额,$Foreignshare_{cm}$ 表示城市 c 行业 m 中全部企业的外商资本金占实收资本的比重①。Y_{cm} 表示中心城市 c 所在省份的行业 m 的工业销售总产值。

$$Mediate\_S_{jk} = \sum_{c=1}^{31} \frac{\sum_{m=1}^{17} \theta_{mk}(1 - Foreignshare_{cm}) \times Y_{cm}}{d_{jc}} \quad (5.11)$$

劳动力成本、城市基础设施和虚拟变量

本文用平均工资($awage$)衡量劳动力成本,用城市道路面积($city\_inf$)衡量城市的基础设施。此外还引入了控制省份难以衡量和不可观测特征的省份虚拟变量($dumprov$),控制行业特征的行业虚拟变量($dumhylb$)和控制整本经济环境的年份虚拟变量($dumyear$)。由于企业是基于已有经济环境进行选址决策,因此本文最终的估计方程为式(5.12),解释变量都采用滞后一期的数据②。这样的处理也能够避免估计方程中各变量与被解释变量新企业数量(N)之间相互影响带来的内生性问题。

$$N_{jkt} = \beta(Hor_{jkt-1}, Back_{jkt-1}, For_{jkt-1}, Sez_{jt-1}, L\_E_{jkt-1}, U\_E_{jkt-1},$$
$$Po\_Ma_{jkt-1}, Mediate\_S_{jkt-1}, awage_{jkt-1}, rgdp_{jkt-1}, city\_inf_{jt-1},$$
$$dumyear, dumprov, dumhylb) \quad (5.12)$$

---

① 由于计算 FDI 前向外溢效应时涉及了外资对行业 k 的中间投入品的供给,为避免重复计算,此处减去外资的份额,即 1−$Foreignshare_{cm}$。

② 由于不包含 2004 年的数据,因此 2005 年的被解释变量使用 2003 年的解释变量进行回归。

第四节　回归结果和分析

一、基本回归结果

基本的估计结果如表5—2所示。作为对照,我们首先利用Poisson模型粗略地考察FDI外溢对企业选址的影响。如第2列所示,除了解释变量FDI外溢之外,我们在估计方程只加入了控制省份、行业和年份的虚拟变量。结果显示,三种FDI外溢的估计系数均是显著的。

在此基础上,我们加入了前文提及的一组控制变量,以提高估计结果的可靠性。对于不包括外部FDI外溢的情形,我们分别用泊松回归和负二项回归进行了估计,对应于第3和4列。总的来看,两种方法的估计结果差别并不大,主要变量的估计系数的符号完全一致,除了前向FDI外溢之外,其他估计系数的显著性也都相同,且数值大小也较为接近。如前所述,考察企业选址问题时,如果遭遇过度分散问题,那么泊松回归模型不再适用,应使用负二项回归。表5—2第4列负二项回归给出的LR检验显示存在过度分散问题,拒绝泊松回归,应该采用负二项回归①。另外,负二项回归的似然比明显高于泊

① 同时,我们采用Cameron & Trivedi(1990)的方法进行了过度分散检验。具体地说,定义构造的被解释变量 $z_i = \dfrac{(num\_firm_i - \widehat{num\_firm_i})^2 - num\_firm_i}{\sqrt{2}\widehat{num\_firm_i}}$,然后用$Z_i$对$\widehat{num\_firm_i}$进行最小二乘(LS)回归。如表5—2所示,$\widehat{num\_firm_i}$的估计系数均显著,同样支持负二项回归。此外,当采用较小空间单元作为企业选址的备选空间时,容易出现较多观测值的新企业数为零的情况。如果被解释变量含有大量的"0",那么零膨胀负二项回归是一个更好的选择。因此,我们根据Vuong统计量(Vuong,1989)在负二项回归和零膨胀负二项回归之间进行选择。表5—2中的Vuong统计量(来自于零膨胀负二项回归)显示应该选取负二项回归。由于篇幅所限,零膨胀负二项回归的检验结果没有给出,感兴趣的读者可以向作者索取。

松回归。上述检验显示,负二项回归是更为合理的估计方法。

表 5—2　基本回归结果

回归模型	POISSON	POISSON	NB	NB(bsg)	NB(center)
Hor	-0.1266 *** (-16.95)	-0.1008 *** (-13.2859)	-0.1050 *** (-14.1516)	0.0950 *** (14.8512)	0.0931 *** (9.1119)
Back	0.0977 *** (6.62)	0.0567 *** (3.6639)	0.0612 *** (4.7476)	0.0832 *** (5.5008)	0.1061 *** (5.9689)
For	0.0918 *** (6.60)	0.0532 *** (3.5941)	0.0169 (1.3230)	0.0335 ** (2.2668)	0.0422 *** (2.9071)
Sez		0.0749 *** (4.3358)	0.1026 *** (8.2461)	0.0438 *** (3.4215)	0.0443 *** (3.4037)
Po_Market		0.1186 *** (7.2456)	0.1071 *** (8.2006)	0.1161 *** (8.7641)	0.1202 *** (9.0740)
Mediate_S		0.0802 *** (3.1656)	0.0916 *** (4.6715)	0.0992 *** (5.0279)	0.0995 *** (5.0345)
awage		-0.8157 *** (-12.6198)	-0.6534 *** (-20.7550)	-0.5899 *** (-18.2288)	-0.5862 *** (-18.0806)
L_E		0.2201 *** (7.3969)	0.4544 *** (17.3779)	0.4207 *** (15.9999)	0.4193 *** (16.0185)
U_E		0.0912 *** (12.4647)	0.2547 *** (17.8652)	0.2694 *** (19.1958)	0.2728 *** (19.4874)
rgdp		0.1901 *** (5.8463)	0.0744 *** (5.9832)	0.0646 *** (5.5249)	0.0661 *** (5.5784)
city_inf		-0.0013 *** (-10.4625)	-0.0007 *** (-6.1030)	-0.0007 *** (-5.9736)	-0.0007 *** (-5.8929)
dumyear	YES	YES	YES	YES	YES
dumprov	YES	YES	YES	YES	YES
dumhylb	YES	YES	YES	YES	YES
LR 检验			1.3666 [1.3067 1.4292]	1.3509 [1.2906 1.4141]	1.3575 [1.2965 1.4214]
$\widehat{num\_firm_i}$			1.0489 (18.76)	1.0420 (17.76)	1.4018 (17.47)
Vuong 检验			-5.10	-3.28	-3.32

回归模型	*POISSON*	*POISSON*	*NB*	*NB*(bsg)	*NB*(center)
Log-likelihood	-53311.012	-48601.3552	-33735.5766	-33657.8796	-33709.2618
观测值	28832	27320	27320	27320	27320

注:( )内为 *t* 统计量; * p<0.1, ** p<0.05, *** p<0.01;[ ] 内为 95%的置信区间;下表同。另外,NB、NB(bsg)和 NB(center)分别表示只含本市 FDI 外溢效应、含北上广 FDI 外溢效应及含 31 个中心城市 FDI 外溢效应的三种情形。

　　首先,我们关注一下 FDI 外溢对企业选址的影响。表 5—2 第 4 列给出了只考虑城市自身 FDI 的外溢效应的结果。水平和后向 FDI 外溢效应的估计系数均通过了显著性水平为 1%的检验,而前向 FDI 外溢效应的估计系数则没有通过显著性水平为 10%的检验。水平外溢效应(*Hor*)的系数为-0.1050,这说明平均而言,城市自身 FDI 的水平外溢效应不利于新企业的进入。外资企业通常具有较强的实力,随着进驻的外资企业越来越多,一方面 FDI 的水平外溢带来了新的管理经验、拓宽了市场销售信息、促进了人才流动,有利于新企业的进入;另一方面同行业的竞争程度也随之提高,比如说可得的市场份额变小、优秀的员工流向外企,这都会挤压新企业的生存和发展空间。就城市自身的 FDI 水平外溢而言,积极的水平外溢效应被消极的挤出效应覆盖了,不利于新企业的进入。后向外溢效应(*Back*)的系数为 0.0612,这说明 FDI 对上游企业产品的需求一方面直接扩大了上游企业的市场规模;另一方面 FDI 对技术和产品质量的高要求也增加了上游企业积极提高技术和产品质量的外部动力。这两方面的因素都吸引新企业的进入。前向外溢效应(*For*)的系数为 0.0169,小于水平外溢效应和后向外溢效应系数的绝对值,但未通过 10%的显著性检验。一方面,下游企业需要具备一定的实力才能有效吸收 FDI 的后向外溢,比如企业可能需要有相应的研发能力和资金规模才能与上游 FDI 的高质量中间投入品相匹配;另一方面,很多

FDI 以出口为目的,即所谓的垂直 FDI,这些企业的销售市场并不在中国,这也导致本地企业享受 FDI 后向外溢效应的机会减少。这些原因通常会造成本地企业享受 FDI 的后向外溢的障碍,降低 FDI 后向外溢效应。

随着科学技术的发展,信息传播渠道的日益多元化和传播效率的提高,外溢扩散的空间范围也急剧扩张。同时,根据 FDI 流入中国的历史进程,FDI 首先进入的是沿海和经济发达地区,这些地区和城市已经积累了较为丰富的 FDI 资源。因此,在城市自身 FDI 外溢的基础上加入外部中心城市的 FDI 外溢是非常有必要的。所以,此处进一步考察了加入北京、上海和广州的 FDI 外溢和 31 个中心城市 FDI 外溢的 FDI 外溢对企业选址的影响,具体的估计结果分别对应于表 5—2 的第 5 和 6 列,即 NB(bsg) 和 NB(center) 列。和第 4 列相比,第 5 列最明显的变化是水平外溢效应变为正(0.0950),且在 1% 的水平上显著,这说明加上北京、上海和广州的水平外溢后,积极的水平外溢效应大于消极的挤出效应。原因在于北京、上海和广州远离本地市场,对本地市场的挤出效应甚小,并且这三个全国最大增长极的 FDI 示范效应在现代通信技术的帮助下得到了有效的传播和扩散。另外,后向外溢效应和前向外溢效应分别为 0.0832 和 0.0335,两者都在 5% 的水平上显著。同样地,第 6 列是包含了 31 个中心城市 FDI 外溢效应的估计结果,呈现出与第 4 列相似的特征,并且前向外溢效应的估计系数在 1% 的水平上显著。对比第 4、5 和 6 列的估计结果,我们还可以发现,包含外部 FDI 外溢的三类外溢估计系数均高于只含城市自身外溢的系数。这反映了外溢具有空间扩散的特征,企业区位选择并不仅受城市内 FDI 外溢效应影响,还受到外部 FDI 外溢的影响。另外,值得一提的是,包含外部 FDI 外溢的估计结果同样显示 FDI 后向外溢效应对新企业的吸引力高于前向外溢效应,这和前面的估计结果是相一致的。获得廉价原材料是 FDI 进入中国的目的之一,该结果在一定程度上反映了外资企业就地取材,大量在中国采购原材料和中间产品的"本土化"趋势。

其他控制变量的系数在第 4、5 和 6 列中的变化都不大。城市开发区数量(Sez)的估计系数显著为正,说明现有 FDI 释放的经济环境信号确实是吸引新企业进入的重要影响因素之一。平均工资($awage$)的系数显著为负,这说明劳动力成本的上升是不利于新企业的进入。衡量集聚经济的地方化经济(L_E)和城市化经济(U_E)的系数也都显著为正,说明企业倾向于选择所属行业专业化水平高和行业多样化水平高的城市。衡量本地市场规模($rgdp$)和市场潜力(Po_Market)的系数分别也都显著为正,这说明市场仍旧是影响企业区位选择的重要因素,这和已有研究的结果是一致的。另外,中间投入品的供给便利程度($Mediate\_S$)会影响企业的生产成本,若一个城市能够覆盖的中间投入品市场越大,企业能够获得所需中间投入品就越方便,甚至价格也会较低,这也会成为吸引新企业的优势之一。$Mediate\_S$ 的系数显著为正支持了这种观点。城市道路面积($city\_inf$)的估计系数显著为负,但数值较小。这在一定程度上说明单靠城市硬件设施吸引新企业并不理想。

二、FDI 外溢对企业选址影响的进一步分析

如前所述,三种 FDI 外溢是通过企业之间经济活动进行传播的。因此,与外资企业直接进行贸易的合作伙伴将更有机会分享 FDI 外溢。另外,企业吸收能力通常是影响 FDI 外溢效果的因素之一,吸收能力高的企业能够更有效地将 FDI 外溢内部化。因此,FDI 外溢传播的范围和有效性会因人而异,那么,FDI 外溢对企业选址的影响是否也存在差异呢?

（1）内资企业和外资企业的比较

由于内资和外资企业在技术、管理和制度方面的差距，两类企业对 FDI 外溢效应的吸收能力可能存在显著差异。朱延福和宋勇超（2012）认为：内资企业的技术水平和 FDI 的技术水平差距会影响 FDI 对内资企业的外溢效应。原因在于作为上游企业的内资企业生产的产品质量达不到下游 FDI 的要求，那么，后向外溢效应就不会产生了。类似的，上游 FDI 生产的中间投入品的技术水平高于作为下游企业的内资企业所需的中间投入品的技术水平，则内资企业不能吸收，前向外溢效应便不会产生了。另外，由于文化等因素的原因，外商企业之间较容易建立起合作关系，形成自己的圈子，比如说日资企业更愿意找上下游的日本企业进行合作；而本土企业与外商之间合作关系的建立则相对困难一点。类似地，在长三角个人电脑行业，台资厂商之间的生产协作是非常密切的。因此，内资企业和外资企业在吸收能力和与外资企业联系密切度上会存在系统性的差异。那么，上述差异是否会影响 FDI 外溢效应对内资还是外资企业区位选择呢？为此，本文就 FDI 外溢效应对内资企业和外资企业区位选择的影响进行比较，结果如表 5—3 所示①。

对于内资企业，FDI 水平外溢效应的系数为 0.0755，在 1% 的水平上显著，说明劳动力的流动、示范效应和积极的竞争效应对内资企业产生了积极且显著的水平外溢效应，且超过了消极的挤出效应。后向外溢效应的系数为 0.0878，显著性水平为 1%；前向外溢效应的系数为 0.0216，不显著。该结果与表 5—2 的结果类似，说明下游的内资企业对于上游的 FDI 外溢效应可能缺乏有效的吸收。其中原因既可能自于内资企业吸收能力的主观原因，也可能是内资企业融入

---

① 通过比较表 5—2 中第 4、5 和 6 三列估计结果，我们将第 5 列作为后文的估计方程，原因在于包含北上广 FDI 外溢的三种外溢效应指标的系数基本显著，且回归方程的似然比也更高。另外，过度分散检验和 Vuong 检验也都支持负二项回归。

外资企业现有的生产网络较为困难。

对于外资企业来讲,水平外溢效应、后向外溢效应和前向外溢效应的系数都在1%的水平上显著为正,并且都明显大于内资企业组对应的三个系数,说明FDI外溢效应对新增外资企业的吸引力明显高于内资企业,同时也显示外资企业之间的经济活动联系明显要比内资和外资之间的联系更为紧密。水平外溢效应显著为正显示自我集聚效应是吸引外资企业进入本地区的重要影响因素,这与很多研究FDI选址的文献相一致(Cheng & Stough,2006)。另外,后向外溢效应和前向外溢效应的估计结果表明,与内资企业相比,凭借较为接近的技术水平、企业管理模式,外资企业之间更容易通过上下游承接的关系形成产业链。这种现象说明本土企业通过FDI融入全球价值链还有待进一步提升。

另外,平均劳动工资对内资和外资企业区位选择都产生了负且显著的影响,对前者的影响较大。衡量集聚经济的地方化经济和城市化经济对内资和外资企业区位选择都产生了正且显著的影响,对内资企业的影响更大。无论是内资和外资企业,本地市场规模和市场潜力的估计系数都显著为正。通过比较可以发现,外资企业更看重本地市场规模,可能的原因在于,和内资企业相比,外资企业在构建全国性或区域性销售网络时更为困难。对于中间品供给变量,外资企业组的系数小于内资企业组,这可能是因为中间投入品的技术含量和质量因素,外资企业更可能通过进口获得中间投入品。

表5—3 内资企业和外资企业的比较

组别	内资企业	外资企业
Hor	0.0755 *** (7.7130)	0.2316 *** (9.9804)
Back	0.0878 *** (4.7223)	0.2976 *** (8.1017)

续表

组别	内资企业	外资企业
For	0.0216 (1.4293)	0.2031*** (7.0198)
Sez	0.0285* (1.9450)	0.0639*** (3.9622)
Po_Market	0.1358*** (9.4660)	0.0930*** (4.3265)
Mediate_S	0.1007*** (4.6124)	0.0756** (2.5524)
awage	−0.6237*** (−18.5750)	−0.5603*** (−10.0993)
L_E	0.4401*** (15.7137)	0.3015*** (6.8710)
U_E	0.2638*** (18.4346)	0.1911*** (12.4515)
rgdp	0.0637*** (4.8014)	0.0954*** (3.9659)
city_inf	−0.0007*** (−5.7996)	−0.0008*** (−6.1769)
dumyear	YES	YES
dumprov	YES	YES
dumhylb	YES	YES
LR 检验	1.4641 [1.3912 1.5408]	1.3457 [1.2246 1.4788]
$\widehat{num\_firm_i}$	1.1328 (13.29)	0.8693 (8.51)
Vuong 检验	−4.27	−1.79
Log-likelihood	−31053.2523	−11475.7336
观测值	27320	27320

（2）大规模企业和中小规模企业的比较

表5—3 的回归结果显示,前向 FDI 外溢效应对于内资企业的区位选择影响在统计意义上不显著,这可能是因为总体上内资企业对

FDI 外溢的吸收能力较弱。但是,吸收能力在内资企业之间也会存在明显的差异。现有研究显示,企业规模与 R&D 投入存在正向关系,而随着企业 R&D 投入的增加,企业的吸收能力也会随之提高,这将有助于企业有效地吸收 FDI 外溢。另外,随着企业 R&D 投入的增加、技术水平的上升,本土企业与外资企业之间的技术差距在缩小,与外资企业建立合作关系的机会也在增大,从而更有机会通过与外资企业的生产合作获得 FDI 外溢。因此,我们进一步假设内资企业中的大规模和中小规模企业对 FDI 外溢的吸收存在显著差异。那么,这种差异是否会影响 FDI 外溢对企业选址的影响呢?

表 5—4　大规模企业和中小规模企业的比较

组别	大规模企业	中小规模企业
Hor	0.0559 *** (4.1009)	0.0813 *** (7.5596)
Back	0.0474 * (1.6522)	0.0916 *** (4.6185)
For	0.0508 ** (2.1726)	0.0134 (0.8286)
Sez	0.0363 * (1.6662)	0.0262 * (1.6586)
Po_Market	0.1676 *** (7.5457)	0.1328 *** (8.4854)
Mediate_S	0.1223 *** (3.7559)	0.0962 *** (4.0870)
Awage	−0.7814 *** (−11.7644)	−0.6574 *** (−18.3298)
L_E	0.3234 *** (7.8402)	0.4474 *** (14.7771)
U_E	0.1907 *** (11.3786)	0.2583 *** (17.4710)
Rgdp	0.0572 (1.4509)	0.0675 *** (5.2553)

组别	大规模企业	中小规模企业
city_inf	−0. 0007 *** (−3. 8385)	−0. 0007 *** (−5. 4241)
Dumyear	YES	YES
Dumprov	YES	YES
Dumhylb	YES	YES
LR 检验	1. 4709 [1. 3019 1. 6619]	1. 5900 [1. 5049 1. 6799]
$\widehat{num\_firm_i}$	1. 0938 (10. 87)	1. 2361 (11. 78)
Vuong 检验	−0. 96	−4. 75
Log-likelihood	−11125. 3884	−28510. 0224
观测值	27320	27320

基于上述目的,本文将内资企业进一步分为大规模企业和中小规模企业进行分析。根据每个行业的企业实收资本直方图,本文将大于行业平均实收资本水平 1. 3 倍的企业界定为大规模企业,其他为中小规模企业。回归结果如表 5—4 所示。首先,对于 FDI 前向外溢效应,大规模企业的估计系数显著为正(0. 0508),而中小规模企业的估计系数虽然为正(0. 0134),但不显著。一般来说,研发投入的绝对量和企业的规模成正比,大企业的吸收能力也相对较高;同时,大规模企业有更多的资金和实力投入技术水平和产品质量的提高,对上游 FDI 提供的中间产品有较大的吸收能力。因此,大企业能够更有效地将 FDI 的前向外溢内部化。我们的结果反映了这一特征。而对于 FDI 的水平外溢和后向外溢,大规模企业的系数要小于中小规模的系数。FDI 水平外溢和后向外溢主要是影响企业的需求,而且 FDI 外溢导致的相对市场需求增加与企业规模呈反比,所以上述两种 FDI 外溢对中小规模企业的吸引力更大些。

其他变量的估计结果与前文较为相似。值得注意的是,对于本地市场规模,大规模企业组的系数仅在 15% 的水平上显著,且小于在中小规模企业组的系数,但是市场潜力在大规模组的系数大于中小规模企业组的系数,这说明大规模企业更加注重开发全国市场;而中小规模企业由于生产能力的限制,主要重视本地市场规模。

第五节　小结与研究展望

利用 1998—2007 年中国工业企业微观数据,本章运用泊松计数模型就 FDI 外溢效应对企业选址的影响进行了实证分析。由于 FDI 外溢通过不同渠道影响企业的选址行为,所以本章进一步将 FDI 外溢分解为水平外溢、前向外溢和后向外溢。本章的研究发现,FDI 外溢是影响企业选址的重要影响因素之一,但三种外溢效应的影响作用具有一定的差异。总体上,FDI 水平外溢和后向外溢对新企业均具有显著的吸引作用;但 FDI 前向外溢对新企业缺乏显著的吸引作用。通过比较 FDI 外溢对内资和外资企业选址的影响,本章发现 FDI 前向外溢对外资企业有显著的吸引作用,而对内资企业缺乏显著的吸引作用。其中的主要原因在于,总体上外资企业在吸收能力和与外资企业生产联系密切度上具有优势。进一步的研究发现,FDI 前向外溢对内资企业中的大规模企业有显著的吸引作用,而对中小规模企业没有显著的作用。这表明,随着企业规模的提高,内资企业的吸收能力也在提升,从而能够有效地获得 FDI 外溢。另外,FDI 外溢效应对企业选址影响的差异还表现出所有制差异,三种 FDI 外溢效应对外资企业选址的吸引作用均明显高于内资企业。

本章的研究显示,FDI 存量是吸引新企业的重要因素之一。鉴于中国 FDI 较大的存量以及在未来较长时期仍可能是全球对 FDI 最具吸引力的经济体之一,各地在制定招商引资策略时需要结合本地 FDI 存量和地区产业链发展状况,因地制宜,有的放矢。另外,FDI 外溢效应对外资企业选址行为具有更强的作用说明,虽然经过三十多年的经济改革,外资企业在中国逐步推进其本土化进程,但国内企业和外资企业之间的经济活动联系还有待提升,尤其是作为外资企业的下游承接企业。如何借助现有外资企业资源,通过研发提升本土企业的技术水平,有效地融入外资企业的上下游产业链,主动参与国际分工、提升本土企业在产业链中的地位并实现整个产业链的升级,而不是仅仅成为 FDI 获取廉价资源并简单复制母国产业链的飞地是摆在中国企业和政府目前的一个问题。

　　吸收能力是影响企业获取外溢外部性的重要因素,进一步从企业个体特征的角度切入,考察企业吸收能力对其选址的影响有助于我们在更深入地了解企业选址的微观机理。

第六章

公路网络、FDI 投资动机及其空间分布

"在许多服务业中,外国直接投资往往分布的比较广,反映了接近消费者的重要性。同样的道理也可以应用于一些制造业,在这些产业里,能进入国内市场是向国外投资的主导原因。"(UNCTAD,2001)

第一节　引　言

随着科技的发展和国际贸易协定的推进,经济全球化日益深入,各种生产要素可以在全世界范围内进行配置,外商直接投资(FDI)是其中一种重要形式。联合国贸发会议(UNCTAD)在 1998 年《世界投资报告》中根据投资者动机将 FDI 分为市场寻求型、资源或资产寻求型和效率寻求型。Markusen(1995)则更简洁地将 FDI 区分为垂直型(出口导向型)FDI 和水平型(市场导向型)FDI①。来自中国的

---

① 垂直 FDI 指跨国企业依据各地的比较优势,将生产环节分布于不同国家,目的是降低生产成本提高利润,对特定东道国来说产品用于出口;水平 FDI 指为接近当地市场而将最终产品生产线设于东道国,产品在东道国销售,其目的是当地生产可以避免高昂的贸易和运输成本(Markusen,1995)。

经验显示,沿海地区在地理上的优势能够为出口企业节约高昂的抵港运输成本,对垂直 FDI 有着天然的吸引力,出口加工区多设立在沿海地区便是佐证;而中部和内陆地区巨大的市场潜能在政府提振内需的经济政策下逐渐发酵和释放,成为水平 FDI 关注的新目标。鉴于中国的地理特征,流入中国的 FDI 是否会因为动机不同而在空间分布上存在显著差异呢?

自改革开放以来,流入中国的 FDI 快速增长,2010 年达到1057.4 亿美元,连续多年位居发展中国家榜首,成为仅次于美国的全球第二大外商直接投资东道国(齐述丽,2011)。但是,FDI 在我国的空间分布却极不平衡。1980—2000 年期间我国 87.8% 的 FDI 集中在东部沿海地区。即使自 2000 年以来中央政府和地方政府实施一系列引资优惠政策吸引外商投资向中西部地区转移,但外商直接投资依然主要集中在东部沿海地区,这一比重在 2007 年仍然保持在 77.5%。

我国 FDI 区位分布的这种不均衡、集聚性特点,自 1990 年起就引起了众多学者的关注,他们从不同角度实证检验了我国 FDI 区位选择的影响因素,比如传统的劳动力成本、政策优惠因素(Cheng & Kwan,2000;贺灿飞和魏后凯,2001),以及近来新经济地理学所揭示的贸易成本、集聚经济效应因素。特别是集聚经济,越来越多的学者在研究中都将之视为影响 FDI 区位分布的决定性因素(如 Head & Ries,1996;Head & Mayer,2004;黄肖琦和柴敏,2006)。最近一些研究则进一步考察了流入中国的 FDI 的类型问题。何兴强和王利霞(2008)利用空间面板计量模型对我国 FDI 区位分布的空间效应进行检验,发现东、中、西部地区的 FDI 的主导类型分别为集聚垂直复合型、受限的集聚垂直复合型和水平型。薛漫天和赵曙东(2007)也分组判别了流入我国 FDI 的性质。但是他们都只是判别了流入我国的 FDI 的主要类型,并没有研究不同类型 FDI 区位分布的影响因素。

如前所述,水平 FDI 和垂直 FDI 目的不一样,前者寻求市场,关注的是中国市场的需求;后者寻求效率,更关注要素成本和出口运输成本等供给因素。那么,现有两种 FDI 在中国的空间分布是否存在显著差异? 影响两种 FDI 区位选择的决定因素又有哪些?

对于中国这样一个地域广阔的国家,各地区在地理位置、资源禀赋、生产技术水平、经济发展水平、优惠政策等方面都存在巨大的差异,具有不同的比较优势。那么,基于吸引两种 FDI 的决定因素,各地政府能否根据本地的比较优势,制定相应的优惠条件、产业政策以吸引外资? 为此,本章将我国 FDI 分为水平(国内市场导向)FDI 和垂直(出口导向)FDI,基于城市和企业两个层面的特征考察贸易成本、市场因素、企业特征和 FDI 集聚效应等因素是如何影响这两种 FDI 在我国的空间分布。就笔者所知,现有研究较少考察不同类型 FDI 在我国的区位分布特征及其影响因素。因此,本章的研究期待更进一步地解释中国 FDI 区位选择的背后原因并提供相应的证据。

第二节 文献综述:FDI 投资动机与企业选址

根据国际贸易理论,FDI 是跨国企业对外贸易的一种替代形式。Mundell(1957)较早提出了投资与贸易的关系,他认为:贸易成本和贸易障碍(产品运输成本、关税壁垒等)的存在使得企业用 FDI 来代替进出口贸易。从投资动机出发解释跨国企业进行 FDI 的研究始于Helpman(1984)和 Markusen(1984)。Helpman(1984)在标准的赫克歇尔—俄林框架下,提出了垂直型跨国公司模型,根据地区间的比较优势,企业会将生产的不同环节设在不同的地方,获得更低的生产成本是企业实施 FDI 的主要动机之一。Markusen(1984)则提出了水平型跨国公司模型,这种企业在不同的市场上通过当地生产供应当地

市场,其目的是在当地生产可以避免高昂的贸易和运输成本;
Brainard(1997)进一步发展完善了水平型 FDI 模型,她提出的"接近中心假说"(proximity-concentration)认为贸易成本的降低会减少
FDI。然而,事实却似乎与这个假说的结论相反。联合国贸发会议
(UNCTAD,2004)的报告指出:一方面,在过去 20 年,发展中国家大
力进行贸易改革,放开贸易保护(如中国的进口关税从 1992 年的
34.8%下降到 2001 年的 12.4%,印度的从 1990 年的 70.5%下降到
2001 年的 28.0%);另一方面,流入到中国和印度的 FDI 在 1990 年
到 2001 年间却分别增加了约 2 倍和 4 倍。在如今世界市场日益开
放、贸易成本越来越低的情况下,作为替代进出口贸易的 FDI 不但没
有减少,反而大量增加,这种现象看起来似乎与"接近中心假说"相
违背。Mukherjee & Suetrong(2012)从"母国出口平台 FDI"(home-
country export platform FDI)的存在这一角度解释了贸易成本和 FDI
之间的正向关系未必成立。他们认为相对于贸易成本,要素成本是
跨国公司关注的交点,这种类型的 FDI 在东道国设厂,但是,生产的
产品并不主要在东道国销售,而是运输回母国。而"接近中心假说"
所考虑的 FDI 主要是水平型的,跨国公司进行水平 FDI 的主要目的
是为了获得更大的市场规模,其在东道国设厂,产品主要在东道国市
场销售。另外,还有的研究主要从跨国公司母国与东道国之间的各
种联系(如贸易成本、技术差异、市场规模等)来解释两国间 FDI 的
动因和类型。Carr et al.(2001)指出,母国与东道国之间的贸易成本
会促进水平型 FDI。Yeaple(2003)则进一步指出,高的运输成本与
东道国工资则促进水平型 FDI;低的运输成本和东道国相对工资会
促进垂直型 FDI。Grossman et al.(2006) 在 Yeaple(2003) 的基础上
考虑了复杂一体化投资模式及其影响因素,着重分析了运输成本对
跨国公司战略决策的影响。总的来说,水平 FDI 与贸易成本之间是
正向关系,而垂直型 FDI 与贸易成本呈负向关系。

当前 FDI 及跨国公司理论发展的一个重要方向是企业异质性是如何影响公司的国际化战略。Helpman et al.(2004)在水平型跨国公司模型基础上加入公司生产率差异的假设,相比于国内经营,FDI 与出口要承担更高的固定投入成本。因此,只有生产率较高的公司才会参与出口或在境外投资。王岳平(1999)对我国 FDI 的两种市场导向类型进行了分析,发现我国垂直型 FDI 以劳动密集型为主,技术水平较低,全要素生产率也较低;而水平型 FDI 以技术密集型为主,技术水平较高。表明以出口为导向的 FDI 是以发挥我国劳动力资源丰富这一比较优势为基础的,而以国内市场导向的 FDI 是以其资本密集和技术水平较高优势为基础的。

在关于水平 FDI 和垂直 FDI 的经验研究中,Blonigen 等(2004)以流入美国的 FDI 和美国对其他国家和地区的 FDI 为研究对象,应用空间滞后模型推断 FDI 的投资动机;Ledyaeva(2007)考察了 1998 年金融危机前后俄罗斯的 FDI 区位选择因素,并根据估计结果推断 FDI 类型,研究认为:金融危机后俄罗斯占主导地位的 FDI 由水平型转变为"贸易平台 FDI"(出口导向)型。关于中国境内 FDI 性质的研究并不多,大都只是对其进行了定性分析。魏后凯等(2001)利用对秦皇岛外资企业的问卷调查发现,来自亚洲国家和地区的外商一般把中国大陆作为生产基地和出口平台,而北美洲和欧洲的外商通常是针对中国市场而来。宋泓等(2002)根据加工贸易在外商投资企业总贸易中的比重进行大致估计。研究发现,到 2001 年底,我国实际利用的 FDI 中,70.3%属于劳动力寻找型,26.39%属于市场、自然资源寻找型。何兴强和王利霞(2008)借鉴 Ledyaeva(2007)的方法,将中国各地区(地级及以上城市)视为一些小的"国家",从城市角度对我国 FDI 区位分布进行考察,对东、中、西部不同子样本的 FDI 进行检验,根据两个空间变量(市场潜力和集聚效应)的估计符号判断东、中、西部地区 FDI 的主导类型分别为垂直复合型、受限的垂直复合型和水平型。李亚平(2009)的研究也指出:我国东部地区成本导向型和市场导向型 FDI 均占重要地位,中部地区则市场导向型 FDI 占据明显优势,而市场导向型 FDI 在西部地区占主导。

现有文献中,关于中国 FDI 的研究主要关注的是其空间分布的影响因素。总结起来影响中国 FDI 区位分布的显著因素有传统的市场规模、生产要素(自然资源、劳动力)禀赋、政策环境等因素,以及新经济地理学角度的贸易成本、集聚经济效应等因素。Cheng & Kwan(2000)、贺灿飞和魏后凯(2001)等发现市场规模、生产要素禀赋、政策环境等是影响跨国公司在我国分布的重要区位变量;Head & Ries(1996)根据中国 54 个城市共 931 家外商投资企业数据的研究发现,集聚效应对 FDI 的吸引作用最为突出,FDI 集聚存在自我增强的效应,这种效应在基础设施和工业基础良好的城市里更为显著。黄肖琦和柴敏(2006)用中国省际面板数据考察了外商直接投资的区位决策行为,将影响 FDI 在华区位选择影响因素分为传统的比较优势、地区性制度因素和新经济地理因素 3 个方面,研究认为:劳动力成本、优惠政策等传统 FDI 区位变量未能较好地解释在华外商直接投资的区位分布,而新经济地理学强调的贸易成本、技术外溢、市场规模以及历史 FDI 等传导机制对影响 FDI 选址决策具有统计意义上的显著性。余珮和孙永平(2011)对世界 500 强中的 457 家美国子公司和 537 家欧洲子公司在华个体区位选择决定因素进行了实证分析,结果显示集聚效应是外企区位选择的重要决定因素。

关于在华 FDI 的区位选择问题,现有研究文献一般都将 FDI 作为一个整体看待。但是,FDI 虽然都是逐利而来,但水平和垂直 FDI 的背后驱动力仍有明显区别,而且中国地域广阔,区域间的资源禀赋和经济发展水平也有明显的差异,这两方面的因素是否导致两类 FDI 在空间分布存在差异呢? 本章试图从 FDI 投资动机出发,将我国 FDI 分为水平 FDI 和垂直 FDI,基于城市和企业两个层面的特征考察贸易成本、市场因素、企业特征和地区集聚经济等因素对这两种FDI 在华的空间分布的影响。

第三节　在华 FDI 空间分布的特征事实

我国和主要贸易伙伴的贸易往来是通过海洋运输进行的。我国东部海岸线绵长,拥有众多港口,天然靠近国外市场,对于选址于该地区的出口企业,能够极大地节约出口所需支付的运输成本[①]。因此各地区距离港口的距离自然成为垂直 FDI 区位选择时不得不考虑的重要因素。

图 6—1 和 6—2 描述的是在微观层面,企业外商资本金与其抵港距离的散点图[②]。从图 6—1 可以看出,我国的 FDI 主要分布在距离港口城市近的地区,且绝大部分的外资企业都分布在距离港口800 公里范围以内的城市。总体上,我国 FDI 与港口距离呈现负向的关系,该结果与我国 85%以上的 FDI 分布在东部沿海城市这个事实是相符的。为了考察垂直和水平两类 FDI 在空间分布上是否存在显著差异,我们进一步根据企业出口比重划分了两个子样本:出口比重大于 80%的外资企业和出口比重小于 20%的外资企业。如图 6—2 所示,对于出口导向的垂直 FDI,其与港口距离呈现显著性负相关关系(拟合线的斜率为负),这粗略地说明垂直 FDI 在进行选址时对港口位置较为敏感,倾向集中于邻近港口地区;对于非出口导向的水平 FDI,其与港口距离的关系显示为微弱的正向相关。另外,从散点

[①] 中国的运输成本较为昂贵。根据世界银行估算,2000 年中国宏观物流成本占 GDP 的比重高出发达国家的一倍;KMPG 的报告显示,2006 年中国物流成本占 GDP 的比重为 18%,而同期日本为 11%、美国为 8%、欧盟为 7%(黄玖立和徐旻鸿,2012)。

[②] 图中所用样本数据为 2005—2007 年的制造业行业企业数据。

图可以看出水平 FDI 的分布不如垂直 FDI 那么集中,有较多分布于在港口距离 500—1000 公里的范围内,且水平 FDI 的企业数量也明显多于垂直 FDI 的企业数量,这说明水平 FDI 在选址时并不集中于港口沿海城市,这也与我们之前的预期相符。以上简单分析显示,我国 FDI 的确存在水平和垂直两种类型,并且两种类型的外资企业在选址时表现出显著的空间差异。

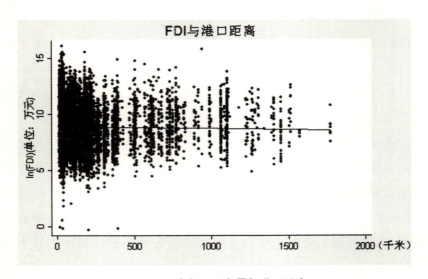

图 6—1　城市 FDI 存量与港口距离

注:本图是我国规模以上制造业行业外商直接投资企业的外商资本金与港口距离的散点和线性拟合图。

第四节　模型设定、变量选择和数据来源

一、理论模型

沿用 Mukherjee & Suetrong(2012)的跨国企业一体化战略选择

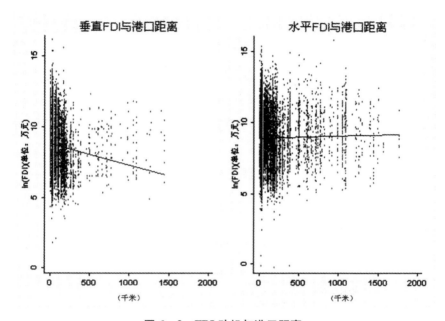

图 6—2　FDI 动机与港口距离

注:左边是出口导向(出口比重在 80% 以上)的垂直型外资企业的 FDI 的散点图;右边是国内
　　市场导向(出口比重在 20% 以下)的水平型外资企业 FDI 的散点图。

模型,考察水平 FDI 的选址问题。假设存在两个国家,国家 1 和国家 2,两个市场是分割的。一家属于国家 1 的企业 A,企业 A 可以在两个国家销售产品。那么企业 A 有两种可行的策略:一是在国家 1 (home country,母国)生产,在两国销售产品,即出口;二是在国家 2 (host country,东道国)生产,在两国销售产品,即 FDI[①]。假设国家 1 和 2 之间的国际运输成本为 t^{inter},企业 A 在国家 2 中销售产品还需支付境内贸易成本 t^{intra}。进一步假设,国家 1 和国家 2 的市场反需求函数分别为:

---

① 　另外一种策略是,企业 A 分别在两国各设一家工厂,产品分别供应两国。Neary
　　(2008)和 Bjorvatn 和 Eckel(2006)在考察 FDI 形成原因的研究中也没有考察这种情
　　形。他们认为,与文中的两种策略相比,这种策略会额外增加开办工厂的固定成本,
　　导致不经济。

$$p_i = a_i - b_i q_i, i = 1,2 \tag{6.1}$$

$a_i>0$，p_i和q_i表示商品在国家i的价格和需求量，下标$i=1,2$表示国家 1 和 2。在该环境下，企业 A 面对的是一个两阶段的博弈。首先，在第一阶段，企业 1 决定是否在国家 2 进行 FDI；在第二阶段，企业 1 实现其产量和利润。我们利用逆向推导来解决这个博弈问题。

如果企业 A 采取出口策略，那么企业 A 的总利润为：

$$\pi_1 = \frac{(a_1)^2}{4b_1} + \frac{(a_2 - t^{intra} - t^{inter})^2}{4b_2} \tag{6.2}$$

如果企业 A 采取 FDI 策略，那么企业 A 的总利润为：

$$\pi_2 = \frac{(a_1 - t^{inter})^2}{4b_1} + \frac{(a_2 - t^{intra})^2}{4b_2} - F \tag{6.3}$$

如果 $\pi_2>\pi_1$，即

$$F < \frac{t^{inter}[2(a_2 b_1 - a_1 b_2) + t^{inter}(b_2 - b_1) - 2t^{intra}b_1]}{4b_2 b_1} = \bar{F} \tag{6.4}$$

那么，企业 A 将采取 FDI 策略。如式（6.4）所示，当 $\bar{F}>0$ 时，FDI 可能发生。显然，如果 $t^{inter}=0$，FDI 不会发生，即国际运输成本为 0 时，企业没有进行 FDI 的动力；如果 $t^{inter}>0$，那么根据式（6.4）得到以下命题：

命题 1：(i)如果 $b_1 \leqslant b_2$，那么当 $a_2-a_1-t^{intra}>0$ 时，FDI 会发生（即 $\bar{F}>0$）；(ii)如果 $b_1>b_2$，那么当 $\frac{a_2 - t^{intra}}{b_2} > \frac{a_1}{b_1}$ 时，FDI 会发生。

证明：根据（7.4）式容易知道，如果 $2(a_2 b_1 - a_1 b_2) + t^{inter}(b_2 - b_1) - 2t^{intra}b_1 > 0$，那么 FDI 就会发生，经过简单的计算即可得到上述条件。

命题 2：当 FDI 存在时，即 $\bar{F}>F$，那么境内贸易成本下降也会促使水平 FDI 提高;进一步地,如果 $b_2 > b_1$,那么国际运输成本上升会使水平 FDI 增加。

证明:首先,根据(6.4)式容易证明 $\dfrac{\partial \bar{F}}{\partial t^{intra}} < 0$,所以境内贸易成本 t^{intra}

下降时, $\bar{F}$ 增加,激励企业采取 FDI 策略。其次,根据(6.2)和(6.3)

式,容易证明 $\dfrac{\partial \pi_i}{\partial t^{intra}} < 0$,所以境内贸易成本 t^{intra} 下降时 π_1 和 π_2 都会

增加,但 π_2 增加的更多。根据(6.3)式, π_2 增加来自水平 FDI 的利润
增加,所以,水平 FDI 的数量增加。类似地,国际运输成本的上升也
会使水平 FDI 增加。

命题 2 表明,如果企业采取 FDI 策略,那么东道国(host country)
境内贸易成本的下降和国际运输成本的上升能够吸引更多的水平
FDI。这个结果主要来自两个方面。首先,当东道国(host country)境
内贸易成本 t^{intra} 下降时,运输成本的节约提高了企业在东道国的利
润;其次,当国际运输成本 t^{inter} 上升时,企业将产品运回到母国的成
本提高,利润随之减少,企业随之在东道国销售更多的产品,提高利
润。由于除了建厂的固定成本外,企业在两国的生产行为相同,所
以,上述两方面的因素都会导致企业增加水平 FDI 而减少垂直 FDI。

二、计量模型设定

上面的理论分析显示,境内贸易成本的降低和国际运输成本的
增加有利于水平 FDI 的流入,因此,本文重点考察贸易成本对中国境
内水平 FDI 空间分布的影响。结合新经济地理关于影响 FDI 区位选
择的决定因素和 FDI 企业的微观个体异质性(如企业生产率、劳动
力成本、企业研发行为等),我们将影响 FDI 区位分布的因素分为 4

类,即贸易成本因素(T)、市场规模因素(M)、FDI 集聚效应(fdi)和企业异质性(Q)因素,其中贸易成本、市场和集聚经济因素属于城市层面的特征,企业异质性因素是属于企业层面的特征。根据以上分析,回归模型设定为:

$$Y_{ijt} = \alpha_0 + \alpha_1 T_{jt} + \alpha_2 M_{jt} + \alpha_3 Q_{ijt} + \alpha_4 fdi_{jt-1} + \varepsilon_{ijt} \tag{6.5}$$

方程中下标 i、j、t 分别表示企业、地区和年份,被解释变量 Y 是反映不同类型 FDI 区位分布的变量,用各地级及以上城市的 FDI 企业的外商资本金来表示,具体估计时取对数处理。本章定义外商资本金占实收资本比重超过 20% 的企业为 FDI 企业,并且排除了港澳台资本金,原因是港澳台投资者在选择其投资区位时可能受到个人主观情感的影响。他们倾向投资于大陆南方的省份,如广东、福建等,因为他们与这些地方可能存在家庭、语言或者文化根源方面的联系(Head & Ries,1996)。

三、变量的选择和测度

(一)贸易成本(T)

境内贸易成本和对外贸易成本是本文重点考察的对象。广义的贸易成本指除了产品本身的边际成本外,将一件商品送达最终消费者过程中发生的所有成本,主要包括运输成本、批发和零售的配送成本、政策壁垒(关税和非关税壁垒)成本及交易和信息成本等(Anderson & van Wincoop,2004)。基于数据的可得性,本文选取抵港运输成本刻画对外贸易成本,而用开放水平和第三产业发展作为境内贸易成本。

1.抵港运输成本(tc)。货物的公路运输成本是我国境内运输成本的主要组成部分。我国绝大部分商品出口是通过海洋运输进行的,对于内陆地区而言,出口商品到国外市场的前提是运送货物到沿海港口,并且距离港口城市越远,所需要支付的运输成本也将越高。作为替代出口的水平型 FDI 会随着抵港运输成本的增大而增多,而垂直型 FDI 需要进出口中间产品,抵港运输成本越小,越有利于其发展。所以,本文选取每个城市到其最近的开放港口的行车距离(distance)来衡量运输成本①。预计该变量对水平 FDI 的影响为正,对垂直 FDI 的影响为负。

2.开放水平(open)。一个地区的开放程度会影响当地政府和居民对外资的接受程度;影响外资企业在该地区开拓有效的销售渠道和建立稳定的销售市场。这些因素都从不同程度上影响着外资在当地销售产品的贸易成本。对外开放度程度这一指标综合衡量了这些因素的作用。具体的,我们用各城市的出口总额占 GDP 的比重来度量开放程度②。

3.第三产业发展程度(ser)。第三产业的发展水平也是吸引外资进入的经济影响因素。发达的第三产业为制造业的发展提供必要的支撑,如金融、信息、咨询业的充分发展能降低交易成本。鉴于进入中国的 FDI 主要集中于制造业,因此,较高的第三产业发展水平能够为外资提供较好的支持。我们用一个城市第三产业产值占 GDP 的比重来衡量这一指标。

(二)市场因素(M)

市场规模(ms)。水平型 FDI 的主要目的就是接近东道国市场,

① 李涵和黎志刚(2009)对中国过去 10 年间交通运输现状做了系统总结,发现国内货运的 70% 依靠公路运输,17% 通过铁路运输完成。其他交通设施,如内陆水路运输、空中运输等,均由于自然条件限制、成本高昂等原因,仅承担我国货运总量的很少部分。因此,本文选取各城市抵达最近港口城市的公路里程度量国际贸易成本。其中,本文利用 google 地图获得各城市到其最近港口的公路里程和行车时间,后文的城市间公路里程也用类似方法得到。

② 赵永亮和张光南(2009)在测度外向度时就用这一指标。本文测度这一指标是根据中国工业企业数据中各城市各企业的出口交货值加总得到各城市的出口总额。各城市 GDP 数据来自中国城市统计年鉴。

节约运输成本;而垂直 FDI 的产品主要用于出口,所以,东道国的市场规模对垂直型 FDI 的吸引作用可能不明显。随着我国的交通基础设施不断发展,外商投资企业可覆盖的国内市场范围也不断延伸。因此,本文采取区域经济学中的市场潜力指标刻画外资企业的市场规模。具体而言,我们用各城市的实际 GDP 与其他 31 个省会城市的实际 GDP 的距离加权之和测度市场规模,如式(6.6)所示:

$$msjt = rgdpjt + \sum_{c=1}^{31} \frac{rgdp_{ct}}{d_{jc}} \qquad (6.6)$$

式(6.6)中的 $rgdp_{jt}$ 表示 t 时期城市 j 的实际 GDP,以 1998 年为基期进行平减;$rgdp_{ct}$ 表示省会城市 c 的实际 GDP,d_{jc} 表示城市 j 到省会城市 c 的最短行车距离。预期其对水平 FDI 的影响显著为正,对垂直 FDI 的影响不显著。

市场竞争程度($jzcd$)。一个地区各行业的竞争激烈程度也会影响外资企业是否进入。竞争激烈的地区会导致土地和劳动力等生产成本升高,对外资企业的吸引力就会下降。本章用各城市各行业的企业数占全国该行业的比重作为市场竞争程度的代理变量。

(三)企业特性因素(Q)

劳动力成本($ewage$)。企业在制定其工资水平时会以同一地区的其他企业的工资水平作为参考,所以企业层面的工资水平不仅能反映其所在城市的劳动力成本,而且能反映不同行业的劳动力成本差异。因此,本文考虑用企业的工资水平来反映劳动力成本这一变量。工资水平与 FDI 区位决策的关系是不确定的,一方面较低的工资水平对低成本寻求型的 FDI 吸引力较大;另一方面工资水平较低可能意味着劳动力素质较低,这又会削弱对劳动力素质要求高的行业的吸引力。考虑到不同行业劳动力素质的差异,我们用效率工资来衡量劳动力成本。具体地,本章用企业平均工资与企业工业总产值的比值作为劳动力成本。

劳动密集程度(*lab*)。如本章前文所述,我国出口导向的 FDI 偏好于流入劳动密集型行业,而国内市场导向的 FDI 更倾向于流入资本密集型行业。劳动密集程度用各企业工资福利费占增加值的比重来表示。

研发强度(*RD*)。用企业研究开发费用衡量。企业研究开发投入越多,在一定程度上反映其技术水平要求更高。

企业的全要素生产率(*tfp*)。Helpman et al.(2004)强调了企业出口与生产率之间的关系,认为生产率更高的企业才会选择出口。本文采用 *LP* 方法(Levinsohn & Petrin,2003)估计全要素生产率①。

(四)FDI 的集聚效应

FDI 存量(*fdi*)。一个地方已有 FDI 的集聚效应在吸引后续 FDI

---

① Petrin et al.(2004)指出,在生产函数的估计过程中,不可观测的生产率冲击和生产要素投入水平之间存在的联立性偏误(simultaneity bias)是一个非常重要的问题。为了寻求利润最大化,作为经济主体的微观企业会对生产率冲击做出反应。当面临正的生产率冲击,企业会增加产量,进而提高生产要素的投入;当面临负的生产率冲击,则会减少产量,进而减少生产要素投入。因此,传统的 OLS 方法无法解决该联立性偏误导致的内生性问题,从而造成生产函数以及生产率估计结果存在偏误。为了解决上述问题,Olley & Pakes(1996)在柯布-道格拉斯生产函数的基础上,提出利用企业投资作为生产率的代理变量。但 Levinsohn & Petrin(2000)认为由于企业投资通常伴随着大量的调整成本,当企业面对生产率冲击时,企业的投资无法做出平滑反应,这将违背一致性条件。因此,他们在 Olley & Pakes(1996)的基础上采用企业中间产品投入作为生产率的代理变量,以解决生产函数估计中的联立性偏误问题。具体的生产函数形式设定为:

$$y_t = \beta_0 + \beta_l l_t + \beta_k k_t + \beta_m m_t + \omega_t + \eta_t$$

其中 y_t 代表企业产出,l 和 m 分别代表劳动力和中间投入,k 则表示企业的资本存量。误差项由两部分组成,其中 ω 是一影响企业决策的状态变量且不可观测,η 则是随机误差项。进一步假设中间投入 m 是状态变量 k 和 ω 的函数,即 $m_t = m_t(k_t, \omega_t)$。在要素需求函数是随 ω 单调递增的环境中,不可观测的 ω 可以表示为两个可观测变量的函数,即 $\omega_t = \omega_t(k_t, m_t)$。最后,沿用 Olley & Pakes(1996)关于企业生产率满足一阶马尔可夫过程,即 $\omega_t = E[\omega_t | \omega_{t-1}] + \xi_t$。因此,将 ω_t 代入到原生产函数即可估计出相应的系数 β,进而计算出生产函数和企业生产率。

方面的作用已经被国内外众多学者的实证检验所证实。基于中国工业企业数据库，我们用各城市滞后一期的所有外商直接投资企业的外商资本金的加总来测度 FDI 存量的作用。

城市基础设施（*tran*）。Head & Ries（1996）将基础设施状况作为集聚效应能自我增强的因素之一。一般来说，有良好基础设施的地区往往也能吸引到更多的外资，对水平 FDI 和垂直 FDI 的预期效应均为正。本文用城市道路面积占城市面积的比重来表示城市的基础设施状况。

另外，为了控制不可观测的其他行业特征，我们在估计方程中引入一组行业虚拟变量（dum_hy）。本章的回归模型最终设定为：

$$Y_{ijt} = \alpha_0 + \beta_1 distance_{jt} + \beta_2 open_{jt} + \beta_3 tran_{jt} + \beta_4 ser_{jt} + \beta_5 ms_{jt}$$
$$+ \beta_6 jzcd_{jkt} + \beta_7 ewage_{ijt} + \beta_8 lab_{ijt} + \beta_9 RD_{ijt} + \beta_{10} tfp_{ijt}$$
$$+ \beta_{11} fd_{ijt-1} + \beta(dum\_hy) + \varepsilon_{ijt} \quad\quad (6.7)$$

四、数据来源

本文使用的数据主要来自两个数据库。一个是中国工业企业数据库，该数据库包括全部国有工业企业以及规模以上（主营业务收入超过 500 万元）非国有工业企业。本文选取了其中 2005—2007 年的制造业部门企业数据[①]，以二位数行业代码计，样本包含共 29 个行业。另外，为了避免估计时同一企业的重复计算，本文回归估计使用的样本企业按 2007—2005 的顺序或 2005—2007 年的顺序保留

[①] 在数据处理方面，删除了企业人数小于 8，删除了错误记录和明显的异常值，如企业总资产、销售收入、工业总产值现价、固定资产净值余额为零，工业增加值大于总产值，累计折旧小于本年折旧、总产值小于流动资产年平均余额、总资产小于固定资产年平均余额等样本。

2005—2007 年三年间的一年的数据①。另一个是《中国城市统计年鉴》,利用该年鉴提供的各城市经济指标计算本文各相关的变量。此外,我们以 1998 年为基期用年度居民消费价格指数、年度工业品出厂价格指数、固定资产投资价格指数对相关指标进行价格平减。

第五节　计量结果与分析

一、基本结果

如图 6—2 所示,港口距离对两类 FDI 选址的影响具有显著差异。为了进一步检验该结果的稳健性,我们加入了其他影响两类外资企业区位选择的因素,估计方程修正为式(6.7)。同时,为了验证结果的稳定性,本章将两种类型的 FDI 各分成 5 组作为比较。水平 FDI 分别考虑出口交货值占工业销售产值比重低于 10%、20%、30%、40%、50%的 5 组,垂直 FDI 也分别考虑出口比重高于 90%、80%、70%、60%、50%的 5 组。另外,为避免可能由于异方差问题带来估计结果的偏差,我们在估计时使用稳健标准差来修正。表 6—1 和表 6—2 给出了按 2005—2007 年顺序保留的样本的估计结果②。

首先,刻画国际运输成本的主要变量抵港距离,对水平 FDI 和垂

① 保留规则:(1)2007—2005 年的顺序:2005—2007 年每年的外商直接投资企业,对于 2005、2006、2007 三年中,只要 2007 年存在的企业,就用其 2007 年的数据;2007 年不存在而 2006 年存在的企业,用其 2006 年的数据;2007 年和 2006 年均不存在,只有 2005 年存在的企业,就用其 2005 年的数据;(2)2005—2007 年的顺序:与 2007—2005 年的顺序反过来,2005—2007 年每年的外商直接投资企业,对于 2005、2006、2007 三年中,只要 2005 年存在的企业,就用其 2005 年的数据;2005 年不存在而 2006 年存在的企业,用其 2006 年的数据;2005 年和 2006 年均不存在,只有 2007 年存在的企业,就用其 2007 年的数据。
② 我们同样也按 2005—2007 年的顺序保留样本进行了估计,估计结果没有本质差异。

直 FDI 区位选择的影响有明显差异。对于水平 FDI,抵港距离的系数都为正,并且基本上在 5% 和 10% 的显著性水平下都显著。对于目标市场定位于国内市场的水平 FDI 来说,随着本土化的深入,外资企业的原材料和中间配件也逐步就地取材,企业位置距离港口的远近对其没有实际意义,企业覆盖和辐射的市场大小是其关注的重点之一。东部沿海港口地区虽然经济发展较中西部地区早,人均收入也较中西部地区高,但其市场竞争也更激烈,劳动力成本也较高,因此对于追求市场规模和利润最大化的水平 FDI 来说,为了辐射更广阔的市场和避开更激烈的竞争而选择远离沿海“中心”地区,落户于远离港口地区。对于垂直 FDI,港口距离变量都是负的。其中,出口比重高于 70% 时,估计系数基本显著;出口比重低于 70% 时,则不显著。该结果显示垂直 FDI 有较弱的临近沿海城市分布的倾向。显然,随着出口比重的下降,港口距离对垂直 FDI 的重要性也随着下降。垂直 FDI 在东道国生产的产品主要用于出口,为了提高利润,垂直 FDI 比较倾向靠近沿海地区以节约出口所产生的运输成本。整体上看,抵港距离对水平 FDI 和垂直 FDI 选址的影响存在显著差异,这与表 6—1 的估计结果基本一致,也符合我们理论模型的结果。对于刻画贸易成本的另外三个变量:开放程度、第三产业发展水平和城市基础设施,不管是对水平 FDI 还是垂直 FDI 都有显著的正面影响。这说明不管是水平 FDI 还是垂直 FDI,贸易交易成本的下降都有助于增加对 FDI 的吸引力。这也符合我们一般的经济直觉。

表 6—1　2005—2007 年垂直 FDI 分布的 OLS 估计

样本	出口>=90% 的外资企业	出口>=80% 的外资企业	出口>=70% 的外资企业	出口>=60% 的外资企业	出口>=50% 的外资企业
distance	−0.0356 (−1.35)	−0.0401 (−1.63)	−0.0426* (−1.78)	−0.0236 (−1.03)	−0.0266 (−1.19)

续表

样本	出口>=90% 的外资企业	出口>=80% 的外资企业	出口>=70% 的外资企业	出口>=60% 的外资企业	出口>=50% 的外资企业
open	0.0062 ** (2.06)	0.0066 ** (2.36)	0.0087 *** (2.97)	0.0104 *** (3.72)	0.0095 *** (3.53)
tran	0.0528 *** (3.41)	0.0524 *** (3.65)	0.0514 *** (3.85)	0.0530 *** (4.10)	0.0479 *** (3.83)
ser	0.0080 ** (2.18)	0.0087 *** (2.59)	0.0086 *** (2.77)	0.0104 *** (3.51)	0.0096 *** (3.34)
ms	0.0141 (0.28)	0.0230 (0.49)	0.0542 (1.05)	0.0579 (1.18)	0.0688 (1.45)
jzcd	−6.0426 *** (−8.10)	−6.3320 *** (−9.11)	−6.1374 *** (−9.27)	−6.3747 *** (−9.93)	−6.0239 *** (−9.57)
lab	0.1297 *** (5.88)	0.1415 *** (6.30)	0.1505 *** (6.30)	0.1578 *** (6.20)	0.1647 *** (6.16)
ewage	−0.9801 *** (−2.68)	−1.0994 *** (−3.08)	−1.0225 *** (−3.23)	−0.8124 *** (−2.75)	−0.8558 *** (−2.94)
RD	0.4305 * (1.80)	0.4678 * (1.87)	0.5327 ** (2.06)	0.5696 ** (2.29)	0.5828 ** (2.32)
tfp	0.5665 *** (22.98)	0.5736 *** (24.11)	0.5866 *** (26.67)	0.6035 *** (28.18)	0.6078 *** (28.83)
fdi	0.1562 *** (5.19)	0.1463 *** (5.13)	0.1197 *** (3.44)	0.1199 *** (3.66)	0.1211 *** (3.81)
常数项	2.9282 *** (4.04)	2.9523 *** (4.99)	2.6967 *** (5.23)	1.7764 *** (3.08)	1.3345 ** (2.38)
adjust−R^2	0.359	0.365	0.370	0.369	0.366
N	7124	8475	9517	10390	11163

注：*** 、** 、* 分别表示估计系数在 1%、5%、10%显著性水平下显著，( )内为 t 统计量。

其次,市场规模对两类 FDI 的空间分布的影响存在显著差异。对于垂直 FDI,市场规模的系数基本上是不显著的,但是随着出口比重的下降,即其对国内市场供给的增加,市场规模的估计系数越来越大(从 0.014 到 0.068),显著性也逐渐升高。对于水平 FDI,5 组样本的市场规模的估计系数都是正的,并且都相差不大,同时也都通过

了 5%的显著性检验。该结果表明,东道国的市场规模对水平 FDI
具有显著的吸引力,而对垂直 FDI 的吸引并不显著。这与传统 FDI
与新经济地理理论都是相符的。

表 6—2 2005—2007 年水平 FDI 分布的 OLS 估计

样本	出口<=10%的外资企业	出口<=20%的外资企业	出口<=30%的外资企业	出口<=40%的外资企业	出口<50%的外资企业
distance	0.0365* (1.74)	0.0442** (2.19)	0.0457** (2.34)	0.0498*** (2.59)	0.0449** (2.39)
open	0.0131*** (4.89)	0.0127*** (5.05)	0.0113*** (4.66)	0.0120*** (5.13)	0.0127*** (5.60)
tran	0.0327** (2.42)	0.0383*** (2.96)	0.0422*** (3.39)	0.0428*** (3.52)	0.0394*** (3.33)
ser	0.0141*** (6.33)	0.0146*** (6.81)	0.0133*** (6.43)	0.0126*** (6.18)	0.0129*** (6.50)
ms	0.0929** (2.48)	0.0904** (2.51)	0.0910*** (2.59)	0.1004*** (2.91)	0.1079*** (3.18)
jzcd	−2.8155*** (−3.39)	−3.0220*** (−3.84)	−3.2209*** (−4.27)	−3.0152*** (−4.11)	−3.3918*** (−4.76)
lab	0.0155*** (2.83)	0.0165*** (2.77)	0.0173*** (2.75)	0.0181*** (2.73)	0.0186*** (2.98)
ewage	−0.3971*** (−3.25)	−0.4167*** (−3.43)	−0.4533*** (−3.67)	−0.3345** (−2.16)	−0.3597** (−2.31)
RD	0.3051** (2.30)	0.3331** (2.50)	0.3053** (2.57)	0.2890*** (3.03)	0.2946*** (3.15)
tfp	0.5459*** (36.12)	0.5573*** (38.63)	0.5684*** (40.40)	0.5786*** (38.83)	0.5783*** (39.40)
fdi	0.0465** (1.97)	0.0536** (2.37)	0.0650*** (2.93)	0.0635*** (2.93)	0.0628*** (2.95)
常数项	2.6099*** (5.87)	2.0473*** (4.97)	2.2912*** (5.56)	2.0977*** (5.25)	1.5990*** (4.13)
adjust−R^2	0.290	0.300	0.306	0.305	0.305
N	10014	11029	11928	12706	13494

　　第三,企业个体特征变量对两类外资的影响都是显著的,基本上均通过了 1%的显著性检验。其中,劳动密集程度的系数都是正的,并且显著。Head & Ries(1996)认为,外资在中国的投资项目主要集中于技术含量较低的行业,即使是高技术行业也只是劳动密集型的产业链环节。对比表 6—2 和 6—3 的估计结果,相对于水平 FDI,垂直 FDI 对企业的劳动密集程度更敏感(系数更大)。这在一定程度上反映了垂直 FDI 进入的更多是劳动密集程度更高的部门,这与王岳平(1999)的结论相似。劳动力效率工资水平系数均显著为负,说明不管是垂直 FDI 还是水平 FDI,劳动力成本对其都有显著影响。特别是垂直 FDI,其效率工资的系数远大于水平 FDI 的。对于垂直 FDI 来说,寻求低价资源是其主要目的之一,中国丰富廉价的劳动力资源是吸引其投资决策的关键因素之一。另外,全要素生产率和研发投入的估计系数都显著为正,且对两类 FDI 的影响也没有显著差异,这说明全要素生产率的提升和研发投入的增加都会促进水平和垂直 FDI 的流入。

　　第四,FDI 存量和城市基础设施的系数为正,且基本上通过了 1%的显著性水平检验。这说明在华 FDI 的空间分布具有集聚特征,并且 FDI 的自我累积效应在两类 FDI 均存在;同时,良好的城市基础设施也是吸引 FDI 的因素。这些结果同 Head & Ries(1996)是相一致的。

二、市场规模对水平 FDI 空间分布的进一步分析

　　上面的分析表明抵港距离和市场规模对两类 FDI 空间分布的影响具有显著差异,其中市场规模是吸引水平 FDI 流入的重要因素之一。一方面,随着中国交通基础设施的持续建设,区域间的交通网络日益完善,企业与外部市场的联系也更为便捷和容易,促进了企业经

济活动在空间上的延伸;另一方面,随着中国经济的快速增长,居民消费和企业中间投入的需求也随之不断增长,为企业的成长构造了良好的经济环境。这两方面的因素都导致外资企业潜在的市场规模在不断扩大。但对微观企业来说,需求方面的潜在市场规模还需要和自身的企业规模(即供给能力)相匹配,才能形成实际的需求。大企业通常资金雄厚、抗风险能力较强,并且享受大规模生产带来的规模经济,这些因素都有助于其克服远距离销售带来的成本和供给压力,从而延伸其市场范围。因此,全国性或者区域性的市场规模对大企业选址决策的影响应该更为显著。相反,对于小企业,受制于企业自身的供给能力和资金周转能力,他们可能更多地关注本地市场。所以,我们按企业规模划分样本,并将解释变量中的市场规模细分为本地市场规模和外地市场规模,进一步考察市场规模对不同规模的水平 FDI 空间分布的影响差异。具体而言,本地市场规模($inms$)用企业所在城市的实际 GDP 表示(即式(6.6)中等号右边的第一项),外地市场规模($outms$)用各省会城市到企业所在城市的距离的倒数为权重,对各省省会城市的 GDP 加总得到(即式(6.6)中等号右边的第二项)。对于企业规模的划分,本章用同行业的企业销售产值作为参照,避免行业差异所导致的偏差。具体的划分标准是企业的销售总产值与行业平均销售总产值之比,即相对规模,该比值大于 1 说明该企业的规模高于行业平均规模。根据各行业的相对规模的直方图判断,规模处于前 20% 的企业的这一比值大概为 1.2。作为一个简化处理,本章将大型企业设定为该比值 >= 1.2 的企业,其他为中小型企业。表 6—3 给出了按规模划分水平 FDI 的子样本估计结果。

首先,我们考察一下市场规模对水平 FDI 空间分布的影响。对大规模企业而言,外地市场的估计系数显示均显著为正,而本地市场的估计系数虽然为正,但不显著;对中小规模企业而言,本地市场的

表 6—3 不同规模的水平 FDI 企业的估计结果

样本	出口<10% 大规模企业	出口<10% 中小规模企业	出口<30% 大规模企业	出口<30% 中小规模企业	出口<50% 大规模企业	出口<50% 中小规模企业
distance	0.1034 *** (2.67)	−0.0004 (−0.01)	0.0951 *** (2.71)	0.0038 (0.16)	0.0899 *** (2.66)	0.0041 (0.19)
open	0.0131 ** (2.56)	0.0110 *** (3.60)	0.0103 ** (2.27)	0.0107 *** (3.78)	0.0114 *** (2.77)	0.0115 *** (4.33)
tran	0.0310 (1.25)	0.0395 *** (2.67)	0.0369 * (1.67)	0.0491 *** (3.57)	0.0342 * (1.65)	0.0516 *** (3.94)
ser	0.0197 *** (4.97)	0.0109 *** (4.40)	0.0188 *** (5.34)	0.0098 *** (4.20)	0.0184 *** (5.58)	0.0085 *** (3.76)
inms	0.0664 (0.97)	0.1000 *** (2.65)	0.0608 (0.99)	0.0909 ** (2.53)	0.0780 (1.35)	0.0931 *** (2.70)
outms	0.1056 * (1.66)	−0.0573 * (−1.74)	0.0923 * (1.70)	−0.0191 (−0.63)	0.1144 ** (2.22)	−0.0026 (−0.09)
jzcd	−3.6231 ** (−2.16)	−2.0814 ** (−2.27)	−3.4847 ** (−2.46)	−2.8424 *** (−3.32)	−4.1429 *** (−3.08)	−2.8947 *** (−3.58)
lab	0.0787 ** (2.02)	0.0048 (1.64)	0.0887 ** (2.44)	0.0054 * (1.71)	0.0928 *** (2.74)	0.0059 * (1.91)
ewage	−10.5289 *** (−7.03)	−0.4330 *** (−3.42)	−11.4071 *** (−8.44)	−0.4782 *** (−3.78)	−11.3370 *** (−8.81)	−0.3597 ** (−2.31)
RD	0.1893 * (1.78)	2.6289 *** (2.80)	0.1955 ** (2.07)	2.8154 *** (2.80)	0.2015 *** (2.69)	2.9860 *** (2.77)
tfp	0.3666 *** (10.91)	0.1960 *** (9.55)	0.3804 *** (12.46)	0.2072 *** (10.70)	0.3725 *** (12.86)	0.2171 *** (10.92)
fdi	0.0747 (1.58)	0.0434 (1.58)	0.0932 ** (2.15)	0.0532 ** (2.05)	0.0867 ** (2.11)	0.0512 ** (2.05)
常数项	2.8429 *** (3.17)	5.4559 *** (11.10)	2.9384 *** (3.82)	4.7839 *** (10.48)	3.1685 *** (4.59)	4.4530 *** (10.22)
adjust-R²	0.264	0.132	0.269	0.144	0.274	0.145
N	3003	7011	3765	8163	4375	9119

系数均显著为正,而外地市场的系数均为负数,但基本不显著。总的来看,外地市场只对大规模水平 FDI 企业有显著的正影响,而中小规模水平 FDI 企业则更多地只关心本地市场,对外地市场的关注不显

著。如前所述,由于有足够的供给能力和资金做保障,大企业能够比较有效地利用交通网络带来的运输便利将远距离的潜在市场转化为实际的市场需求,从而延拓市场范围。对于中小企业来说,由于资金有限,缺乏实力开拓外地市场,同时供给能力不足,也使得其无力兼顾外地市场。

其次,我们再次考察一下抵港距离对不同规模水平 FDI 选址的影响。对于大规模的水平 FDI 企业,抵港距离变量均显著为正(通过 1% 显著性水平检验),显示出远离沿海地区设厂的倾向;对于中小规模的水平 FDI 企业,抵港距离的系数基本为正,但在统计意义上不显著。与表 6—3 的估计结果相比,大规模企业抵港距离的系数大约是全样本系数的两倍,且比中小规模企业的系数高出一个数量级,该结果在一定程度上与表 6—3 的结果相对应,还进一步揭示水平 FDI 在空间上呈现远离沿海港口城市的倾向更多地体现在大规模企业上。大规模企业选择避开沿海中心地区设厂,其原因可能来自需求和供给两方面。从需求方面来说,由于沿海地区虽然市场容量大,但企业数量也多,消费者选择也多,所以发达地区对单个企业产品的需求所占比重较小,对于大企业来说,仅是沿海地区的市场需求不能充分发挥其规模经济的作用。一方面为了避开中心地区的竞争压力,另一方面为了覆盖更大的市场范围,大企业向非沿海的"内陆"地区扩散。从供给方面来说,内陆地区的土地成本、劳动力成本都较沿海中心地区低,大企业远离沿海地区可能是为了享受内陆地区的低生产成本,同时利用资金和供给能力优势继续覆盖沿海发达地区的市场。

另外,刻画贸易成本的减少和 FDI 集聚效应同样对水平 FDI 具有正面的影响,工资系数为负显示廉价的劳动力资源仍然是中国吸引水平 FDI 的比较优势之一,这些结果与前面的估计结果没有本质的区别。

第六节　小结与研究展望

基于 FDI 的投资动机,本章利用 2005—2007 年的制造业行业企业数据对我国的水平 FDI 和垂直 FDI 的空间分布特征及影响因素进行考察。我们的研究发现:第一,基于出口比重划分的两类 FDI 在选址时表现出显著的空间差异,并且这种差异主要表现在抵港距离和市场规模两个方面。一方面,垂直型 FDI 在区位选择时比较关注抵港距离,倾向于靠近沿海港口城市以节约出口所发生的运输成本,而水平型 FDI 则对抵港运输成本并不关注,表现出呈现远离沿海城市倾向;另一方面,中国境内的市场规模对出口导向的垂直 FDI 并没有显著的吸引力,而对寻求市场的水平 FDI 则具有显著的吸引力,这意味着中国巨大的市场规模是吸引其进入的主要原因之一。第二,不同规模的水平 FDI 企业在选址上也存在明显差异。基于供给能力和资金的优势,大规模的水平 FDI 企业在选址时比较注重对整个国内市场的延伸和覆盖;而中小规模的水平 FDI 企业则限于自身的生产能力而只关注本地市场规模。第三,FDI 呈现自我集聚作用,现有 FDI 存量是吸引新增 FDI 的重要因素之一。第四,良好的城市基础设施、较高的贸易开放度和第三产业发展水平等贸易环境有助于吸引两类 FDI 的流入。

近年来,在欧美和日本等传统经济强国经济形势差强人意的背景下,新兴经济体成为 FDI 关注的对象。随着中国经济的发展,居民的收入水平不断提高,除了传统的资源和劳动力资源外,巨大的市场潜力成为吸引 FDI 的新因素。和出口导向型的垂直 FDI 不同,水平 FDI 关注的是中国巨大的市场,这也导致了其不会过度重视沿海地区邻近港口的地理优势。中国政府一系列协调区域发展、调整收入分配等刺激内需政策正在逐渐释放内陆地区巨大的市场消费潜力，这一方面为引导水平 FDI 向内陆地区流动创造了客观的市场基础；另一方面为中西部地区制定吸引 FDI 政策创造了良好的宏观基础。但是，和东部沿海地区相比，中西部地区虽然拥有巨大市场潜力，但是市场发育尚未成熟，市场开放程度不高，劳动力素质较低。为此，中西部地区应该立足于自己的比较优势，采取因地制宜的政策吸引 FDI。比如中部地区要充分利用区位优势，发挥好沟通东、西部地区的纽带作用，增加基础设施投入，更重要的是通过增强地区开放度、打破各行业的地区间障碍和地方保护主义来提高各自的市场潜力，吸引更多的市场导向型的水平 FDI，形成较强的产业集聚能力，进入上升的 FDI 循环效应阶段。西部地区可以依托现有重点城市在科技和市场的基础和优势，分工合作、协同发展，打造重庆、西安和成都"西部金三角"为吸引 FDI 创造有利环境。

第七章

公路运输与企业出口

运输成本通常成为在更大程度上参与国际贸易的一个硬性制约因素,其作用比关税及其他贸易壁垒还要大。(世界银行,2001)

第一节　引　言

改革开放以来,随着经济全球化步伐的加快,中国企业参与对外贸易的程度不断加深,货物出口总额从 1978 年的 97.5 亿美元增长到 2010 年的 15777.5 亿美元。但这种出口的"爆炸式"增长主要是沿着集约边际来实现的(钱学锋和熊平,2010),即依靠既有出口企业和出口产品在单一方向上数量的扩张。如果一国出口增长主要来源于集约的贸易边际,那么将极易遭受外部冲击从而导致增长大幅波动并进一步引发较高的收入不稳定(Hausmann and Klinger,2006),2008 年的金融危机充分暴露了中国出口面对外部冲击时的脆弱性。因此,我们有必要探索中国对外贸易增长背后的真正原因和机制。

对外贸易的微观主体是企业,一国的对外贸易状况可以看成是

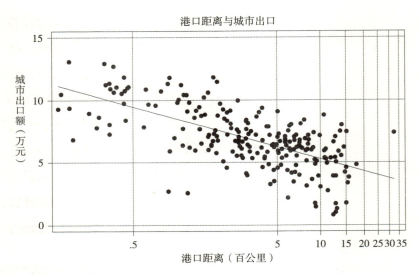

图7—1 境内运输距离与中国制造业企业出口概况

资料来源:中国工业企业数据库,2007。

注:港口距离表示该城市到达最近出海港口的距离,城市出口额为该城市实际出口交货值取
  对数。

该国所有企业出口行为的集合。然而,正如 Bernard(2007)所指出,
在探索贸易增长的源泉时,早期的研究更多强调比较优势、规模报酬
及消费者偏好,却忽视了企业的作用。近年来,以 Melitz(2003)为代
表的新新贸易理论,通过引入企业生产率的异质性,成功地解释了企
业的进入、扩张和退出市场对出口贸易的影响,为从微观企业层面分
析对外贸易总量增长提供了新思路。Melitz(2003)的开创性研究,
使更多学者开始关注微观企业的出口行为与宏观经济增长之间的关
系(Das et al.,2007;Baldwin,2008 等)。由此可见,从微观的企业层
面分析我国对外贸易的行为动态和增长驱动因素具有重要的现实
意义。

从国际贸易的特征来看,大多数国际贸易以海洋运输为主。
Radelet & Sachs(1998)关于发展中国家的研究也表明,是否采用海
运将显著影响一国的出口运输成本。对于中国而言,自从加入

WTO,企业面临的关税等显性贸易壁垒逐渐减少,这使得在整个贸易成本中,运输成本所占的比例逐渐增大。中国地域面积广阔,交通基础设施和出海港口的分布极不均衡,企业出口品由产地运至出海港口的成本在整个运输成本中占有较高的比重。显然,我国东部沿海地区基础设施质量较内陆地区普遍要好,在对外贸易上也具有中西部地区无法比拟的地理优势,绵长的东部海岸线,拥有众多港口,天然靠近国际市场,能够节约产品出口的境内运输成本。相反,内地省区尤其是西部省区因交通不便,出口产品的境内运输成本相对较高(黄玖立,2012)。根据中国工业企业 2007 年的统计数据,距离最近出海港口不足 500 公里的城市拥有全国出口企业总数的 95.04%,相应的出口额则占到了 97.65%。

那么,企业出口品从产地运至出海港口的境内运输费用对其出口行为存在怎样的影响呢? 具体而言,降低这一运输成本是推动了企业出口数量的增长,还是通过降低企业出口的固定成本,使更多企业参与出口? 经济改革的历程已经表明外资是推动中国经济和出口贸易增长的重要因素。境内运输成本对内资企业和外资企业出口行为的影响是否存在差异呢? 此外,长期以来,我国的出口贸易以劳动密集型产业的低附加值产品为主,技术密集型产业的高附加值产品出口严重不足[1]。那么,境内运输成本对企业出口行为的影响是否会因产品附加价值的高低而有所不同呢?

第二节　文献综述:交通基础设施与企业出口

企业出口问题一直以来都是国际贸易领域理论和经验研究的热

---

[1]　2006 年中国对美出口额为 2010 亿美元,其中 1130 亿美元的出口额来自其他国家,仅有 880 亿美元是在中国创造的。参见 http://www.infzm.com/content/15052。

点。传统的国际贸易理论强调比较优势,认为贸易国双方的资源禀赋差异决定了贸易模式。以 Krugman(1980)为代表的新贸易理论采用规模经济来解释资源禀赋相似地区的贸易。而以 Melitz(2003)为代表的新新贸易理论则开创性地引入企业异质性分析,成功地将一国的出口总量增长分解为集约边际(Intensive Margin)和扩展边际(Extensive Margin)。其中集约边际是指一国的出口增长主要源于现有出口企业和出口产品在单一方向上数量的扩张,而扩展边际则是指一国出口的增长主要是基于新的企业进入出口市场以及出口产品种类的增加。国外已有研究主要从两个维度考察了这种二元边际的影响因素。

其一是企业的内在因素,如生产效率、规模、产权、研发活动等。Clerides et al.(1998)运用哥伦比亚、摩洛哥和墨西哥企业的面板数据分析企业出口与生产率之间的关系,得到的结论是生产率高的企业将自主选择进入出口市场。Cassiman & Martinez-Ros(2003)通过分析西班牙制造业 1990—1999 年的数据发现,企业的出口数量与其规模之间存在一种倒 U 形关系。同时,相对于内资企业,外资企业有着更好的出口绩效。Barrios et al.(2003)则通过分析西班牙 1990—1998 年的数据发现,自主研发活动是决定企业出口决策和出口数量的重要因素。

其二是企业的外部因素,如地理位置、集聚经济、制度等。Naude & Matthee(2010)分析南非制造业企业的地理分布对其出口行为的影响时发现,企业到出口枢纽的距离与企业制成品的出口量之间存在负相关关系。Koenig(2009)采用一个包含 1986—1992 年法国制造业出口企业的出口量及其产品进口国有关数据组成的数据库,考察出口溢出效应对法国制造商出口行为的影响,经验检验的结果为出口集聚经济提供了有利的证据。Francois & Manchin(2007)通过研究 1988—2002 年发生的 284049 次双边贸易数据后发现,基础设施与制度的质量显著影响企业的出口决策和出口数量的选择。

　　鉴于中国特殊的地理环境以及企业考虑出口时对"运输成本"关注度的提升,国内学者开始从运输成本角度考察地理位置特征对企业出口行为的影响。林理升等(2006)的研究结果表明,在考虑中国经济特点的经济地理的分析框架下,运输成本导致了制造业企业在沿海地区的选址优势。金祥荣等(2008)在考察各省所在地理位置对运输成本和企业出口 FOB(Free On Board)价格的影响时,分别选择天津港、上海港和广州港作为中国出口的三大港口,每个省根据各个省会城市到这些港口的最近距离来选择出口港口,国内距离是省会城市到各港口城市的火车里程,另外沿海地区出口的国内运输里程记为零。研究发现,地理区位因素是地区贸易差异的重要来源,沿海地区比内陆地区更具有开展贸易的运输成本比较优势。施炳展(2011)利用中国对各国 HS92 版本 6 分位出口数据进行的经验研究表明,中国出口产品价格随着地理距离增加而减少,从而说明中国出口企业实行低价竞销策略。黄玖立等(2012)基于中国 368 个地级行政单位 2002 年的海关出口数据考察了各地区的出口模式,利用每个地区中心城市到距离最近的沿海城市的距离,再加上该沿海城市到港口的距离来衡量地区出口的境内运输成本,研究结果表明,境内运输成本显著地制约着地区出口贸易流量。

　　从以上文献不难看出,中国企业所处的地理位置对其出口行为具有重要影响。从国际贸易的实际情况来看,由于陆地运输成本远高于海运(Limao et al.,2001),近乎 99% 的国际贸易量以及大部分的贸易额都是由海运完成的(Hummels,2007)。作为中国的主要出口对象,我们对欧美市场的出口贸易也以海洋运输为主。由此可见,相对于陆地运输,港口作为贸易的主要运输节点,将对中国出口企业的贸易成本产生显著影响。然而,绝大多数有关国际贸易与运输成本关系的研究,贸易国都被抽象成为一些没有面积的点(Gries et al.,

2009）。所以现有文献中研究出口企业所在地至出海港口的运输成本对企业出口行为影响的比较少,这可能与其样本主要集中于国土面积较小的欧洲有关。但中国地域范围辽阔,基础设施建设,特别是公路等基础设施的建设,区域分布极不平衡,而且目前国内80%以上的货物运输仍然仅仅依赖公路①,因而从企业所在地至出海港口的境内运输成本很可能构成出口企业销售成本乃至生产成本的重要组成部分,是企业考虑出口问题时不容忽视的因素。同时,关于陆地运输成本的衡量,多数文献将距离作为运输成本的代理变量(Tiwari et al.,2003,黄玖立等,2012),因为在其他条件既定的情况下,贸易双方的距离越远,运输成本就越高。因此,本章拟用企业所在地级城市与最近出海港口之间的公路行驶距离测度企业出口时发生的境内运输成本,并考察境内运输成本对企业出口行为的影响,以期对该领域研究的不足做些许补充。

第三节 模型设定与数据

一、回归模型

本章使用的是中国制造业企业微观数据,在使用该类样本研究企业出口行为问题时,经常遇到的一个难题是参与出口的只是小部分企业,大部分样本企业的销售活动仅限于国内市场,即所谓的零贸易现象。正如 Westerlund & Wilhelmsson(2009)所指出,如果将零贸易企业也包括在回归样本中,或是简单地将零贸易量忽略或者剔除,

---

① 中国产业经济信息网,http://www.cinic.org.cn/site951/wlpd/2011 - 06 - 22/486346. shtml。

将不可避免地导致估计结果的偏误。因为企业的出口决策或是零贸易现象的发生受到企业所在地的地理特征、外界基础设施状况以及企业自身经济活动特性等因素的影响,即零贸易现象的发生并不是随机的。此时,如果在实证研究的回归分析中把零贸易企业包括在回归样本里,或是简单地将其忽略、剔除,将会遭遇选择偏差问题,造成估计结果的偏误。

　　针对上述问题,Heckman(1979)提出的两阶段选择模型为我们提供了一个较好的解决方法。具体来说,我们将企业出口贸易模型分为两个阶段:第一阶段是 probit 出口选择模型,考察企业是否选择出口;第二阶段为修正的出口数量模型,考察出口厂商的出口数量受哪些因素影响。借鉴国内外学者的研究经验(Paulo et al.,2007;盛丹等,2011),本文的计量模型设定如下:

$$\Pr(EP_i = 1) = \Phi(\alpha_1 \times \ln dist_i + \alpha_2 \times Z_i') \tag{7.1}$$

$$\ln EI_i = \beta_1 \times \ln dist_i + \beta_2 \times Z_i' + \beta_3 \times \lambda_i + e_i \tag{7.2}$$

　　方程(7.1)是 Heckman 第一步的 probit 出口选择模型。其中,EP_i 表示企业 i 出口决策的虚拟变量(1 表示出口,0 表示不出口)。$\Pr(EP_i = 1)$ 表示企业 i 参与出口的概率,$\Phi(\cdot)$ 是标准正态分布的概率分布函数。$dist_i$ 表示企业 i 所在地至出海港口的距离,Z_i' 表示影响企业 i 出口行为的其他因素。方程(7.2)是 Heckman 第二步修正的出口数量模型。其中,EI_i 表示企业 i 的实际出口数量,e_i 表示方程的残差。与一般的 OLS 回归模型相比,该模型中加入了修正项 λ_i,即逆米尔斯比(inverse Mill's ratio),用以克服样本选择的偏差。λ_i 是根据方程(7.1)的估计得到的,具体的表达式为:

$$\lambda_i = \psi(\alpha_1 \times \ln dist_i + \alpha_2 \times Z_i')/\Phi(\alpha_1 \times \ln dist_i + \alpha_2 \times Z_i')$$

$$\tag{7.3}$$

其中 $\psi(\cdot)$ 表示标准正态分布的概率密度函数。如果 λ_i 的估计系数显著不为零,则说明存在样本选择的偏差。

二、控制变量的选择

为了更好地分析企业的出口行为,除了主要考察的解释变量 *dist* 之外,我们还在模型中加入了影响企业出口行为的其他因素 Z_i^l 作为控制变量,具体包括:

1.企业年龄。企业运营时间越长,与对手竞争、和客户交流的经验越丰富,能够降低企业的生产成本,增加出口,即所谓的出口学习效应。鉴于此,我们将企业年龄引入模型,以检验中国企业是否存在出口学习效应。同时,为了考察这种学习效应的边际变化,我们在模型中加入了企业年龄的二次项。

2.企业规模。规模经济、更高承担风险的能力、更低的融资成本、更大的市场份额、更丰富的研发资源等一直以来都被认为是企业规模正向影响企业出口绩效的重要因素。而 Barrios et al.(2003)的研究则表明企业的规模与其出口决策、出口数量之间存在倒 U 形关系。为了考察企业规模对中国企业出口行为的影响,我们在模型中加入该变量。

3.企业的研发投入。Bleaney & Wakelin(2002)的研究认为,无论是创新企业还是非创新企业,企业出口的可能性均与其研发投入成正相关关系。内生增长理论也认为技术创新可以提高企业的技术竞争力,进而改善其出口绩效。中国企业的研发活动是否也促进了其出口行为呢? 为了回答这一疑问,我们的模型中引入了该变量。

4.企业的全要素生产率。Clerides et al.(1998)指出,由于出口市场存在包括进入壁垒、运输成本、进入新市场的分销和营销成本等沉没成本,只有企业的生产率足够高,才能支付出口的沉没成本,从出口市场中获利。换言之,生产率高的企业自我选择进入出口市场,生产率较低的企业退出或不进入出口市场,即所谓的"自我选择效应"

(self-selection effect)。以 Melitz(2003)为代表的新新贸易理论也认为企业的全要素生产率是影响企业出口行为的关键因素。我们将全要素生产率作为控制变量引入模型,检验中国企业的出口行为是否存在"自我选择效应"。

5.企业员工的平均工资。一方面,根据传统的要素禀赋理论,丰富的劳动力资源是中国的比较优势,而中国制造业企业在全球产业链中多处于粗加工、组装等低端环节,对员工的技术要求较低,这恰好与中国现阶段劳动力技能水平相匹配,从而形成了中国制造业的劳动力成本优势。这就使员工的工资与企业出口存在一定的负向关系。另一方面,根据新新贸易理论,只有具备较高生产效率和盈利能力的企业才会选择出口。员工较高的技能水平是企业较高生产效率的重要来源之一。因此,出口企业需要支付相应的高工资,这又使得员工的工资与企业出口成一定的正向关系。为了考察工资对我国企业出口行为的影响,我们将工资变量加入到模型中。

6.外商投资。随着改革开放的不断深入,大量外资进入中国,对中国的经济增长,特别是出口贸易的增长起到了重要的作用。外资的进入,在满足企业资金需求的同时,也给企业带来了高水平的生产技术、有效的管理机制以及丰富的国际市场营销渠道等重要资源,这可能会使企业更倾向于国际市场。为了考察外商资本对我国企业出口行为的影响,我们在模型中引入该变量,并预计该项的估计系数为正。

三、变量的度量

EI 为企业的实际出口交货值,用名义的出口交货值与二分位的行业产出平减指数(Brandt et al.,2012)之比得到。

对于企业所在地至出海港口的距离 *dist*,我们用三个指标进行度量,即 *DIS*、*DIS*3 和 *TIM*。其中,*DIS* 表示企业所在地至最近出海港口的距离,即 $\min\{d_{ij}\}$,i 表示企业所在地级城市,j 表示 25 个主要沿海港口城市①,d 表示城市 i 和 j 之间的距离加上沿海港口城市的城市半径来获得。在计算城市间距离时,考虑到地形、地貌的影响以及目前国内企业的货物运输主要依赖公路,我们利用谷歌公司提供的电子地图 Google Maps 测量得到公路驾驶距离。从中国的实际情况来看,很多企业虽然地处沿海港口城市,但是由于各种原因(港口吞吐量的限制、交货时限等)无法通过所在地的港口出货,此时这些企业往往会考虑相对较近的其他沿海港口,即到达临近的几个沿海港口的距离也会影响企业的出口行为。因此,我们构造了 *DIS*3,表示企业 i 与所有港口距离 d_{ij} 中最小 3 个的加权和②。另外,我们也用时间来测度企业所在地与出海港口之间的距离,类似地,$TIM = \min\{time_{ij}\}$ 为企业所在地级城市到达出海港口的最短用时。

企业的年龄(*age*)用样本年份减去企业的开工年份。企业的研发投入(RD)为企业的名义研发费用与二分位的行业产出平减指数之比。我们采用 Levinsohn 和 Petrin(2003)的半参数方法来估计企业的全要素生产率(*tfp*),该方法能有效地解决 OLS 回归过程中的内生性和选择性偏差问题。企业员工的平均工资(*wage*)为本年应付名义工资总额与全部从业人员年平均数之比,并用各省份的消费者价格指数进行平减。企业规模用虚拟变量 *large* 和 *medium* 来描述。其中,当企业的全部从业人员年平均数大于 2000 时,*large* 取 1,否则取 0;当企业的全部从业人员年平均数大于 300 小于 2000 时,*medium* 取 1,否则取 0。外商投资(*foreign*)为企业实收资本中外商资本及港澳台资本之和所占的比例。

---

① 这些城市来自于中华人民共和国交通部 2004 年 10 月 26 日《关于发布全国主要港口名录的公告》。
② 最近港口、第二近港口、第三近港口的权数分别为 0.5、0.3 和 0.2。

综上所述,本研究最终的回归模型为:

$$\Pr(EP_i = 1) = \Phi(\alpha_1 \times \ln dist_i + \alpha_2 \times \ln age_{it} + \alpha_3 \times \ln age\_2_{it}$$
$$+ \alpha_4 \times large_{it} + \alpha_5 \times medium_{it} + \alpha_6 \times \ln RD_{it} + \alpha_7 \times \ln tfp_{it}$$
$$+ \alpha_8 \times \ln wage_{it} + \alpha_9 \times foreign_{it}) \tag{7.4}$$

$$\ln EI_{it} = \beta_1 \times \ln dist_i + \beta_2 \times \ln age_{it} + \beta_3 \times \ln age\_2_{it} + \beta_4 \times large_{it}$$
$$+ \beta_5 \times medium_{it} + \beta_6 \times \ln RD_{it} + \beta_7 \times \ln tfp_{it} + \beta_8 \times \ln wage_{it}$$
$$+ \beta_9 \times foreign_{it} + \beta_{10} \times \lambda_i + e_{it} \tag{7.5}$$

四、样本描述

本文数据来源于《中国工业企业数据库》2005—2007 年全部国有企业以及年产品销售收入在 500 万元以上的非国有企业,具体指标包括企业的出口交货值、全部从业人员年平均数、开工年份、研究开发费用、本年应付工资总额、外商资本和港澳台资本、国有资本和私人资本、实收资本、工业增加值、固定资产净值年平均余额、中间投入合计。考虑到原始数据中存在的异常值可能会影响到回归的结果,沿用聂辉华(2011)的做法,我们对原始数据进行以下处理:(1)删除从业人数小于 8 的企业样本;(2)删除统计中的错误记录或明显的异常值样本,如法人代码重复、固定资产净值年平均余额小于零、工业增加值大于工业总产值、实收资本小于零、资产总额小于流动或固定资产、累计折旧额小于本年折旧额等。经过处理,我们的估计样本总共有 54135 家企业,包括农副食品加工业、食品制造业、饮料制造业、纺织服装鞋帽制造业、木材加工及木竹藤棕草制品业、家具制造业、医药制造业、通用设备制造业、交通运输设备制造业、通信设备计算机及其他电子设备制造业和仪器仪表及文化办公设备制造业共计 11 个两分位行业。固定资产投资价格指数来自 2011 年的《中国统计年鉴》,消费者价格指数来自 2006—2008 年的《中国统计年鉴》。

表 7—1　各变量的基本统计特征

变量	观测数	平均值	标准差	最小值	最大值
lnEI	32571	2.4515	1.7403	-7.0353	10.8050
lnDIS	144294	0.45335	1.1442	-1.8878	3.4805
lnDIS3	144294	0.94245	0.7642	-0.1321	3.5195
lnTIM	144294	0.7099	1.2004	-1.7818	3.8391
lnage	142119	1.8947	0.8634	0	6.0088
large	144294	0.0111	0.1046	0	1
medium	144294	0.1418	0.3488	0	1
lnRD	34845	-1.1924	2.39754	-7.0656	9.3331
lnwage	144291	-4.3804	0.5270	-8.8953	-1.1558
foreign	144294	0.00529	0.0589	0	1

第四节　计量结果及分析

一、初步回归

针对 2005—2007 年中国工业企业的面板数据,我们采用 Heckman 两阶段选择模型,考察出口产品由产地运抵出海港口的境内运输成本对企业出口决策和出口数量的影响。从经济理论上看,诸如企业文化、行业特性、区域经济政策、地域风俗等未纳入回归方程的个体特征对企业的出口行为有着直接的影响,将这些因素作为固定因素引入模型是合适的,因此本文在回归过程中还加入了年份、行业及省份的虚拟变量。为了检验估计结果的稳健性,我们采用 *DIS*、*DIS3* 和 *TIM* 三个指标来衡量企业所在地至出海港口的距离,估计结果如表 7—2 所示。

表 7—2 的第 2、第 3 列表明,不论是选择方程还是供给方程,*DIS* 的估计系数均显著为负。这意味着企业出口时面临的境内运输成本 与企业的出口决策、出口数量之间存在显著的负向关系。这与中国 的出口贸易主要依赖海运,并且企业产品的境内流通普遍面临高昂 运输成本[①]的实际情况是一致的。中国的公路、铁路等基础设施的 建设具有明显的地域差异,沿海地区的基础设施质量普遍较高,企业 所在地距离出海港口越远,企业出口时需要承担的境内运输成本就 越大,企业选择出口的可能性就越小,出口的数量也越低。从整个回 归结果来看,不论是以 *DIS*,还是以 *DIS3*、*TIM* 作为解释变量,选择方 程和供给方程的估计系数都显著为负,这表明本文的估计结果较为 稳健。企业出口时面临的境内运输成本不仅制约了企业的出口决 策,还限制了企业的出口数量。同时,我们还发现,在运输成本影响 力不断提升的背景下,出口企业更倾向于综合考察到达临近几个出 海港口的距离,这与中国的实际情况是非常吻合的。

表 7—2 初步估计结果

	ln*DIS*		ln*DIS3*		ln*TIM*	
	选择方程	供给方程	选择方程	供给方程	选择方程	供给方程
ln*dist*	−0.110***	−0.0918***	−0.295***	−0.268***	−0.0852***	−0.0647***
	(−11.50)	(−5.46)	(−13.34)	(−6.36)	(−10.03)	(−4.48)
ln*age*	0.111***	0.353***	0.115***	0.359***	0.113***	0.355***
	(4.49)	(8.64)	(4.65)	(8.76)	(4.56)	(8.68)
ln*age*_2	−0.000194	−0.0829***	−0.000338	−0.0834***	−0.000195	−0.0833***
	(−0.03)	(−9.08)	(−0.06)	(−9.12)	(−0.03)	(−9.12)

① 2012 年中国物流成本约占 GDP 的 18%。参见 http://news.sohu.com/20120418/n340950070.shtml。

	ln*DIS*		ln*DIS3*		ln*TIM*	
	选择方程	供给方程	选择方程	供给方程	选择方程	供给方程
large	0.929 *** (23.59)	1.464 *** (20.88)	0.929 *** (23.58)	1.473 *** (20.98)	0.929 *** (23.60)	1.465 *** (20.87)
medium	0.482 *** (30.45)	0.711 *** (17.99)	0.484 *** (30.53)	0.718 *** (18.13)	0.482 *** (30.46)	0.712 *** (17.98)
lnRD	−0.00134 (−0.46)	−0.0200 *** (−4.26)	−0.00138 (−0.47)	−0.0201 *** (−4.27)	−0.00148 (−0.50)	−0.0201 *** (−4.28)
ln*tfp*	0.140 *** (19.61)	1.001 *** (69.31)	0.141 *** (19.67)	1.004 *** (69.13)	0.140 *** (19.57)	1.000 *** (69.28)
lnwage	−0.0322 * (−2.45)	−0.281 *** (−12.91)	−0.0339 ** (−2.58)	−0.283 *** (−12.98)	−0.0312 * (−2.37)	−0.279 *** (−12.79)
foreign	1.030 *** (61.50)	1.252 *** (18.00)	1.018 *** (60.52)	1.252 *** (18.20)	1.031 *** (61.60)	1.255 *** (17.98)
常数项	−1.259 *** (−8.21)	−3.234 *** (−9.48)	−0.614 *** (−3.67)	−2.666 *** (−7.84)	−1.312 *** (−8.57)	−3.300 *** (−9.63)
lambda		1.031 *** (8.80)		1.057 *** (9.02)		1.034 *** (8.80)
年份虚拟变量	YES	YES	YES	YES	YES	YES
行业虚拟变量	YES	YES	YES	YES	YES	YES
省份虚拟变量	YES	YES	YES	YES	YES	YES
观测值	54135		54135		54135	

说明:( )括号内的数值表示相应回归系数的 t 统计值;***、**、* 分别表示在 1%、5% 及 10% 的显著性水平上显著;下表同。

从企业的年龄来看,估计系数为正,并且在统计上是显著的;年龄二次方项的估计系数则均为负并且只在供给方程中显著。说明我国企业确实存在出口学习效应,但这种学习效应是递减的,并且在集约边际上这种递减更加明显。企业年龄在某种程度上能够反映企业具备的运营经验,企业年龄越大,累积的经验就越丰富,而诸多实证研究也表明企业组织具备的经验与其出口之间存在显著的正相关关系。无论是选择方程还是供给方程,企业规模的估计系数均显著为正,并且 *large* 的估计系数较 *medium* 更大,这意味着规模越大的企业参与出口的可能性越大,选择出口的数量也越大。可能的解释为:(1)由于规模经济的存在,导致企业的平均成本递减;(2)在中国,不同规模的企业享受的政策条件有较大的差异;(3)大规模企业在国内市场取得的成功将有利于其在国外市场的发展。企业的研发投入与其出口决策、出口数量均成负相关关系,但仅在供给方程中是显著的。这说明自主创新和研发活动还不是中国制造业企业获得利润的主要手段。企业的全要素生产率对其出口决策和出口数量均具有显著的正向影响。这一估计结果不仅符合新新贸易理论的预期,也说明中国制造业企业存在一定的"自我选择"(self-selection)效应。我国企业员工的平均工资与企业的出口决策和出口数量均成负相关关系,并且在统计上是显著的。根据传统的要素禀赋理论,中国具有丰富的劳动力资源,并且出口企业多处于组装、加工阶段,对劳动力的技术水平要求较低,因而员工的工资也相对较低。表7—2的估计结果还表明,企业中外商实收资本的比例越高,其出口可能性越高,出口数量也越大。这是因为外资的进入,不仅给企业注入了必要的资金,同时也带给企业更好的技术、更有效的管理机制以及在国外市场丰富的运营经验、营销渠道等重要资源,使企业更倾向于国际市场。

二、内资企业和外资企业的差异

随着改革开放的不断深入,在华外资企业早已占据了我国出口贸易的半壁江山,研究外资企业与内资企业在出口行为上的差异具有非常重要的现实意义。那么,在考虑出口行为时,外资企业和内资企业对境内运输成本的关注度会有怎样的差异呢? 为了回答这个疑问,我们区分了内、外资企业后再次进行了估计,估计结果如表7—3所示。鉴于表7—2的估计结果,我们在接下来的回归中使用 DIS3 来测度企业所在地至出海港口的距离,用以衡量企业出口时面临的境内运输成本。

表7—3 区分内资和外资的估计结果

	内资企业		外资企业	
	选择方程	供给方程	选择方程	供给方程
lnDIS3	-0.266***	-0.322***	-0.275***	-0.405***
	(-9.99)	(-4.48)	(-6.38)	(-4.31)
lnage	-0.0146	0.152*	0.257***	0.518***
	(-0.46)	(2.22)	(4.91)	(4.66)
lnage_2	0.0231***	-0.0326*	-0.0179	-0.0773**
	(3.40)	(-2.21)	(-1.19)	(-2.71)
large	1.131***	1.750***	0.552***	1.716***
	(21.98)	(9.40)	(9.18)	(13.76)
medium	0.540***	0.796***	0.376***	0.966***
	(26.05)	(7.90)	(14.77)	(12.12)
lnRD	0.0134***	-0.0116	-0.0249***	-0.0348***
	(3.49)	(-1.35)	(-5.24)	(-3.68)
lntfp	0.173***	1.152***	0.0905***	0.969***
	(18.06)	(32.21)	(8.07)	(37.58)
lnwage	-0.0135	-0.245***	-0.138***	-0.421***
	(-0.75)	(-6.06)	(-6.77)	(-9.37)

续表

	内资企业		外资企业	
	选择方程	供给方程	选择方程	供给方程
foreign	0.800 ***	1.050 ***	0.436 ***	0.893 ***
	(7.49)	(4.82)	(13.71)	(9.01)
常数项	−0.689 ***	−3.631 ***	−0.382	−2.994 **
	(−3.56)	(−6.71)	(−0.95)	(−3.16)
lambda		1.589 ***		2.268 ***
		(6.23)		(5.91)
年份虚拟变量	YES	YES	YES	YES
行业虚拟变量	YES	YES	YES	YES
省份虚拟变量	YES	YES	YES	YES
观测值	34571		19442	

　　从表7—3的估计结果可见,无论是内资企业还是外资企业,DIS3对企业的出口决策、出口数量均产生显著的负向影响,并且外资企业估计系数的绝对值明显高于内资企业,这说明外资企业在考虑出口问题时更关注产品出口时面临的境内运输成本。从我们的样本来看,外资企业离最近出海港口的平均距离是125.08公里,而对于内资企业,该距离却高达286.13公里。可能的原因在于许多内资企业参与出口在一定程度上只是为了获得政府的财政补贴和税收优惠,且地处劣势地区的企业出口时享受的优惠可能更多。

　　对于外资企业,企业年龄在两个方程中的估计系数均显著为正,年龄二次项的估计系数均显著为负;对于内资企业,出口方程中年龄的系数为负但不显著,二次项的系数显著为正;供给方程中年龄的系数为正,二次项的系数显著为负。在我国,内资企业的技术水平普遍较低,缺乏学习的基础,因此,出口学习效应并不是影响其出口决策的主要因素。企业规模的估计系数均显著为正,并且 *large* 的估计系数较 *medium* 更大,这与表7—2的结果是一致的。对内资企业,研发投入与其出口决策成显著的正相关关系,但对出口数量的影响不显著;对外资企业,选择方程和供给方程中 *RD* 的估计系数均显著为负。从国际贸易的特征来看,对出口产品的质量要求一般要高于同类内销产品,内资企业为了使其产品能够与国际市场上的同类产品相竞争,必须进行一定程度的研发创新,提高产品的质量。而对于外资企业来说,即使不进行研发投入,其在管理水平、技术水平、营销渠道上相对于内资企业也具有一定的优势,从而弱化了其在研发投入上的动力。另外,外资企业更偏好将研发部门设在母国,以利用其在人才、技术方面的比较优势。企业的全要素生产率对内、外资企业出口决策和出口数量均具有显著的正向作用,与易靖韬等(2011)的研究结论相一致。从表7—3还可以看出,区分内、外资以后,员工平均工资的估计系数全部为负,且基本显著。这说明无论是内资企业还是外资企业,劳动力成本优势仍旧是企业出口的动力之一。

三、高低附加值行业的差异

改革开放以来,我国在出口贸易方面取得的成绩举世瞩目,但我国的出口主要是具有相对优势的资源和劳动密集型产品,其附加价值普遍较低。根据相关统计数据,2006年中国对美国出口总额为2010亿美元,其中仅45%属于中国国内的增值部分,另外55%的增值部分属于进口的中间成分或产品。随着经济的不断发展,出口产品结构低端化问题越来越突出,逐渐成为制约我国外贸出口良性增长的主要原因,结合产品的附加价值来考察企业的出口行为具有一定的现实意义。那么,境内运输成本对企业出口行为的影响是否会因其产品附加价值的高低而有所不同呢?在此,我们借鉴世界银行报告的划分标准区分高低附加值行业(其中低附加值行业包括农副食品加工业、食品制造业、纺织品制造业和服装、鞋、帽制造业,高附加值行业包括医药制造业、电子及通信设备制造业)后进行再估计,回归结果如表7—4所示。

表7—4　高低附加值行业的差异

	低附加值行业		高附加值行业	
	选择方程	供给方程	选择方程	供给方程
lnDIS3	−0.577***	−0.443***	−0.157**	−0.0999
	(−13.10)	(−3.82)	(−2.84)	(−1.23)
lnage	0.312***	0.350***	0.108	0.523***
	(6.26)	(3.79)	(1.89)	(6.73)
lnage_2	−0.0545***	−0.0946***	0.00306	−0.149***
	(−4.47)	(−4.58)	(0.24)	(−8.55)
large	1.334***	1.866***	0.754***	1.318***
	(15.21)	(8.19)	(10.51)	(11.98)
medium	0.582***	0.853***	0.534***	0.656***
	(19.81)	(8.46)	(16.33)	(7.88)
lnRD	−0.0435***	−0.0399***	0.0116	0.00170
	(−7.61)	(−3.72)	(1.85)	(0.20)
lntfp	−0.102***	0.611***	0.177***	1.087***
	(−7.63)	(23.88)	(12.59)	(42.48)
lnwage	−0.0509	−0.189***	−0.101***	−0.348***
	(−1.90)	(−4.64)	(−3.93)	(−9.17)
foreign	0.827***	0.637***	1.034***	1.400***
	(25.59)	(4.54)	(30.87)	(10.82)
常数项	0.298	−0.974	−1.079**	−3.815***
	(0.92)	(−1.62)	(−2.80)	(−5.83)

续表

	低附加值行业		高附加值行业	
	选择方程	供给方程	选择方程	供给方程
年份虚拟变量	YES	YES	YES	YES
省份虚拟变量	YES	YES	YES	YES
lambda		0.924 ** (3.13)		0.645 ** (2.80)
观测值	12651		11906	

　　我们可以从表 7—4 看到，*DIS*3 对低附加值行业企业的出口决策、出口数量均产生了显著的负向影响，而对于高附加值行业的企业，*DIS*3 对其出口决策具有显著的负向作用，但对其出口数量的影响却不显著。这意味着，降低企业出口的境内运输成本能够显著促进低附加值行业企业的出口决策、出口数量和高附加值企业的出口决策，但对高附加值行业企业的出口数量不会产生显著影响。可能的原因是高附加值行业企业的利润相对较高，能够承担更高的成本支出，因而降低了企业出口行为对由抵港距离产生的境内运输成本的敏感度。

　　我们从表 7—4 还发现，无论是高附加值行业的企业还是低附加值行业的企业，规模变量的估计系数均显著为正，且低附加值行业企业的估计系数更大。这是因为高附加值行业的企业更加关注产品的质量和差异化，并不过多依赖由规模经济带来的成本节约等好处。对于研发投入，低附加值行业企业的估计系数在选择方程、供给方程中均显著为负，高附加值行业企业的估计系数虽不显著，但均为正。这说明研发投入对高附加值行业企业的出口有一定的促进作用。随着经济全球化进程的加快，国际市场对高附加值行业出口产品的质量要求越来越高，企业会更加注重产品质量的持续提升，从而企业需要更多的研发投入,而低附加值行业过多的研发投入将会挤占其他方面的生产投入,不利于企业的出口。对于全要素生产率,低附加值行业企业出口选择方程的估计系数显著为负,这与李春顶(2010)的研究结论相一致,说明我国制造业企业存在所谓的"生产率悖论",即出口企业的生产率并不比内销企业的生产率高。这是因为中国存在大量的加工贸易企业,这些企业生产率不高,主要从事加工、组装等价值链低端的工作,产品的附加价值较低,企业的利润率和获益能力普遍较低。

四、距离估计系数的标准化比较

从表7—2的估计结果中可以看出,企业出口时面临的境内运输成本对企业出口的扩展边际和集约边际均有显著的影响。那么,境内运输成本对哪一种边际的影响更大呢? 为了考察这一问题,我们先引入标准化系数的概念。

在多元线性回归方程中,由于各自变量的单位不同,得到的回归系数也就有不同的量纲,因此,回归系数的大小只能表明自变量与因变量在数量上的关系,而不能表示各自变量在回归方程中的重要性。要比较各个自变量的重要性,必须消除单位的影响,为此在做线性回归时需要对变量值作标准化变换,即变量减去其均值并除以其标准差的估计,由此得到的回归系数被称为标准化系数。其计算公式为:

$$\beta_j^* = \beta_j \cdot \frac{s(x_j)}{s(y)} j = 1, 2, \cdots ① \tag{7.6}$$

其中 x_j 为自变量, y 是因变量, β_j 表示 x_j 的估计系数, $s(\cdot)$ 表示该变量的标准差。

———————————

① 该计算公式没有考虑各变量间是否存在交互作用。

根据公式（7.6），我们分别计算表 7—2 出口方程和供给方程中，距离项各代理变量的标准化系数 α_1' 和 β_1'。若 $\alpha_1' < \beta_1'$，则说明企业所在地至出海港口的距离对出口的扩展边际影响超过集约边际，反之亦然。计算结果如表 7—5 所示。

表 7—5　距离项系数的标准化比较

	ln*DIS*	ln*DIS*3	ln*TIM*
α_1'	−0.2644	−0.4736	−0.2149
β_1'	−0.0604	−0.1177	−0.0446

由表 7—5 的结果可知，无论是用 *DIS*、*DIS*3 还是 *TIM* 作为衡量指标，企业所在地至出海港口的距离对出口的扩展边际影响均超过集约边际。这说明降低企业产品出口时的境内运输成本能够促进贸易的增长，并且这种增长很大程度上来源于出口企业数量的增加。这与盛丹等（2011）的研究结论是吻合的，因为基础设施质量的提高就意味着这种境内运输成本的降低。

第五节　小结与研究展望

本章运用 2005—2007 年中国工业企业的面板数据，采用 Heckman 两阶段选择模型考察了境内运输成本对企业出口行为的影响，其中境内运输成本指企业的出口产品由所在地运至出海港口过程中所面临的运输成本，用企业所在地至出海港口的公路驾驶距离来刻画。研究结果表明，境内运输成本对企业的出口决策、出口数量均存在显著的负向影响。由此可见，降低企业出口品从产地到达出海港口的境内运输成本，能够显著提高企业出口的可能性，使更多企业参与出口；对于已经出口的企业，则能够增加它们的出口数量。通过划分内、外资企业发现，无论是对内资企业还是外资企业，境内运输成本对其出口决策和出口数量均有显著的负向作用，但对外资企业的影响更加明显。这一结果的出现可能与政府的政策差异有关，政府为鼓励内资企业参与出口，实行一系列优惠政策对其进行补贴，而外资企业由于享受不到这种补贴，会更多考虑出口产品由产地运至出海港口的成本。进一步的分析表明，境内运输成本对低附加值行业企业的出口决策和出口数量均具有显著的负向影响，对高附加值行业企业的出口决策有显著的负向影响，但对其出口数量的影响不显著。这一结果意味着降低境内运输成本能够促进更多高附加值行业企业参与出口，有利于提高我国出口品的竞争力，改善出口产品结构低端化局面。

通过距离标准化系数的比较，我们发现，境内运输成本对出口的扩展边际影响更大。这说明降低境内运输成本有助于促进更多企业进入出口市场，而对出口的数量影响不大。鉴于公路运输是当前企业主要的境内运输方式，为了加强我国对外贸易经济抵抗风险的能力，相关政府部门应该降低公路体系中收费公路所占比重，减少企业出口产品的抵港运输成本，提高公路和海运联网运输的效率，使我国的对外贸易更多沿着扩展的边际增长。此外，我们的研究结果还表明：企业的全要素生产率、企业规模、劳动力成本优势、外商投资都与企业的出口决策、出口数量呈正相关关系；但内资企业的出口学习效应并不明显。

出口是推动中国经济增长的重要力量之一，鉴于中国疆域面积大、各地区地貌概况差异大的特点，境内运输成本成为影响企业出口的重要因素之一。提高和完善对企业运输成本额测度具有很大的研究空间，这将是未来研究推进的方向之一。

第八章

网络通信设施与中国制造业企业出口参与[①]

　　"居住在圭亚那偏远地区的妇女利用因特网向全世界销售手织的吊床。"(《纽约时报》,2000)。

第一节　引　言

　　2008 年 11 月,IBM 提出了"智慧地球"理念[②],网络通信技术正不断地开拓其在人类经济活动中的版图,推动经济社会的发展。国脉互联智慧城市研究中心的研究结果表明,截至 2012 年 7 月,中国共有 150 多个城市提出建设或正在建设智慧城市,其中发布智慧城市规划、行动方案或将其列入"十二五"规划及政府工作报告的已达 50 多家。智慧城市建设为企业与外界进行信息交流提供了必要的

① 感谢《财经研究》审稿人提出的建设性意见。

② IBM 将"智慧城市(Smart City)"定义为:能够充分运用信息和通信技术手段感测、分析、整合城市运行核心系统的各项关键信息,从而对于包括民生、环保、公共安全、城市服务、工商业活动在内的各种需求做出智能的响应。随着全球物联网、下一代互联网、云计算等新一轮信息通信技术的快速发展和深入应用,"智慧城市"已成为数字城市、智能城市之后的更为高级的城市发展阶段,国内外对智慧城市建设越来越重视。

硬件支持,推动了企业网络销售的快速发展。中国互联网络信息中心(CNNIC)的调查数据显示,截止到 2010 年末,我国中小企业中网络营销相关的互联网应用综合渗透率约为 42.1%;商务部发布的《中国电子商务报(2010—2011 年)》报道称,2011 年中国电子商务交易总额达 5.88 万亿元,其中,中小企业电子商务交易额高达 3.21 万亿元,占总量的 54.59%①。

　　对意在开拓海外市场的出口企业来说,与传统的宣传方式相比,网络销售有利于企业借助网络平台实现与消费者之间的互动,增强产品的顾客导向,更好地满足消费者需求;通过网络销售渠道,企业能够更迅速、有效地了解海外市场动态,这有利于大幅减少企业进入海外市场时,在获取海外需求信息、建立分销渠道以及品牌宣传等环节的成本,节约现金流,提高企业参与出口的可能性。如图 8—1 所示,世界银行对中国企业的微观调查数据显示,企业网络销售额②与出口额之间存在显著的正向关系,其中 7490 家没有使用网络销售的企业中出口企业的比重仅为 27.19%,而 4904 家使用网络销售的企业中,出口企业的比重达 53.69%,高出近一倍。网络销售正在成为企业开拓海外市场新渠道的利器。

　　在中国,中小企业通常面临较为严峻的融资环境。在传统的营销手段下,资金的缺乏可能制约了制造业的中小企业走向国际市场。通过运用网络通信技术,企业可以利用有限的资金进行海外市场开拓,这是否意味着规模较小的企业会更多地借助网络销售参与出口呢?从而在一定程度上推动中国对外贸易的扩展边际,加强对外部需求冲击的抵抗力。因此,在经济全球化背景下,探索网络销售对我国中小企业出口决策的影响具有重要的现实意义。

---

① 参见 http://www.askci.com/news/201205/30/85649_22.shtml。

② 本文用于刻画网络销售的变量在世界银行数据集中具体的定义为"*Ratio of sales revenue realized through internet and email*"。

  另外,中国民营企业在国内面临的经济环境通常较为恶劣,走向国际市场成为众多民营企业的生存方式之一。这种急迫的"走出去"生存策略也许会激励企业采取各种低成本、迅速便捷的手段开拓国际市场。相对而言,在政府相关政策的影响下,国有企业通常占据国内市场的较大份额,并且拥有稳定且多元的销售渠道,这两方面的原因可能弱化了国企采用新技术(如网络销售)继续开拓海外市场的动力。那么,网络销售的应用对不同所有制企业出口决策的影响是否存在差异呢?

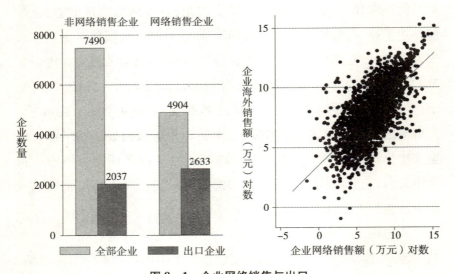

图 8—1　企业网络销售与出口

数据来源:世界银行,2005。

第二节　文献综述:网络通信与企业出口

  网络及信息技术的蓬勃发展对信息交流产生了革命性影响,其对人类社会发展的影响是全方位的,这一点在经济领域也不例外。

许多研究试图探讨网络通信状况对宏观经济的影响。Cette et al. (2005)的研究发现,网络发展带来的信息和通信技术的扩散,在中长期,能通过"资本深化效应"和改善全要素生产率促进一国潜在产出的增长。Yi & Choi(2005)的研究显示,网络通信能够提高生产效率,进而降低通胀率,并且网络用户每增长 1 个百分点,通胀率将下降 0.04—0.13 个百分点。许晶华(2007)认为,在 2000 年之后,信息技术对中国经济增长的贡献高于世界和亚洲的平均水平。对微观企业而言,网络通信技术的发展还推动了 B2B 商业模式的发展,为企业开拓市场和买卖双方互动提供了一种全新的方式。伴随着经济全球化步伐的加快,网络应用在国际贸易领域所扮演的角色也越来越突出,但对这方面的研究并不多见。

首先,现有文献大多基于国家层面的总量数据考察网络通信对出口贸易的影响。Vemuri & Siddiqi(2009)强调了跨国研究中,国际贸易总量和网络通信基础设施之间的内生性问题,他们运用引力模型对跨国面板数据的估计表明,网络通信基础设施对贸易总量有显著的正向作用。冯萍和刘建江(2010)运用传统贸易引力模型对 2005—2008 年中国出口贸易流量数据进行了实证分析,结果表明, 2005 年,互联网网民普及率每上升 1 个百分点,我国出口贸易流量就增加 0.595 个百分点,而到 2008 年该数字已经上升到了 0.732 个百分点。朱彤和苏崇华(2012)根据中国各省经济发展程度将样本划分成东中西部三个区域后,实证分析了互联网对中国外贸出口的影响。结果显示,西部地区互联网对出口的促进作用最大且显著,而在中部和东部,此作用不显著。

其次,随着研究的深入,网络通信技术对出口影响的异质性也逐渐成为研究者关注的重点。第一种异质性来自国别差异。Clark & Wallsten(2006)利用跨国的宏观数据发现,互联网对发展中国家和发达国家出口的影响存在显著的差异,发展中国家的互联网普及率提高了其对发达国家的出口,但对发展中国家之间的出口没有显著影响;同时,发达国家的互联网普及状况的改善对其出口的影响也不显著。第二种异质性来自行业差异。Freund & Weinhold(2002)基于美国服务业 1995—1999 年贸易数据的分析表明,美国以外国家的互联网普及率每提高 10 个百分点,其出口到美国的服务业产品将提高 1.2 个百分点。而 Freund & Weinhold(2004)通过分析 IMF 提供的 56 个国家 1997—1999 年的双边贸易数据得出,一个国家的网络主机数每增长 10 个百分点将使该国的商品出口增长约 0.2 个百分点。第三种异质性则来自微观企业。微观企业数据不仅有助于避免宏观加总数据导致的估计偏误,同时还能够进一步考察网络通信技术对出口影响的作用渠道。Prasad et al.(2001)通过分析美国 381 家企业的调查数据,发现网络的应用减少了企业营销能力对其市场定位的影响,进而对企业的出口表现有正向作用。Abramovsky & Griffith(2005)的研究表明,ICT(information and communication technology)密集型的英国企业会更多地购买离岸外包服务。Clarke(2008)则发现,来自东欧和中亚中低收入国家的企业微观证据显示,网络使用率提高了企业出口的扩展边际,但对出口的集约边际没有影响,即使用互联网的企业比其他企业出口的可能性更高;但在已经出口的企业中,互联网与出口额大小似乎没有关系。Timmis(2012)认为,互联网有助于买卖双方的匹配,从而提高了企业的直接出口贸易量;而减少了通过中间代理商实现的间接出口贸易量。

　　总的来看,关于网络通信技术对经济增长和出口的宏观研究很多,但是宏观研究很难识别微观企业是否有效地利用了网络通信设施。虽然政府可能提供了网络通信基础设施,但由于各种原因,微观企业是否利用网络通信技术,以及运用的程度都会存在一定的差异,因此,本文尝试利用微观数据来考察网络通信设施对企业出口的影响,将网络通信设施对经济的影响延伸到微观企业的出口问题上。

盛丹等(2012)考察了基础设施对中国企业出口的影响,其中互联网对企业的出口决策和出口数量的估计系数均为负,且均不显著。但该文章在测度企业可获得的通信基础设施水平时,使用的是省级加总数据,即各省互联网用户占人口比重。显然,这种处理方法无法准确刻画微观企业对网络通信技术的实际使用情况。本章将基于微观企业数据,考察网络销售对企业出口参与决策的影响,这将有助于丰富本领域的研究。

第三节　网络销售影响企业出口的渠道

随着信息产业的高速发展,网络覆盖范围的不断扩大以及网络技术的逐渐平民化,以互联网为载体的网络销售成为当今最为热门的销售推广方式,其覆盖的领域越来越多,出口贸易就是其中之一。在出口贸易中,网络销售有着以下方面的优势:

一、网络销售有助于企业降低海外市场开拓成本

在拓展海外市场的过程中,企业常常需要面临高昂的进入成本,这令很多企业望而却步,特别是资源相对匮乏的中小型企业和民营企业。在中国,中小型企业和民营企业多以加工贸易型为主,企业盈利能力普遍较低,占国内市场的份额也较小,为了更好地生存,"走出去"开拓海外市场是其为数不多但行之有效的可选途径之一,而网络销售则为中小企业走出去提供了低成本的助推器。企业选择是否将产品销往海外,首先需要进行广泛的市场调查,了解海外市场的状况。通过运用互联网技术,企业可以 24 小时全天候地将国际性的市场空间作为调查对象,不受时间和空间的限制,这是传统方式无法

比拟的。与此同时,网络营销的制作和投放周期较短,更改也相对灵活,甚至无需建立海外实体销售网点,这些都能节约大量成本,从而提升企业进入国际市场的可能性。

二、网络销售有助于厂商低成本吸引海外客户

相对于传统方式,网络销售更能体现以消费者为"中心"的理念。首先,随着互联网对全球商品信息的不断整合,海外买家能够在全球范围内搜寻令自己满意的商品,而不用耗费大量的时间和精力去实地搜寻,这大大降低了海外客户的搜寻成本,同时也提高了购物的效率;再次,由于网络销售为企业节约了巨额的市场开拓成本,这使得出口商品价格的降低成为可能,海外客户将能以更低的价格实现购买;最后,出口商通过网络及时全面地展示公司各种产品,为海外客户提供尽可能多的选择,满足各类海外客户的需要。总之,网络销售为出口商开发海外客户提供了一种经济实惠的手段。

三、网络销售对海外市场中供求双方的影响

与传统的销售模式相比,网络销售还有一个更大的优势,即实现供求双方的有效互动。从销售理论上来看,不论是传统的"4P"(产品、价格、渠道和促销)理论还是现代的"4C"(客户、成本、方便和沟通)理论,都强调全程营销,即从产品的设计阶段就要充分考虑消费者的个性需求。然而,在实际的操作过程中,由于缺乏有效的沟通渠道,这一目标很难实现。这一点在国际贸易中更为突出。随着网络销售的不断发展,网络互动平台得以建立,这在买卖双方架起了一座无形的、全天候的、全方位的"沟通桥梁"。利用网络通信技术,通过在线讨论、邮件来往等方式,企业可以更迅速地将产品信息告知海外

消费者;同时,海外消费者也可以通过网络将自身需求、对商品的评价等信息及时反馈给企业,如此形成企业与海外客户的有效互动,这不仅有助于提高海外客户的消费参与性,也使企业的营销策略更加有针对性,进而有效地实现全程营销,从根本上提高海外客户消费的满意度。因此,网络销售极大地节约了国际贸易中买卖双方的交易成本。

第四节　模型设定和数据介绍

一、估计模型的设定

鉴于本文的被解释变量出口参与为典型的二元变量,适合采用Probit 模型进行相关估计。在已有的考察中国企业出口决策的影响因素的研究中,孙灵燕和李荣林(2011)、韩剑和王静(2012)都采用了 Probit 模型作为估计方法。结合本文的考察重点,估计模型设定如下:

$$\Pr(y_i = 1) = \Pr(\alpha + \beta X_i + \gamma Z_i + \varepsilon_i) \tag{8.1}$$

其中,随机干扰项 ε 满足正态分布;X 是包括企业网络销售在内的一组企业特征变量,Z 则是一组刻画企业行业和地理特征的变量。记 $netsale_i$ 代表企业 i 网络销售收入占企业销售收入的比重,本文用该变量刻画企业实际使用网络通讯设施的能力,其对企业出口参与行为的影响是本文关注的重点。

二、其他控制变量的选择

为了更好地分析企业的出口行为,提高估计结果的稳健性,除了

netsale 之外,我们在模型中加入影响企业出口参与的其他因素 *X* 和 *Z* 作为控制变量,具体包括以下因素:

(一)企业自身特征,如企业的生产效率、资本结构和劳动力成本

企业开拓海外市场,首先要面临的是各种沉没成本,如显性的和隐性的进入壁垒、运输成本、市场调研成本、进入新市场的分销和营销成本等,只有生产率足够高的企业才能支付这些成本,并从海外市场中获利;而低效率的企业由于无力承担这一成本,将选择退出或不进入出口市场,即所谓的"自我选择效应"(Clerides et al.,1998)。以 Melitz(2003)为代表的新新贸易理论同样认为,企业的全要素生产率是影响企业出口行为的关键因素。因此,本文将企业的全要素生产率引入模型,以检验中国企业的出口是否存在自我选择。

改革开放的历程表明,外商资本对我国出口贸易的增长起到了重要的作用,在华外资的主要目的之一是利用我国廉价的劳动力和原材料资源,进行产品的组装加工并出口到其他国家,因此,合资企业的出口倾向要高于其他企业。贺灿飞和魏后凯(2004)指出,位于发展中国家的跨国公司比当地公司更有可能出口;唐宜红和林发勤(2009)的研究结果也表明,在中国,企业外资资本份额越高,出口可能性越高。因此,本章在估计模型中加入了企业资本金中外商资本的比重。

劳动力成本也是影响中国企业出口行为的重要因素之一。一方面,根据传统的要素禀赋理论,丰富的劳动力资源是中国的比较优势,而中国制造业企业在全球产业链中多处于粗加工、组装等低端环节,对员工的技术要求较低,这恰好与中国现阶段劳动力技能水平相匹配,从而形成了中国制造业的劳动力成本优势,这就使员工的工资与企业出口存在一定的负向关系;另一方面,根据新新贸易理论,只有具备较高生产效率和盈利能力的企业才会选择出口。员工较高的

技能水平是企业较高生产效率的重要来源之一。因此,出口企业需要支付相应的高工资,这又使得员工的工资与企业出口成一定的正向关系。我们将工资变量加入到模型,以考察其作用方向。

（二）企业与主要原料供应商的关系,如双方的合作时间

原料供给是企业生产的关键环节之一,与上游原料供应商“打交道”的时间越长,出口企业对其所提供原材料的信息掌握越充分,进而有效地降低出口企业在获取原材料过程中所面临的信息不对称,使原料和中间投入品的来源趋于稳定和可靠,这能够给企业带来多方面的好处。首先,有助于出口企业节省寻找原料所需的搜寻成本、交易费用和调整成本,及时获得原材料和中间投入品;其次,也有利于保证原材料和中间投入品的品质;第三,高质且及时的原料供给可以进一步保证企业产品的产量和质量,提高其产品在国际市场的竞争力,从容应对国际市场的需求波动,从而促进企业出口。因此,本文在模型中加入上述变量,以考察企业与主要原料供应商合作时间对企业的出口参与的影响。

（三）区位与制度因素

多方面的因素造成企业产品由产地运抵出海港口的境内运输成本成为影响中国企业出口参与行为的重要因素之一。第一,自从加入WTO,中国企业面临的关税等制度性贸易壁垒逐渐减少,这使得运输成本在对外贸易成本中所占的比例越来越大;第二,铁路运输的垄断地位、公路运输的家庭作坊特征、跨省运输所遭遇的地方保护主义等因素造成中国的境内运输成本远高于其他国家（世界银行,2007）;第三,中国地域面积广阔,但公路、港口等交通基础设施的分布极不均衡,沿海地区比内陆地区更具有开展贸易的运输成本比较优势（金祥荣等,2008）。因此,本文将境内运输成本作为控制变量纳入估计方程,并预测估计系数为负。

官方的出口许可证是另外一个影响企业出口行为的重要制度因

素。如果企业能够直接与外商进行交易,而不需要通过贸易代理商,那不仅可以减少产品的出口链条,降低贸易成本,同时也会使企业与外商的交流更加充分,更好地了解外商的需求,降低信息的不对称性,有助于提升企业参与出口的可能性。此外,从某种意义上看,官方的自主出口许可证具有向外商传递企业经营规范、产品质量可靠等信号的作用,从而降低了企业在出口交易中由于信息不对称带来的风险,促进企业的出口。

三、解释变量和控制变量的度量

netsale 是指企业通过互联网和电子邮件实现的销售收入占总销售收入的比例,用以测度企业利用网络通信资源进行营销的能力。

tfp 表示企业的全要素生产率,本章采用 Levinsohn & Petrin (2003)的半参数方法来估计,该方法能有效地解决 OLS 回归过程中的内生性和选择性偏差问题。*wage* 表示企业员工的平均工资,为本年应付名义工资总额与全部从业人员年平均数之比。*foreign* 为外商资本占资本金的比重。*supply* 是用以描述企业与主要原料供应商合作时长的变量,是一个排序数据(ordered data),共计 7 个等级,按时间由短到长的顺序记为 $1, 2, \cdots 7$。

运输成本用企业所在城市至最近出海港口的距离 $min\{d_{ij}\}$ 表示,其中 i 表示企业所在地级城市,j 表示 25 个主要沿海港口城市,d 通过城市 i 和 j 之间的距离加上沿海港口城市的城市半径来获得①。从中国的实际情况来看,很多企业虽然地处沿海港口城市,但是由于

---

① 25 个主要沿海港口来自于中华人民共和国交通部 2004 年 10 月 26 日《关于发布全国主要港口名录的公告》。考虑到地形地貌的影响以及目前国内企业的货物运输主要依赖于公路,本文利用谷歌地图(Google Maps)的城市间公路行驶距离作为城市间距离。

各种原因(如港口吞吐量的限制、交货时限等)无法通过所在地的港口出货,此时这些企业往往会考虑相对较近的其他沿海港口,即到达临近几个沿海港口的距离也会影响企业的出口行为。因而,本文进一步构造了 distan,表示企业所在城市 i 与所有港口距离 d_{ij} 中最小 3 个的加权和①,用以测度企业出口产品的境内运输成本。licen 为自主出口许可虚拟变量,1 表示企业已获得自主出口许可证,0 表示企业未获得自主出口许可证。

　　另外,从经济理论上看,诸如企业文化、行业特性、区域经济政策、地域风俗等未纳入方程的个体特征对企业的出口参与有着直接的影响,将其作为固定因素引入方程是较为合适的。因此,本文在回归过程中还加入了行业虚拟变量和地域虚拟变量②,最终的回归方程为:

$$\Pr(y_i = 1) = \Phi(\alpha + \beta_1 \times netsale_i + \beta_2 \times tfp_i + \beta_3 \times distan_i$$
$$+ \beta_4 \times foreign_i + \beta_5 \times licen_i + \beta_6 \times supply_i + \beta_7 \times wage_i$$
$$+ \gamma_1 \times dumhy_i + \gamma_2 \times dumregion_i) \qquad (8.2)$$

四、样本描述

　　本文采用的数据来源于世界银行投资环境调查报告(2005),该调研样本的选择及问卷的设计,保证了最终所得数据的可靠性和代表性③。考虑到原始数据中存在的异常值可能会影响到估计结果,我们对原始数据进行如下处理:一是删除总销售比例大于 100% 的

---

① 最近港口、第二近港口、第三近港口的权数分别为 0.6、0.3、0.1。
② 地域按传统的东、中、西部划分标准,其中,东部包括北京、天津、河北、辽宁、上海、江苏、浙江、福建、山东、广东、广西、海南 12 个省(市);中部包括山西、内蒙古、吉林、黑龙江、安徽、江西、河南、湖北、湖南 9 个省;西部包括四川、重庆、贵州、西藏、云南、陕西、甘肃、青海、宁夏、新疆 10 个省(市、自治区)。
③ 孙灵燕和李荣林(2011)利用该数据考察了融资约束对中国企业出口参与的影响。

企业样本;二是删除从业人数小于 8 的企业样本;三是删除统计中的错误记录或明显的异常值样本。经过上述处理,我们的估计样本总共有 12394 家企业,包括农副食品加工业、食品制造业、饮料制造业、纺织服装鞋帽制造业等 30 个两分位行业。

表 8—1　各变量的基本统计特征

变量	观测数	平均值	标准差	最小值	最大值
export	12394	0.3768	0.4846	0.0000	1.0000
netsale	12394	0.0843	0.2007	0.0000	1.0000
tfp	12269	7.0737	1.2923	0.4545	12.5864
distan	12394	1.3104	0.9123	-0.3097	3.5114
foreign	12394	0.1461	0.3170	0.0000	1.0000
licen	12394	0.4140	0.4926	0.0000	1.0000
supply	12394	4.9245	1.5412	1.0000	7.0000
wage	12394	-0.0357	0.4925	-7.8240	2.6140

注:*distan*、*tfp* 和 *wage* 均取对数。

第五节　计量结果与分析

一、初步回归

利用世界银行投资环境调查(2005)所提供的 2004 年横截面数据,本文采用限因变量 Probit 方法对回归方程(8.2)进行相关估计。表 8—2 中的模型(1)给出了以所有企业为样本的基本回归结果。网络销售的估计系数为 0.919,通过了 1% 的显著性检验。初步的估计结果显示,网络销售显著地提高了企业出口参与的概率。

表 8—2　基本的 probit 和 ivprobit 回归结果

模型	模型（1）	模型（2）	模型（3）
样本	所有企业	所有企业	所有企业
netsale	0.919***	3.243***	4.600***
	（11.423）	（11.508）	（11.61）
tfp	0.064***	0.021	0.0414**
	（4.380）	（1.624）	（3.00）
distan	−0.176***	−0.159***	−0.0718**
	（−5.379）	（−5.040）	（−1.98）
foreign	0.317***	0.163***	0.0177**
	（6.058）	（3.010）	（2.34）
licen	1.792***	1.432***	0.851***
	（53.895）	（16.720）	（3.53）
2.*supply*	0.091	0.041	−0.0495
	（0.688）	（0.341）	（−0.48）
3.*supply*	0.118	0.087	0.0296
	（1.022）	（0.826）	（0.33）
4.*supply*	0.213*	0.161	0.0557
	（1.890）	（1.546）	（0.60）
5.*supply*	0.301***	0.239**	0.118
	（2.711）	（2.338）	（1.24）
6.*supply*	0.288***	0.231**	0.107
	（2.589）	（2.254）	（1.12）
7.*supply*	0.351***	0.327***	0.213**
	（3.108）	（3.145）	（2.22）
wage	−0.032	−0.007	−0.0125
	（−0.853）	（−0.223）	（−0.41）

续表

模型	模型(1)	模型(2)	模型(3)
样本	所有企业	所有企业	所有企业
常数项	-1.163^{***} (-5.008)	-1.359^{***} (-8.466)	-3.746^{***} (-4.827)
地域虚拟变量	是	是	是
行业虚拟变量	是	是	是
Supply 总体效应的检验#	29.72 [0.0000]	45.83 [0.0000]	33.73 [0.0007]
pseudo R^2	0.442		
log likelihood	-4538.258	-1793.399	-1597.3537
Wald 检验		44.23	19.46
N	12266	12269	12269

注:( )括号内的数值表示相应回归系数的 t 统计值;***、**、* 分别表示在 1%、5% 及 10% 的显著性水平上显著;#表示联合检验的 chi2 统计量,[ ] 为对应的 P 值;下表同。

二、内生性处理和稳健性检验

进一步,表 8—2 中模型(1)的估计结果是否受本文核心解释变量网络销售(*netsale*)的内生性影响,这也是需要引起我们关注的。此处内生性的原因可能源于以下两个方面:一是估计模型可能存在遗漏变量问题。虽然我们控制了企业在行业、地理位置上的异质性,但我们的估计模型仍然有可能遗漏其他可能影响网络销售和出口参与的变量。二是网络销售和出口参与之间可能存在的双向因果关系,即一方面网络销售通过降低贸易成本为企业出口提供便利,提高企业出口的可能性;另一方面出口意愿较强的企业为了寻求兼顾成本和效益的营销推广方式,反过来也会影响网络销售的使用情况。由此可见,不仅网络销售会影响企业出口参与,企业的出口参与还可能会对其网络销售方式的选择产生作用。

显然,网络销售与企业出口参与的内生性将导致表8—2模型(1)基于probit的估计结果出现误差。为了克服网络销售的变量内生性问题,我们拟通过引入合适的工具变量来进行处理。对于工具变量的选择,一般而言需要满足下述两个条件:首先,该工具变量本身应该是外生的;其次,该工具变量与内生变量之间存在较强的相关性。遵循这一原则,结合数据的可获得性,在此,我们拟采用“除企业自身之外同省份同行业其他企业 *netsale* 的平均值” 作为工具变量,并运用ivprobit回归方法进行估计,以尽可能地减轻网络销售与出口参与之间的内生性问题,从而使得我们的回归更加稳健和可信。

工具变量(ivprobit)的估计结果如表8—2模型(2)所示。与此同时,Wald检验也拒绝了网络销售是外生变量的原假设。使用工具变量后,我们发现,网络销售变量的估计系数均显著为正,并且数值较之前有较大幅度的提高。对于控制变量,网络销售、境内运输成本、外商资本比例、自主出口许可以及与主要原料供应商的合作时长均显著地影响了企业的出口参与,而全要素生产力和劳动力成本对企业参与出口的决定没有显著影响。各变量对企业出口的具体影响如下所述。

(一)网络销售对企业出口参与的影响

网络销售变量的估计系数为3.243,并且通过了1%的显著性检验。该结果说明,对于出口,网络销售显著地促进了企业的出口参与。随着互联网覆盖范围的不断扩大,通过网络销售方式进行产品的销售和推广,企业可以更迅速有效、低成本地将产品信息告知海外消费者;同时,海外消费者也可以通过网络将自身对商品的评价及时反馈给企业,如此形成企业与海外消费者之间的互动,这有助于企业更好地了解国际市场需求信息,低成本地开拓海外市场和建立销售渠道,提高企业参与出口的可能性。

（二）企业与主要原料供应商合作时长对其出口参与的影响

估计结果表明,对于较高等级的 *supply*,其估计系数显著为正[1]。这说明,随着企业与主要原料供应商合作时间长度的增加,企业出口倾向也随之增加。如前所述,下游出口企业与上游原料供应商之间的良好关系不仅有助于出口企业节约购买原材料的直接费用,而且还能享受原料货源供给稳定、原料质量可靠等隐性收益。成本的节约和产品品质的保障有助于提升企业在国际市场上的竞争力,促使企业更倾向于进军国际市场。

（三）企业自身特征对其出口参与的影响

全要素生产率的估计系数为正,但在统计上不显著。这是因为中国存在大量的加工贸易企业,主要从事加工、组装等价值链低端的工作,企业生产率不高,然而企业集群的外溢效应大幅降低了企业出口的沉没成本,使生产率低的企业也能克服高额的市场进入成本,进入海外市场(周浩和吕锦莎,2013)。外商资本比例的估计系数则显著为正,这与唐宜红和林发勤(2009)的研究结论是一致的,即企业外商资本比例越高,其参与出口的可能性越大。外商资本的进入,不仅满足了中国企业的资金需求,同时也带给企业高水平的生产技术、有效的管理机制以及丰富的国际市场营销渠道,为企业出口创造有利的条件,从而促使企业更倾向于进入国际市场。员工工资的估计系数为负,但不显著。这与盛丹等(2011)的研究结果相似,中国的出口企业多集中于劳动密集型部门,降低员工工资,在一定程度上能够促进我国企业的出口参与,即劳动力成本优势依旧是我国企业出口的动力之一。

（四）区位和制度因素对企业出口参与的影响

境内运输成本的估计系数显著为负,这符合我们的预期,也与黄

---

① 如表 2 所示,supply 总体效应通过了显著性检验。

玖立和徐旻鸿(2012)的研究结论相类似,产品出口时面临的境内运输成本显著地制约了我国企业的出口决策。在中国,交通基础设施的建设存在明显的地域差异,沿海地区拥有公路、港口等的数量和质量都是内陆地区无法比拟的。因而,企业所在地距离出海港口越远,企业出口时需要承担的境内运输成本就越大,选择出口的可能性就越小。自主出口许可虚拟变量的估计系数为1.432,且通过了1%的显著性检验,这意味着拥有自主出口许可证的企业,其选择出口的可能性较高。自主出口许可证不仅帮助企业直接与海外客户进行交易,降低各种贸易成本;还能充当良好信誉、优质产品的信号,降低信息不对称性可能导致的交易费用,从而提升了企业的出口倾向。

另外,结合数据的可得性,我们引入描述网络基础设施质量的"企业连接互联网所需的时日[①]"作为企业网络销售的工具变量,对前文的内生性处理进行稳健性检验,具体回归结果见表8—2中的模型(3)。通过对比我们可以看到,更换工具变量后,网络销售变量的估计系数仍显著为正,其他变量的估计系数基本一致,这说明我们的估计结果是比较稳健的。

三、网络销售对企业出口影响的比较研究

(一)所有制差异

表8—3给出了按所有制划分样本后的 ivprobit 估计结果。易见,网络销售对企业出口参与的影响存在较大的所有制差异。具体而言,网络销售的应用对民营企业和外资企业的出口决策均起到了显著的促进作用,并且相对来说,对民营企业的作用效果更加明显;但网络销售对国企出口参与的影响并不明显。

---

① 在数据集中的表述为"*days needed to gain access to Internet*"。

在中国,私营企业天生就需要面对更多的市场约束、更为苛刻的市场环境和更加激烈的竞争环境,"走出去"开拓海外市场成为私营企业寻求发展的有效通道。一方面,伴随着互联网和信息科技的迅猛发展,网络通信技术逐步平民化;另一方面,B2B(business to business)商业模式的逐步完善,这两方面的因素使得越来越多的民营企业把网络销售作为拓展国际市场的利器,助推自己走出中国,走向世界。另外,外资企业的固有特性使得其需要与母国经常保持联系,这通常导致外资企业在网络通信方面有较大的投入,具有更丰富的网络信息技术应用经验,从而增加外资企业对网络销售的青睐。此外,Blomstrom & Kokko(1998)认为,在中国,民营企业和外资企业的聚集非常明显,这在一定程度上强化了网络销售的外溢效应,加快了网络营销方式在民营企业和外资企业中的扩散。但是,对于国有企业来说,受国家相关政策的影响,很多国有企业已成为行业的垄断性企业,较大的国内市场份额和稳定多元的销售渠道优势都会弱化国有企业通过网络销售方式开拓海外市场和节约成本的动力。

值得一提的是,企业与主要原料供应商的合作时长对企业出口倾向的影响也存在一定的所有制差异。对于排序变量 *supply*,当等级较高时,其估计系数都为正,并且国有企业的估计系数通过了显著性检验,而民营企业和外资企业仍旧不显著。相比外资企业和民营企业,国有企业通常拥有强大的政府作为保障,能够很容易地与本土原料供应商建立长期合作关系,成本的节约和产品品质的保障为其进入国际市场创造了有利环境。对于外资企业和民营企业,前者会因为"外人"身份较难与本土企业建立这种较为密切的关系,后者则由于经营风险较大、缺乏坚实可靠的担保而难以获得这方面的优势。从表8—3我们还可以看到,对于三种所有制的企业,自主出口许可虚拟变量的估计系数均显著为正,这意味着,拥有自主出口许可证的企业在出口过程中具有更强的竞争优势。

表8—3　所有制差异的 **ivprobit** 估计结果

模型	模型（1）	模型（2）	模型（3）
样本	国有企业	外资企业	民营企业
netsale	1.145 * (1.827)	3.468 *** (26.520)	5.343 *** (7.182)
tfp	0.180 *** (3.306)	−0.029 (−1.264)	−0.048 (−1.431)
distan	−0.026 (−0.264)	−0.053 (−0.844)	−0.250 ** (−2.535)
foreign		0.126 (1.470)	0.038 (0.086)
licen	1.567 *** (15.460)	0.519 ** (2.350)	1.032 ** (2.462)
2.*supply*	1.189 * (1.761)	−0.192 (−0.766)	0.236 (0.845)
3.*supply*	0.796 (1.285)	−0.084 (−0.397)	0.181 (0.717)
4.*supply*	1.334 ** (2.199)	−0.128 (−0.615)	0.293 (1.144)
5.*supply*	1.201 ** (1.999)	−0.110 (−0.525)	0.352 (1.345)
6.*supply*	1.311 ** (2.192)	−0.089 (−0.427)	0.324 (1.274)
7.*supply*	1.294 ** (2.175)	0.035 (0.163)	0.138 (0.498)
wage	0.026 (0.222)	−0.091 (−1.519)	−0.085 (−0.861)

续表

模型	模型（1）	模型（2）	模型（3）
样本	国有企业	外资企业	民营企业
常数项	-3.746^{***} (-4.827)	-0.397 (-1.206)	-1.029^{**} (-2.424)
地域虚拟变量	是	是	是
行业虚拟变量	是	是	是
Supply 总体 效应的检验	14.97 [0.2433]	14.39 [0.2766]	16.31 [0.1776]
log likelihood	102.583	-1303.011	168.453
wald test	0.72	31.38	8.88
N	1108	2359	1661

（二）规模差异

中小企业是中国出口的重要力量之一,更多的中小企业参与出口将有助于改善中国出口的扩展边际,从而提高中国出口对外部冲击的承受能力,避免宏观经济的剧烈波动。根据工业和信息化部公布的数据,截至 2010 年末,全国工商登记中小企业超过 1100 万家,个体工商户超过 3400 万个,二者相加占到我国市场主体的 99% 以上。另一方面,对于中小企业而言,网络营销在开拓市场方面具有传统宣传方式无法比拟的优势①。因此,考察中小企业出口影响因素具有现实意义。那么,网络销售是否提高了中小企业的出口倾向呢?为此,本文从规模角度分别考察了大型企业和中小型企业的网络营

---

① 根据商务部 2012 年发布的《中国电子商务报（2010—2011 年）》,2011 年中国电子商务交易总额达 5.88 万亿元,其中中小企业电子商务交易额为 3.21 万亿元,占总量的 54.59%。

销对其出口的影响①。表 8—4 给出了规模特征的 ivprobit 估计结果。

表 8—4　规模特征的 ivprobit 估计结果

模型	模型（1）	模型（2）	模型（3）
样本	小型企业 （8<n<300）	中型企业 （300<n<2000）	大型企业 （n>2000）
netsale	5.084 ***	2.393 ***	2.350 ***
	（14.735）	（5.666）	（3.729）
tfp	−0.059 ***	−0.085 ***	0.033
	（−3.445）	（−3.079）	（0.609）
distan	−0.065	−0.200 ***	−0.383 ***
	（−1.540）	（−3.896）	（−3.797）
foreign	0.160 **	0.364 ***	−0.014
	（2.211）	（4.134）	（−0.067）
licen	0.818 ***	1.577 ***	1.148 ***
	（4.215）	（15.620）	（7.421）
2.*supply*	−0.045	0.008	0.689
	（−0.343）	（0.032）	（1.420）
3.*supply*	0.138	−0.198	0.380
	（1.174）	（−0.983）	（0.988）
4.*supply*	0.168	−0.038	0.487
	（1.412）	（−0.197）	（1.289）
5.*supply*	0.191	0.050	0.700 *
	（1.602）	（0.260）	（1.894）

①　本文参照国家统计局设管司 2003 年 5 月 22 日颁布的《统计上大中小型企业划分办法（暂行）》按从业人员数对企业规模进行划分。

续表

模型	模型（1）	模型（2）	模型（3）
样本	小型企业 （8<n<300）	中型企业 （300<n<2000）	大型企业 （n>2000）
6.*supply*	0.223* （1.889）	0.001 （0.007）	0.613* （1.673）
7.*supply*	0.181 （1.454）	0.075 （0.389）	0.585 （1.639）
wage	−0.048 （−1.136）	0.066 （1.173）	−0.046 （−0.471）
常数项	−0.955*** （−4.717）	−0.217 （−0.689）	−0.592 （−0.938）
地域虚拟变量	是	是	是
行业虚拟变量	是	是	是
Supply 总体 效应的检验	22.23 ［0.0350］	15.67 ［0.2070］	13.74 ［0.3179］
log likelihood	98.292	−1096.925	−464.992
wald test	33.58	10.31	6.09
N	6528	4405	1234

我们仍用 wald 检验来判断网络销售变量的外生性。表 8—4 的估计结果显示，所有规模企业的外生性检验均拒绝原假设，接受 ivprobit 的估计结果。具体来说，无论是对于中小企业还是大型企业的回归估计，网络销售的估计系数均显著为正，并且其数值由高到低的顺序依次为小型企业、中型企业、大型企业。这充分说明网络销售手段的使用能够显著提高中小企业参与出口的可能性。

国际市场的信息一直以来都被认为是企业进行出口贸易的重要依据，这一定程度上解释了中小企业出口参与度普遍较低的状况

（Seringhaus，1987；Julien & Ramangalahy，2003）。当 B2B 的商业模式
尚未有效普及的时候，相比大型企业，中小企业在资源上的劣势导致
其获取和使用国际市场信息的能力较弱。随着网络通信技术的发展
和 B2B 商业模式的流行，中小企业获取国际市场信息的能力得到极
大的提升。利用网络通信这种低成本的技术搭建的贸易桥梁，中小
企业可以较为方便地获得开拓市场、识别风险、及时获取客户反馈的
重要商业信息。因此，网络销售成为中小企业拓展国际市场的一个
重要的有效手段。大型企业本身就拥有较大的市场份额和品牌效
应，同时还拥有更多的资源，因此，可以采取包括网络销售在内的多
种方式和渠道获取海外市场信息、建立海外销售网络并参与到出口
市场，这可能是其回归系数较小的一个重要原因。此外，网络销售也
是降低企业固定成本的有效手段，利用网络进行销售的企业可以降
低宣传推广、客户沟通及实体店面租金等一系列成本。由于这些成
本中很多都是出口的沉没成本，从成本节约的比重看，中小型企业从
中获益更为明显，从而对其出口参与的影响也更有效。

　　值得一提的是，估计结果还表明，对于小型企业和中型企业来
说，全要素生产率的估计系数均显著为负，而对于大型企业而言，该
系数为正，且不显著。这与中国的实际情况是非常吻合的，也与李春
顶（2010）的研究结论相一致，即中国制造业出口企业存在"生产率
悖论"，因为我国中小企业多为加工贸易类企业，主要从事贴牌生
产，利用国内廉价劳动力资源，产品主要出口，且生产率较低。其他
估计系数与前面基本一致。

　　（三）高低附加值行业的比较

　　改革开放以来，我国在出口贸易方面取得的成绩举世瞩目，然而
不容回避的是，在国际分工格局中，我国仍处于劳动密集型阶段；在
全球价值链条中，仍处于附加值较低的环节。劳动密集型产业的低
附加值产品仍是我国出口的主导产品，资本、技术密集型产业的高附

加值产品出口明显不足。根据有关统计,如果将劳动密集型环节的高科技产品计算在内,2006 年我国劳动密集型产品出口比重已超过 80%。① 近年来我国一些地区出现的"民工荒"现象表明我国的劳动力成本也在不断提高,这也意味着,随着经济的发展,我国劳动密集型产业的比较优势正在慢慢消失,现有的产品出口结构逐渐成为制约我国外贸出口良性增长的主要原因。因此,结合产品的附加价值来考察我国企业的出口行为具有重要的现实意义。那么,网络营销能力对企业出口参与的影响是否会因其产品附加价值的不同而有所差异呢?

借鉴世界银行(2007)对高低附加值行业划分标准②,本文分别对高低附加值行业的两个子样本进行估计,结果如表 8—5 所示。

表 8—5　分行业 ivprobit 回归结果

	低附加值行业	高附加值行业
netsale	1.4274 *** (6.5592)	0.0888 (0.4179)
tfp	−0.0566 * (−1.7137)	0.1251 *** (2.7326)
distan	−0.1543 * (−1.8827)	−0.0920 (−0.7610)
credit	0.1364 * (1.7944)	0.0878 (0.7842)
foreign	0.2547 ** (2.2642)	0.5422 *** (3.6217)

---

① 参见 http://finance.sina.com.cn/g/20061204/11071078355.shtml。
② 低附加值行业包括农副食品加工业、食品制造业、纺织品制造业和服装、鞋、帽制造业;高附加值行业包括医药制造业、电子及通信设备制造业。

续表

	低附加值行业	高附加值行业
licen	1.9541***	1.6825***
	(25.9177)	(13.8184)
2.*supply*	0.0798	−0.4202
	(0.3218)	(−0.7023)
3.*supply*	0.0271	−0.1956
	(0.1261)	(−0.3724)
4.*supply*	0.2006	−0.0460
	(0.9520)	(−0.0902)
5.*supply*	0.1205	0.1386
	(0.5784)	(0.2745)
6.*supply*	0.2371	0.2955
	(1.1296)	(0.5853)
7.*supply*	0.2613	0.2228
	(1.1735)	(0.4375)
wage	0.0008	−0.3132***
	(0.0082)	(−2.9631)
常数项	−0.5977	−1.7528***
	(−1.5998)	(−2.6407)
地域虚拟变量	是	是
行业虚拟变量	是	是
Supply 总体效应的检验	5.68 [0.4605]	11.36 [0.0777]
pseudo R^2	0.4652	0.4525
log likelihood	−852.0064	−377.9525
N	2342	1009

　　从表8—5可以看到,对于低附加值行业的企业,*netsale*的估计系数为1.4274,并且通过了1%的显著性检验;而对于高附加值行业的企业,该估计系数虽为正,但在统计上不显著。该结果说明网络营销能力对低附加值行业企业的出口参与具有显著的促进作用,但对高附加值行业企业的出口参与并无显著影响。可能的原因在于:低附加值行业企业的生产效率偏低,盈利能力较弱,进入出口市场时需要面临的各种沉没成本成为制约其参与出口的关键因素,网络营销作为一种兼顾成本与效果、具有较高性价比的营销推广手段,正好满足低附加值行业企业开拓海外市场时的迫切需求;而对于高附加值行业,产品的质量和性能是企业获得高盈利的保障,因此,企业可能将更多的资源投入到产品研发和生产环节以提升产品性能和特点,提高产品的垄断力,从而弱化了企业在开拓市场进行宣传推广环节的投入。当然,高附加值行业中某些产品独有的特性也有可能不适合通过网络方式向客户推广和解释,因此减弱了企业通过网络营销开拓海外市场的激励。

　　对于两类企业来说,虽然排序较高的*supply*的估计系数为正,但均不显著,这说明与主要原料供应商合作时间对出口的影响与行业的附加值并没有明显的联系。对于低附加值行业的企业,原料信用支付虚拟变量的估计系数为0.1364,通过了10%的显著性检验,对于高附加值行业的企业,该估计系数虽为正,但在统计上不显著。可能的原因是高附加值行业企业的利润相对较高,能够承担更高的成本支出,因而降低了原料信用支付对企业出口参与的影响。

　　我们还可以从表8—5看到,对两类企业而言,自主出口许可虚拟变量的估计系数均显著为正,并且低附加值行业企业的估计系数相对较大。该结果说明自主出口许可对两类企业的出口均有显著的促进作用,并且对低附加值行业企业出口可能性的提高效果更加明显。这是因为中国存在大量的加工贸易企业,主要从事加工、组装等价值链低端的工作,企业生产率不高,产品的附加价值较低(李春顶,2010),相比高附加值行业企业较高的获益能力,低附加值行业的企业会更加关注如何降低出口成本。获得自主出口许可证的企业,具有一定的出口比较优势,而这种优势在低附加值行业的企业中被再次放大,从而提高其出口倾向。此外,我们还发现,低附加值行业企业的全要素生产率系数显著为负,而高附加值行业的系数则显著为正。这说明,提高生产率是中国企业进入全球价值链高端环节的关键所在;而中国出口企业的生产率悖论主要集中在低附加值行业。

第六节　小结与研究展望

网络通信技术的发展革命性地改变了人类信息交流方式,随之兴起的 B2B 等新型商业模式为国际贸易创造了新的贸易渠道和方式,从而深刻地影响着企业的出口行为。现有研究也显示,网络通信基础设施对一国宏观层面的国际贸易额有显著的推动作用。本文运用世界银行投资环境调查数据,在微观层面考察了网络营销能力对中国制造业企业出口参与的影响,研究表明:在整体上,网络销售对中国工业企业出口参与具有显著的提高作用。同时,网络销售对企业出口参与的影响在企业所有制和规模特征方面存在显著差异。具体而言,网络销售对外资和民营企业的出口参与有显著的正面作用,对国企的影响则不显著;相对于大企业而言,网络销售对中小型企业出口参与的促进作用更加明显。

随着互联网和通信技术的发展,网络销售成为一种新型开拓海外销售市场的手段和技术,具有低成本、高效率等特征。政府在全国范围内实施并加速推行的智慧城市建设已经逐步能够满足企业进行网络销售的硬件条件。在此基础上,政府如果能够引导微观企业有效运用网络通信技术,实现网络销售,将有助于企业开拓海外市场,尤其是资源相对紧张的中小企业、民营企业。这将在整体上有助于提高中国企业出口的扩展边际。

此外,我们还发现企业与上游原材料供应商之间的合作关系的改善也能够为企业的出口创造一个良好经济环境。具体而言,企业与主要原材料供应商合作时长的增加有助于提高企业参与出口可能性。官方的自主出口许可证和地理位置仍旧是影响企业出口参与的重要因素。因此,企业之间良好的诚信关系也能缓解微观企业面临的现金流约束,从容面对国际市场的冲击,从而实现"走出去"。

参考文献

曹小曙、薛德升、阎小培：《中国铁路干线公路网络联结的城市通达性》，《地理学报》2005 年第 6 期。

陈浪南、陈景煌：《外国直接投资对中国经济增长影响的经验研究》，《世界经济》2002 年第 6 期。

代谦、别朝霞：《FDI、人力资本积累与经济增长》，《经济研究》2006 年第 4 期。

范剑勇、李方文：《集聚外部性与全要素生产率分解：来自计算机、通信和其他电子设备制造业企业在县域层面的证据》，复旦大学工作论文，2012 年。

范剑勇、李方文：《中国制造业空间集聚的影响：一个综述》，《南方经济》2011 年第 6 期。

范九利、白暴力：《基础设施投资与中国经济增长的地区差异研究》，《人文地理》200 年第 19 卷第 2 期。《基础设施资本对经济增长的影响———二级三要素 CES 生产函数法估计》，《经济论坛》2004 年第 11 期。

冯萍、刘建江：《互联网对中国出口贸易流量影响的实证研究》，《统计与决策》2010 年第 3 期。

韩剑、王静：《中国本土企业为何舍近求远：基于金融信贷约束的解释》，《世界经济》2012 年第 1 期。

郝前进、陈杰：《到 CBD 距离、交通可达性与上海住宅价格的地理空间差异》，《世界经济文汇》2007 年第 1 期。

何兴强、王利霞：《中国 FDI 区位分布的空间效应研究》，《经济研究》2008 年第 11 期。

贺灿飞、魏后凯：《信息成本、集聚经济与中国外商投资区位》，《中国工业经济》2001 年第 9 期。《新贸易理论与外商在华制造企业的出口决定》，《管理世界》2004 年第 1 期。

胡鞍钢、刘生龙：《交通运输、经济增长及溢出效应——基于中国省际数据空间经济计量的结果》，《中国工业经济》2009 年第 5 期。

黄玖立、徐旻鸿:《境内运输成本与中国的地区出口模式》,《世界经济》2012 年第 1 期。

黄肖琦、柴敏:《新经济地理学视角下的 FDI 区位选择——基于中国省际面板数据的实证分析》,《管理世界》2006 年第 10 期。

黄晓燕、曹小曙、李涛:《海南省区域交通优势度与经济发展关系》,《地理研究》2011 年第 6 期。

姜海宁、谷人旭、李广斌:《中国制造业企业 500 强总部空间格局及区位选择》,《经济地理》2011 年第 10 期。

金凤君、王姣娥、孙炜、牛树海:《铁路客运提速的空间经济效果评价》,《铁道学报》2003 年第 6 期。

金祥荣、茹玉骢、吴宏:《制度、企业生产率与中国地区间出口差异》,《管理世界》2008 年第 11 期。

李春顶:《中国出口企业是否存在"生产率悖论":基于中国制造业企业数据的检验》,《世界经济》2010 年第 7 期。

李涵、黎志刚:《交通基础设施投资对企业库存的影响——基于我国制造业企业面板数据的实证研究》,《管理世界》2009 年第 8 期。

李涵、黎志刚:《交通基础设施投资对企业库存的影响》,《管理世界》2009 年第 8 期。

李平华、陆玉麒:《可达性研究的回顾与展望》,《地理科学进展》2005 年第 3 期。

李亚平:《战略动机视角下对我国东、中、西部 FDI 差异的实证分析》,《商场现代化》2009 年第 31 期。

梁琦:《跨国公司海外投资于产业集聚》,《世界经济》2003 年第 9 期。

林理升、王晔倩:《运输成本、劳动力流动与制造业区域分布》,《经济研究》2006 年第 3 期。

刘海隆等:《新疆交通可达性对区域经济的影响分析》,《地理学报》2008 年第 4 期。

刘钜强、赵永亮:《交通基础设施、市场获得与制造业区位——来自中国的检验数据》,《南开经济研究》2010 年第 4 期。

刘生龙、胡鞍钢:《基础设施的外部性在中国的检验:1988—2007》,《经济研究》2010 年第 3 期。

刘修言、张学良:《集聚经济与企业区位选择》,《财经研究》2010 年第 11 期。

刘勇:《交通基础设施投资、区域经济增长及空间溢出作用——基于公路、水运交通的面板数据分析》,《中国工业经济》2010 年第 12 期。

陆铭:《土地跨区域配置:中国经济新的增长动力》,复旦大学工作论文,

2009 年。

罗长远:《FDI 与国内资本:挤出还是挤入》,《经济学(季刊)》2007 年第 2 期。

孟斌、王劲峰、张文忠、刘旭华:《基于空间分析方法的中国区域差异研究》,《地理科学》2005 年第 4 期。

孟德友、范况生、陆玉麒、高超:《铁路客运提速前后省际可达性及空间格局分析》,《地理科学进展》2010 年第 6 期。

孟德友、陆玉麒:《高速铁路对河南沿线城市可达性及经济联系的影响》,《地理科学》2011 年第 5 期。

孟德友、陆玉麒:《基于铁路客运网络的省际可达性及经济联系格局》,《地理研究》2012 年第 1 期。

孟可强、陆铭:《中国的三大都市圈:辐射范围及差异》,《南方经济》2011 年第 2 期。

聂辉华、江艇、杨汝岱:《中国工业企业数据库的使用现状和潜在问题》,《世界经济》第 2012 年 5 期。

齐述丽:《FDI 在中国区域分布不均衡分析》,《热点关注》2011 年第 11 期。

钱学锋、熊平:《中国出口增长的二元边际及其因素决定》,《经济研究》2010 年第 1 期。

盛丹、包群、王永进.:《基础设施对中国企业出口行为的影响:"集约边际"还是"扩展边际"》,《世界经济》2011 年第 1 期。

施炳展:《企业异质性、地理距离与中国出口产品价格的空间分布》,《南方经济》2011 年第 2 期。

史宇鹏、周黎安:《地区放权与经济效率:以计划单列为例》,《经济研究》2007 年第 3 期。

世界银行:《1994 年世界发展报告》,毛晓威等译,中国财政经济出版社 1994 年版。

世界银行:《全球经济展望与发展中国家》,世界行业《全球经济展望与发展中国家》编写组编著,中国财政经济出版社组织翻译,中国财政经济出版社 2002 年版。

世界银行:《2006 年世界发展报告》,中国科学院—清华大学国情研究中心译,清华大学出版社 2006 年版。

世界银行:《政府治理、投资环境与和谐社会:中国 120 个城市竞争力的提升》,中国财政经济出版社 2007 年版。

宋泓、柴瑜:《以劳动力寻找型为主——我国外国直接投资的性质分析》,《国际贸易》2002 年第 10 期。

苏樨芳、胡日东:《中国 FDI 区域分布决定因素的动态演变与地理溢出程度》,

《经济地理》2008 年第 1 期。

孙灵燕、李荣林：《融资约束限制中国企业出口参与吗？》，《经济学（季刊）》2011 第 11 期。

唐宜红、林发勤：《异质性企业贸易模型对中国企业出口的适用性检验》，《南开经济研究》2009 年第 6 期。

王芳芳、郝前进：《环境管制与内外资企业的选址策略差异》，《世界经济文汇》2011 年第 4 期。

王姣娥、丁金学：《高速铁路对中国城市空间结构的影响研究》，《国际城市规划》2011 年第 6 期。

王任飞、王进杰：《基础设施与中国经济增长——基于 VAR 方法的研究》，《世界经济》2007 年第 3 期。

王世磊、张军：《中国地方官员为什么要改善基础设施？——一个关于官员激励机制的模型》，《经济学（季刊）》2008 年第 2 期。

王小鲁、樊纲：《中国收入差距的走势和影响因素分析》，《经济研究》2005 年第 10 期。

王岳平：《我国外商直接投资的两种市场导向类型分析》，《国际贸易问题》1999 年第 2 期。

魏后凯、贺灿飞、王新：《外商在华直接投资动机与区位因素分析——对秦皇岛市外商直接投资的实证研究》，《经济研究》2001 年第 2 期。

吴威、曹有挥、曹卫东、徐建、王玥：《区域高速公路网络构建对空间可达性格局的影响——以安徽沿江地区为实例》，《长江流域资源与环境》2007 年第 6 期。

吴玉鸣、徐建华：《中国区域经济增长集聚的空间统计分析》，《地理科学》2004 年第 6 期。

徐旳、陆玉麒：《高等级公路网建设对区域可达性的影响——以江苏省为例》，《经济地理》2004 年第 6 期。

徐康宁、陈健：《跨国公司价值链的区位选择及其决定因素》，《经济研究》2008 年第 3 期。

徐现祥、李郇：《中国城市增长的趋同分析》，《经济研究》2004 年第 5 期。

徐现祥、王贤彬、舒元：《地方官员与经济增长——来自中国省长、省委书记交流的证据》，《经济研究》2007 年第 9 期。

许晶华：《信息技术对中国经济增长影响的实证研究》，《管理科学》2007 年第 20 期。

薛漫天、赵曙东：《外商直接投资：垂直型还是水平型？》，《经济研究》2007 年第 12 期。

杨春：《台资跨境市场网络的空间重组——电脑企业从珠三角到长三角的转

移》,《地理学报》2011 年第 10 期。

　　杨帆、韩传峰:《中国交通基础设施与经济增长的关系实证》,《中国人口·资源与环境》2011 年第 10 期。

　　杨文智:《长三角城市可达性与 FDI 区位选择》,硕士学位论文,南京师范大学出版社 2008 年版。

　　易靖韬、傅佳莎:《企业生产率与出口:浙江省企业层面的证据》,《世界经济》2011 年第 5 期。

　　余佩、孙永平:《集聚效应对跨国公司在华区位选择的影响》,《经济研究》2011年第 1 期。

　　余壮雄、王美今、章小韩:《FDI 进入对我国区域资本流动的影响》,《经济学季刊》2010 年第 1 期。

　　张军、高远、傅勇、张弘:《中国为什么拥有了良好的基础设施?》,《经济研究》2007 年第 3 期。

　　张军、吴桂英、张吉鹏:《中国省际物资资本存量估算:1952—2000》,《经济研究》2004 年第 10 期。

　　张俊妮、陈玉宇:《产业集聚、所有制结构与外商投资企业的区位选择》,《经济学(季刊)》2006 年第 5 卷第 4 期。

　　张学良:《交通基础设施——空间溢出与区域经济增长》,南京大学出版社2009 年版。

　　张玉梅:《企业规模异质性与产业集聚:来自中国制造业的证据》,《产经评论》2011 年第 6 期。

　　赵红军:《交易效率:一个衡量一国交易成本的新视角》,《上海经济研究》2005年第 11 期。

　　赵永亮、张光南:《市场获得、壁垒与外资企业分布——新经济地理解释》,《南开经济研究》2009 年第 5 期。

　　周浩、吕锦莎:《中国出口企业的生产率悖论——来自广东产业集群出口溢出的证据》,《国际经贸探索》2013 年第 11 期。

　　周浩、郑筱婷:《交通基础设施质量与经济增长:来自中国铁路提速的证据》,Working Paper2011 年。

　　朱海燕、伍业锋:《高速公路建设运营与经济增长关系的实证研究——以广东省为例》,《产经评论》2010 年第 2 期。

　　朱彤、苏崇华:《互联网对中国贸易出口的影响研究:基于中国各省面板数据的考察》,《中国物价》2012 年第 11 期。

　　朱延福、宋勇超:《FDI 对国内投资挤入还是挤出?》,《产业经济研究》2012 年第 3 期。

Abramovsky, L., and R. Griffith, "Outsourcing and Offshoring of Business Services: How Important is ICT?", *Journal of the European Economic*, Vol. 4, No. 2(2006), pp. 594–601.

Anderson, J. E., and E. V. Wincoop, "Trade Costs", *Journal of Economic Literature*, Vol. 42, No. 3(2004), pp. 691–751.

Arauzo, J. M. and E. Viladecans, "Industrial Location at the Intra-metropolitan Level: The Role of Agglomeration Economies", *Regional Studies*, Vol. 43, No. 4(2009), pp. 545–558.

Arauzo, J. M., D. Liviano-Solis and M. Manjon-Antolin, "Empirical Studies in Industrial Location: an Assessment of Their Methods and Results", *Journal of Regional Science*, Vol. 50, No. 3(2010), pp. 685–711.

Aschauer D. A., "Does Public Capital Crowd Out Private Capital?", *Journal of Monetary Economics*, Vol. 24, No. 2(1989), pp. 171–188.

Aschauer D. A., "Infrastructure and Macroeconomic Performance: Direct and Indirect Effects", *The OECD Jobs Study: Investment, Productivity and Employment*, 1995, pp. 85–101.

Aschauer D. A., "Is Public Expenditure Productive?", *Journal of Monetary Economics*, Vol. 23, No. 2(1998), pp. 177–200.

Atack, J., F. Bateman, M. Haines and R. A. Margo, "Did Rail-roads Induce or Follow Economic Growth? Urbanization And Population Growth In The American Midwest, 1850–60", (January 2009), NBER Working Paper 14640.

Bade, F. J. and E. A. Nerlinger, "The Spatial Distribution of New Technology – Based Firms: Empirical Results for West-Germany", *Papers in Regional Science*, Vol. 79, No. 2(2000), pp. 155–176.

Baldwin, R. E. and Robert – Nicoud, F. "Trade and Growth with Heterogeneous Firms", *Journal of International Economics*, Vol. 74, No. 1(January 2008), pp. 21–34.

Banerjee, A. V., E. Duflo and N. Qian, "On the Road: Access to Transportation Infrastructure and Economic Growth in China", (March 2012), NBER Working Paper.

Barrios, S., H. Görg and E. Strobl, "Explaining Firms' Export Behavior: the Role of R&D and Spillovers", *Oxford Bulletin of Economics and Statistics*, 2003, Vol. 65, No. 4 (2003), pp. 475–496.

Barro, R., H. Gorg and E. Strobl, "Economic Growth in a Cross Section of Countries", *Quarterly Journal of Economics*, Vol. 106, No. 2(May 1991), pp. 407–443.

Belderbos, R. and M. Carree, "The location of Japanese investment inChina: Agglomeration effects, Keiretsu, and firm heterogeneity", *Journal of Japanese and Interna-*

tional Economies, Vol. 16, No. 2(2002), pp. 194−211.

Bernard A., J. Jensen, S. Redding and P. K. Peter, "Firms in International Trade", *Journal of Economic Perspectives*, Vol. 21, No. 3(May 2007), pp. 105−130.

Bhat, C., S. Bhat, K. Kockelman, H. Mahmassani, Q. Chen, and L. Weston "Development of an Urban Accessibility Index: Literature Review, Research Project Conducted for the Texas Department of Transportation", Center for Transportation Research, University of Texas, Austin(TX), USA, 2000.

Bjorvatn, E., "Policy Competition for Foreign Direct Investment between Asymmetric Countries", *European Economic Review*, Vol. 50, No. 7(2006), pp. 1891−1907.

Blake, A., Z. Deng, and R. Falvey, "How does the Productivity of Foreign Direct Investment Spill over to Local Firms in the Chinese Manufacturing?", *Journal of Chinese Economic and Business Studies*, Vol. 7, No. 2(2009), pp. 183−197.

Bleaney, M. and K. Wakelin, "Efficiency, Innovation and Export", *Oxford Bulletin of Economics and Statistics*, Vol. 64, No. 3(November 2002), pp. 3−15.

Blomström M., and A. Kokko, "Multinational Corporations and Spillovers", *Journal of Economic Surveys*, Vol. 12, No. 3(1998), pp. 247−277.

Blonigen, B. A., B. D. Ronald, Glen R. Waddell and Helen Naughton, "FDI in Space: Spatial Auto − regressive Lags in Foreign Direct Investment", *NBER Working Paper*, No. 10939, 2004.

Bobonis, G.J. and H. J. Shatz, "Agglomeration economies, investment Promotion and the Location of Foreign Direct Investment in theUnited States", *Public Policy Institute of California Working Paper*, 2003.

Bok, M. and F. V. Oort, "Agglomeration Economies, Accessibility, and the Spatial Choice Behavior of Relocating Firms", *The Journal of Transport and Land Use*, Vol. 4, No. 1(2011), pp. 5−24.

Brainard, S. L., "An Empirical Assessment of the Proximity−concentration Trade−off between Multinational Sales and Trade", *American Economic Review*, Vol. 87, No. 4 (1997), pp. 520−544.

Brandta, L., V. B. Johannes and Y. F. Zhang, "Creative Accounting or Creative Destruction? Firm−level Productivity Growth in Chinese Manufacturing", *Journal of Development Economic*, Vol. 97, No. 2(2012), pp. 339−351.

Bruinsma, F. and P. Rietveld, "The Accessibility of European Cities: Theoretical Framework and Comparison of Approaches", *Environment and Planning*, Vol. 30, No. 3 (1998), pp. 499−521.

Calderón, C. and A.E. Chong, "Volume and Quality of Infrastructure and the Distribution of Income: An Empirical Investigation", *Review of Income and Wealth*. Vol. 50, No. 1 (March 2004), pp. 87-106.

Calderón, C. and L. Serven, "The effects of infrastructure development on growth and income distribution", *Policy Research Working Paper Series* 3400, (August 2004) The World Bank.

Cameron, A. C. and P. K. Trivedi, "Regression-based Tests for Overdispersion in the Poisson Model", *Journal of Econometrics*, Vol. 46, No. 3 (1990), pp. 347-364.

Cameron, A. C. and P. K. Trivedi, "Regression-based Tests for Over Dispersion in the Poisson Model", *Journal of Econometrics*, Vol. 46, No. 3 (1990), pp. 347-364.

Carlton, D. W., "The Location and Employment Choices of New Firms: An Econometric Model with Discrete and Continuous Endogenous Variables", *Review of Economics and Statistics*, Vol. 65, No. 3 (1983), pp. 440-449.

Carr, D. L., J.R. Markusen, and K.E. Maskus, "Estimating the Knowledge-capital Model of the Multinational Enterprise", *American Economic Review*, Vol. 91, No. 3 (June, 2001), pp. 693-708.

Cassiman B., and Martinez-Ros E. "Innovation driving export performance: evidence from Spanish manufacturing", Proceedings of the XIX Jor adas de Economia Industrial 2003.

Cette, G., J. Mairesse, and Y. Kocoglu, "ICT Diffusion and Potential Output Growth", *Economics Letters*, Vol. 87, No. 2 (2005), pp. 231-234.

Chandra, A. and E. Thompson, "Does Public Infrastructure Affect Economic Activity? Evidence from the RuralInterstate Highway System", *Regional Science and Urban Economics*, Vol. 30, No. 4 (2000), pp. 457- 490.

Chen, G.S., "Agglomeration Economics and the Location of Taiwanese Investment inChina", 2009.

Cheng L. K. and Y. K. Kwan, "What are the Determinants of the Location of Foreign Direct Investment? The Chinese experience", *Journal of International Economics*, Vol. 51, No. 2 (August, 2000), pp. 379-400.

Cheng, S., and R. R. Stough, "Location Decisions of Japanese New Manufacturing Plants inChina: a Discrete-choice Analysis", *The Annals of Regional Science*, Vol. 40, No. 2 (2006), 369-387.

Chuang, Y. C., and C. M. Lin, "Foreign Direct Investment, R&D and Spillover Efficiency: Evidence fromTaiwan's Manufacturing Firms", *Journal of Development Studies*, Vol. 35, No. 4 (1999), pp. 117-137.

Clarke, G., "Has the Internet Increased Exports for Firms from Low and Middle-income Countries? ", *Information Economics and Policy*, Vol. 20, No. 1(2008), pp. 16-37.

Clarke, G., and S. Wallsten, "Has the Internet Increased Trade? Developed and Developing Country Evidence", *Economic Inquiry*, Vol. 44, No. 3(2006), pp. 465-484.

Clerides, S., S. Lach and J. R. Tybout, "Is Learning by Exporting Important? Micro-dynamic Evidence from Colombia, Mexico, and Morocco ", *Quarterly Journal of Economics*, Vol. 113, No. 3(1998), pp. 903- 947.

Cohen J. P. and C. J. M. Paul, "Public Infrastructure Investment, Interstate Spatial Spillovers, and Manufacturing Costs", *Review of Economic and Statistics*, Vol. 86, No. 2 (2004), pp. 551-560.

Condeco-Melhorado, A., T. Tillema, T. de Jong, R. Koopal, "Distributive effects of new highway infrastructure in the Netherlands: the role of network effects and spatial spillovers", Journal of Transport Geography, Vol(34), pp.96-105

Coughlin, C. C. and E. Segev, "Location Determinants of New Foreign-Owned Manufacturing Plants", *Journal of Regional Science*, Vol. 40, No. 2(2000), pp. 323-351.

Dalvi, M . Q. and K. M. Martin "The Measurement of Accessibility: Some Preliminary Results", *Transportation*, Vol. 5, No. 1(1976), pp. 17-42.

Das, S., M. J. Roberts and J. R. Tybout, "Market Entry Costs, Producer Heterogeneity, and Export Dynamics", *Econometrica* , Vol. 75, No. 3(2007), pp. 837-873.

De Bok, M. and F. Van Oort, "Agglomeration Economics, Accessibility, and the Spatial Choice Behavior of Relocating Firms ", *Journal of Transport and Land Use*, Vol. 4, No. 1(2011), pp. 5-24.

Demetriades, P. O. and T. P. Mamuneas, "Intertemporal Output and Employment Effects of Public Infrastructure Capital: Evidence from 12 OECD Economies", *Economic Journal*, Vol. 110, No. 465(July 2000), pp. 687-712.

Démurger, S., "Infrastructure Development and Economic Growth: An Explanation for Regional Disparities in China?", *Journal of Comparative Economics*, Vol. 29, No. 1 (March 2001), pp. 95-117.

Deno K. T., "The Effect of Public Capital onU. S. Manufacturing Activity: 1970 to 1978", *Southern Economic Journal*, Vol. 55, No. 2(1988), pp. 400-411.

Devarajan, S., V. Swaroop and H.F. Zou, "The Composition of Public Expenditure and Economic Growth", *Journal of Monetary Economics*, Vol. 37, No. 2 (April 1996), pp. 313-344.

Donaldson, D., 2008, "Railroads and the Raj: the Economic Impact of Transportation Infrastructure", LSE Working Paper.

Fan, S. and X. Zhang, "Infrastructure and Regional Economic Development in Rural

China",*China Economic Review*,Vol. 15,No. 2(2004),pp. 203-214.

Fan,S.,L. Zhang,and X. Zhang,2002,"Growth,Inequality,and Poverty in Rural-China:The Role of Public Investments",IFPRI Research Report No. 125. Washington,D.C.:International Food Policy Research Institute.

Femald,J.,"Roads to Prosperity? Assessing the Link Between Public Capital and Productivity",*American Economic Review*,Vol. 89,No. 3(June 1999),pp. 619-638.

Figueiredo,O. and P. Guimarães,"Home-field Advantage:Location Decisions of Portuguese Entrepreneurs",*Journal of Urban Economics*,Vol. 52, No. 2 (September,2002),pp. 341-361.

Fogel,R.,"A Quantitative Approach to the Study of Railroads in American Economic Growth:A Report of Some Preliminary Findings",*The Journal of Economic History*,Vol. 22,No. 2(1962),pp. 163-197:

Francois J.,and Manchin M. "Institutions,Infrastructure and Trade",World Bank Policy Research working paper,No. 4152(2007).

Freund, C. L., and D. Weinhold, "The Effect of the Internet on International Trade",*Journal of International Economics*,Vol. 62,No. 1(2004),pp. 171-189.

Freund,C.,and D. Weinhold,"The Internet and International Trade in Services",*The American Economic Review*,Vol. 92,No. 2(2002),pp. 236-240.

Fujita,M.,P. Krugman,and A. J. Venables,"The Spatial Economy:Cities,Regions,and International Trade",MA:The MIT Press,Cambridge,1999.

Geurs,K.T. and B. V. Weeb,"Accessibility Evaluation of Land-use and Transport Strategies:Review and Research Directions",*Journal of Transport Geography*, Vol. 12,No. 2(2004),pp. 127-140.

Görg,H.,and E. Strobl,"Multinational Companies and Productivity Spillovers:A Meta-Analysis",*Economic Journal*, Vol. 111,No. 473(2001),pp. 723-739.

Greenaway D.,N. Sousa,and K. Wakelin,"Do Domestic Firms Learn To Export from Multinationals European",*Journal of Political Economy*,Vol. 20,No. 4(2004),pp. 1027-1043.

Gries,T.,W. Naude and M. Matthee,"The Optimal Distance to Port for Exporting Firms",*Journal of Regional Science*,Vol. 49,No. 3(2009),pp. 513-528.

Grossman,G.,E. Helpman,and A. Szeidl,"Optimal Integration Strategies for the Multinational Firm",*Journal of International Economics*,Vol. 70,No. 1(January,2006),pp. 216-238.

Guimaraes,P.,O. Figueiredo,and D. Woodward,"A Tractable Approach to the Firm Location Decision Problem", *Review of Economics and Statistics*,Vol. 85,No. 1(2003), pp. 201−204.

Guimaraes,P.,O. Figueiredo,and D. Woodward,"Agglomeration and the Location of Foreign Direct Investment inPortugal",*Journal of Urban Economics*,Vol. 47,No. 1 (2000),pp. 115−135.

Gutierrez,J. "Location,Economic Potential and Daily Accessibility:An Analysis of the Accessibility Impact of the High−speed Line Madrid−Barcelona−French Border", *Journal of Transport Geography*,Vol. 9,No. 4(2001),pp. 229−242.

Gutierrez, J., R. Gonzalez and G. Gomez," The European High − speed Train Network:Predicted Effects on Accessibility Patterns",*Journal of Transport Geograph*, Vol. 4,No. 4(1996),pp. 227−238.

Hansen,W. G. "How Accessibility Shapes Land Use",*Journal of the American In-stitute of Planners*,1959,Vol. 25,No. 2(1959),pp. 73−76.

Harris,C.D.,"The Market As A Factor in the Localization of Industry in the United States",*Annals of the Association of American Geographers*, Vol. 44,No. 4(1954),pp. 315−348.

Hausmann,Ricardo and Bailey Klinger,"Structural Transformation and Patterns of Comparative Advantage in the Product Space",CID Working Paper,No. 128(2006).

Head K. and J. Ries,"Inter−City Competition for Foreign Investment:Static and Dy-namic Effects of China's Incentive Areas",*Journal of Urban Economics*,Vol. 40,No. 1 (1996),pp. 38−60.

Head K. and T. Mayer,"Market Potential and the Location of Japanese Investment in the European Union",*Review of Economics and Statistics*,Vol. 86,No. 4(2004),pp. 959−972.

Head,C. K.,J. C. Ries and D. L. Swenson,"Agglomeration Benefits and Location Choice:Evidence from Japanese Manufacturing Investments in the United States",*Journal of International Economics*,Vol. 38,No. 3(1995),pp. 223−247.

Head,C. K.,J. C. Ries and D. L. Swenson,"Attracting Foreign Manufacturing:In-vestment Promotion and Agglomeration",*Regional Science and Urban Economics*,Vol. 29,No. 2(1999),pp. 197−218.

Head,K. and T. Mayer,"Market Potential and the Location of Japanese Investment in the European Union",*The Review of Economics and Statistics*,Vol. 86,No. 4(2004), pp. 959−972.

Head,K.,J. Ries and D. Swenson,"Agglomeration Benefits and Location Choice: Evidence from Japanese Manufacturing Investments in the United States",*Journal of In-ternational Economics*,Vol. 38,No. 3(1995),pp. 223−247.

Head, Keith., "Comment on 'Comparing Wages, Skills, and Productivity between Domestically and Foreign-Owned Manufacturing Establishments in theUnited States'", *Geography and Ownership as Bases for Economic Accounting*, 1998.

Helpman, E., "A Simple Theory of International Trade with Multinational Corporations", *Journal of Political Economy*, Vol. 92, No. 3(1984), pp. 451-171.

Helpman, E., M. J. Melitz, and Yeaple, S. R., "Export Versus FDI with Heterogeneous Firms", *American Economic Review*, Vol. 94, No. 1(2004), pp. 300-316.

Hilbe, J. M., *Negative Binomial Regression (second edition)*, Cambridge University Press, 2011.

Holl, A., "Manufacturing Location and Impacts of Road Transport Infrastructure: Empirical Evidence from Spain", *Regional Science and Urban Economics*, Vol. 34, No. 3 (2004), pp. 341-363.

Holl, A., "Start-Ups and Relocations: Manufacturing Plant Location in Portugal", *Papers in Regional Science*, Vol. 83, No. 4(2004), pp. 649-668.

Holl, A., "Twenty Years of Accessibility Improvements. The Case of theSpanish Motorway Building Programme", *Transport Geography*, Vol. 15, No. 4(2007), pp. 286-297.

Holtz-Eakin D. and A. E. Schwartz, "Spatial Productivity Spillovers From Public Infrastructure: Evidence From State Highway", *International Tax and Public Finance*, Vol. 2, No. 3(1995), pp.459-468.

Holtz-Eakin, D., "Public-Sector Capital and the Productivity Puzzle", *Review of Economics and Statistics*, Vol. 76, No. 1(1994), pp. 12-21.

Hulten, C. R., "Transportation Infrastructure, Productivity and Externalities", *in The Report of the Round Table on Transport Economics-European Conference of Ministers of Transport*, Vol. 132, 2007, p. 7, ECMT; 1999.

Hulten, C.R., E. Bennathan and S. Srinivasan, "Infrastructure, Externalities, and Economic Development: A Study of India Manufacturing Industry", *The World Bank Economic Review*, Vol. 20, No. 2(2006), pp. 291-308.

Hummels, D., "Transportation Costs and International Trade in the Second Era of Globalization", *The Journal of Economic Perspectives*, 2007, Vol. 21, No. 3(2007), pp. 131-154.

Julien, P. A., and C. Ramangalahy, "Competitive Strategy and Performance in Exporting SMEs: an Empirical Investigation of Their Export Information Search and Competencies", *Entrepreneurship Theory Practice*, Vol. 27, No. 3(2003), pp. 227-245.

Kalaitzidakis, P. and S. Kalyvitis, "On the Macroeconomic Implications of Maintenance in Public Capital", *Journal of Public Economics*, Vol. 88, No. 3 (2004), pp.

695-712.

Kamps, C., "The Dynamic Effects of Public Capital: VAR Evidence for 22 OECD Countries", *International Tax and Public Finance*, Vol. 12, No. 4(2005), pp. 533-558.

Koenig, P. "Agglomeration and the Export Decisions of French Firms", *Journal of Urban Economics*, Vol. 66, No. 3(2009), pp. 186-195.

Krugman, P.R., "Increasing Returns and Economic Geography", *Journal of Political Economy*, Vol. 99, No. 3(1991), pp. 483-499.

Ledyaeva, S., "Spatial Econometric Analysis of Determinants and Strategies of FDI in Russian Regions in pre- and post-1998 Financial Crisis Periods", *Discussion Papers*, No. 15(2007).

Levinsohn, J., and A. Petrin, "Estimating Production Functions Using Inputs to Control for Unobservable", *Review of Economic Studies*, Vol. 70, No. 2(2003), pp. 317-341

Li, Z. G., 2007, "Measuring The Social Return to Infrastructure Investment In China: A Natural Experiment", Working Paper, University of Hong Kong.

Limao, N. and Venables, A. "Infrastructure, Geographical, Transport Costs and Trade", *The Word Bank Economic Review*, Vol. 15, No. 3(2001), pp. 451-479.

Lin Ping, Zhuomin Liu and Yifan Zhang, "Do Chinese Domestic Firms Benefit from FDI Inflow? Evidence of horizontal and vertical spillovers", *China Economic Review*, Vol. 20, No. 4(2009), pp. 677-691.

Linneker, B. and N. Spence, "Road Transport Infrastructure and Regional Economic Development: The Regional Development Effects of the M25 London Orbital Motorway", *Journal of Transport Geography*, Vol. 4, No. 2(1996), pp. 77-92.

List J. A. and W. W. Mchone, "Measuring the Effects of Air Quality Regulations on 'Dirty' Firm Births: Evidence from the Neo- and Mature-regulatory Periods", *Papers in Regional Science*, Vol. 79, No. 2(2000), pp. 177-190.

Luker, B., "Foreign Investment in the Non-metropolitanU.S. South and Midwest: A Case of Mimetic Location Behavior? ", *International Regional Science Review*, Vol. 21, No. 2(1998), pp. 163-184.

Mackiewiez, A. and W. Ratajczak, "Towards a New Definition of Topological Accessibility", *Transportation Research*, Vol. 30, No. 1(1996), pp. 47-79.

Markusen, J. R., "Multinationals, Muti - Plant Economies, and the Gains from Trade", *Journal of International Economics*, Vol. 16, No. 3-4(1984), pp. 205-226.

Markusen, J. R., "The Boundaries of Multinational Enterprises and the Theory of International Trade", *Journal of Economic Perspectives*, Vol. 9, No. 2(1995), pp. 169-189.

Marshall, A., *Principles of Economics*, Digireads. com Publishing, 2004.

Martin, P. and Rogers, C. A., "Industrial Location and Public Infrastructure", *Journal of International Economics*, Vol. 39, No. 3(1995), pp. 335-351.

McFadden, D., "Conditional Logit Analysis of Qualitative Choice Behaviour" in P. Zarembka(ed.) Frontiers in Econometrics. 1974, Academic Press, pp. 105-142.

McFadden, D., "Modelling the Choice of Residential Location" in A. Karlqvist, L. Lundqvist, F. Snickars, and J. Weibull (eds.), Spatial Interaction Theory and Planning Models. 1978, North Holland, pp. 75-96.

McQuaida, R. W., S. Leithamb and J. Nelson, "Accessibility and Location Decisions in a Peripheral Region ofEurope: A Logit Analysis", *Regional Studies*, Vol. 30, No. 6 (1996), pp. 579-588.

Melitz, M, "The Impact of Trade on Intra-industry Reallocations and Aggregate Industry Productivity", *Econometrica*, Vol. 71, No. 6(2003), pp. 1695-1725.

Mukherjee, A. and K. Suetrong, "Trade Cost Reduction and Foreign Direct Investment", *Economic Modeling*, Vol. 29, No. 5(2012), pp. 1938-1945.

Mundell. R., "International Trade and Factor Mobility", *American Economic Review*, Vol. 47, No. 3(1957), pp. 321-335.

Munnel, A .H., "How Does Public Infrastructure Affect Regional Economic Performance", *New England Economic Review*, 1990, pp. 11-33.

Munnell A. H., "Policy watch: Infrastructure Investment and Economic Growth", *The Journal of Economic Perspectives*, Vol. 6, No. 4(1992), pp. 189-198.

Naudé, W., and M. Matthee, "The Location of Manufacturing Exporters in Africa: Empirical Evidence", *African Development Review*, Vol. 22, No. 2(2010), pp. 276-291.

Neary, J. P., "Trade Costs and Foreign Direct Investment International," *Review of Economics and Finance*, Vol. 18, No. 12(2008), pp. 207-218

O'Sullivan, D., A. Morrison and J.Shearer, "Using Desktop GIS for the Investigation of Accessibility by Public Transport: an Isochrone Approach", *International Journal of Geographical Information Science*, Vol. 14, No. 1(2000), pp. 85-104.

Petersen, A. and K. Tom, " Estimation of Accessibility Elasticities in Connection with the Öresund Fixed Link Using a Panel of Micro-data" .Working papers in Transport Economics, 2011.

Prasad, V. K., K. Ramamurthy and G .M. Naidu, "The Influence of Internet-Marketing Integration on Marketing Competencies and Export Performance", *Journal of International Marketing*, Vol. 9, No. 4(2001), pp. 82-110.

Puga, D., "The Rise and Fall of Regional Inequalities", *European Economic Review*, Vol. 43, No. 2(1999), pp. 303-334.

Quan, H. and S.M. Li, "Transport Infrastructure Development and Changing Spatial Accessibility in the Greater Pearl River Delta, China, 1990-2020", *Journal of Transport Geography*, Vol. 19, No. 6(2011), pp. 1350-1360.

Radelet, S. and J.D. Sachs, "Shipping Costs, Manufactured Exports, and Economic growth", Presented at the American Economic Association annual meeting, Jan. http://www.cid.harvard.edu/economic.htm.

Rietveld, P., "Spatial Economic Impacts of Transport Infrastructure Supply", *Transportation Research Part A: Policy and Practice*, Vol. 28, No. 4(1994), pp. 329-341.

Rioja, F., "Filling Potholes: Macroeconomic Effects of Maintenance versus New Investments in Public Infrastructure", *Journal of Public Economics*, Vol. 87, No. 9(2003), pp. 2281-2304.

Röller, L.H. and L. Waverman, "Telecommunications Infrastructure and Economic Development: A Simultaneous Approach", *American Economic Review*, Vol. 91, No. 4 (2001), pp. 909-23, 2001.

Romp, W. and De Haan, J. "Public capital and economic. growth: a critical sruvey." Perspektiven der wirsch afts politik, 2007, 8(s1), pp.6-52.

Sasaki, K., T. Ohashi, and A. Ando "High-speed Rail Transit Impact on Regional Systems: Does the Shinkansen Contribute to Dispersion?", *The Annals of Regional Science*, 1997, Vol. 31, No. 1(1997), pp. 77-98.

Schmidheiny K. and M. Brulhart, "On the Equivalence of Location Choice Models: Conditional Logit, Nested Logit and Poisson", *Journal of Urban Economics*, Vol. 69, No. 2 (2011), pp. 214-222.

Seringhaus, F, "Trade Missions in Exporting: State of the Art", *Management International Review*, Vol. 29, No. 2(1989), pp. 5-16.

Shen, Q., "Location Characteristics of Inner City Neighborhoods and Employment Accessibility of Low Wage Workers", *Environment and Planning B*, Vol. 25, No. 3 (1998), pp. 345-365.

Teece, D., "Technology Transfer by Multinational Firms: The Resource Cost of Transferring Technological Know-how", *the Economic Journal*, Vol. 87, No. 346(1977), pp. 242-261.

Timmis J, *The Internet and International Trade in Goods*, 2012.

Tiwari, P., H. Itoh and Doi M., "Shippers' Port and Carrier Selection Behavior inChina: A Discrete Choice Analysis", *Maritime Economics and Logistics*, 1998, Vol. 5, No. 1(2003), pp. 23-39.

UNCTAD, *Handbook of Statistics China Set to Stay Growth Course*, UNCTAD, Switzerland, 2004.

Vemuri, V. K., and S. Siddiqi, "Impact of Commercialization of the Internet on International Trade: A Panel Study Using the Extended Gravity Model", *The International Trade Journal*, Vol. 23, No. 4(2009), pp. 458-484.

Venables, A., "Equilibrium locations of vertically linked industries", *International Economic Review*, Vol. 37, 1996, pp. 341-359.

Vickerman, R., K. Spiekermann and M. Wegener, "Accessibility and Economic Development inEurope", *Regional Studies*, Vol. 33, No. 1(1999), pp. 1-15.

Vuong, Q., "Likelihood Ration Tests for Model Selection and Non-nested Hypotheses", *Econometrical*, Vol. 57, No. 2(1989), pp. 307-334.

Wakasugi, R., "The Effects of Chinese Regional Distribution Conditions on the Location Choice of Japanese Affiliates", *Japanese Economic Review*, Vol. 56, No. 4(2005), pp. 390-407.

Westerlund, J., and F. Wilhelmsson, " Estimating the Gravity Model without Gravity Using Panel Data", *Applied Economics*, Vol. 7, No. 9(2009), pp. 1466-4283.

Woodward, D. P., "Locational Determinants of Japanese Manufacturing Start-Ups in theUnited States", *Southern Economic Journal*, Vol. 58, 1992, pp. 690-708.

Wu, F. "Intrametropolitan FDI Firm Location in Guangzhou, China: A Poisson and Negative Binomial Analysis", *The Annals of Regional Science*, Vol. 33, No. 4(1999), pp. 535-555.

Yeaple, S and S. Golub, 2002. International Productivity Differences, Infrastructure, and Comparative Advantage. Mimeo. Availableonline: http://www. econ. yale. edu/ seminars/trade/tdw02/yeaple-021216.pdf

Yeaple, S., "The Complex Integration Strategies of Multinationals and Cross Country Dependencies in the Structure of Foreign Direct Investment", *Journal of International Economics*, Vol. 60, No. 2(2003), pp. 293-314.

Yi, M. H., and C. Choi, "The Effect of the Internet on Inflation: Panel Data Evidence", *Journal of Policy Modeling*, Vol. 27, No. 7(2005), pp. 885-889.

Zou, W., F. Zhang, Z. Y. Zhuang and H.R. Song, "Transport Infrastructure, Growth, and Poverty Alleviation: empirical Analysis of China", *Annals of Economics and Finance*, Vol. 9, No. 2(2008), pp. 345-371.

后　记

　　本书是我的第一本书，书中撰写的内容是我博士毕业后到暨南大学产业经济研究院工作的一系列研究成果。

　　事实上，在本书各章的写作过程中，家庭、朋友、同事、学生、出版编辑甚至是陌生人都给予巨大的帮助。没有这些人的帮助我是无论如何写不成此书的。

　　我要对合作者表示衷心的感谢。书中的大部分内容都以学术论文的形式发表于经济类的专业期刊上。书中各章的合作者具体如下：第一章（周浩、郑筱婷、张志）、第二章（周浩、余金利）、第三章（周浩、张志）、第四章（周浩、余壮雄）、第五章（周浩、陈益）、第六章（周浩、陶伟）、第七章（周浩、余金利）、第八章（周浩、余金利、郑越）。第二章可以算是本书整个研究的一个起源，该研究内容自于同事郑筱婷和我的讨论，在此表示感谢。值得一提的是，张志、余金利、陈益和陶伟是我在暨南大学所带的研究生，他们在写书过程中所表现出来的出色研究能力令我惊讶，他们对本书所做的贡献是不可替代的。我还要感谢《管理世界》、《世界经济》、《经济学（季刊）》、《财经研究》的匿名审稿人提出的建设性意见，感谢 2011 上海财经大学中国经济学年会、2012 华中科技大学中国青年经济学家联谊会（YES）、2013 西南财经大学中国经济学年会、暨南大学经济系 seminar 参与人的讨论和建议。感谢暨南大学的尹蔚、黄海琴和吕锦莎、西南财经大学的逯建在收集数据上给予的帮助。另外,我还要感谢暨南大学付文慧、李恒、陈向在校订中付出的努力,感谢人民出版社的编辑对书稿付出的辛勤工作。本书还受到暨南大学宁静致远(跨越计划:No. 12JNKY005)的资助,在此表示感谢。

最后,感谢我的家人。

周　浩

暨南大学　惠全楼

2015 年 1 月 8 日

责任编辑:宰艳红

封面设计:吴燕妮

责任校对:周　昕

图书在版编目(CIP)数据

交通基础设施与中国经济增长/周　浩　著. -北京:人民出版社,2015.9

ISBN 978 - 7 - 01 - 015040 - 6

Ⅰ.①交…　Ⅱ.①周…　Ⅲ.①交通运输建设-基础设施建设-关系-经济
　发展-研究-中国　Ⅳ.①F512.3②F12

中国版本图书馆 CIP 数据核字(2012)第 155184 号

交通基础设施与中国经济增长

JIAOTONG JICHU SHESHI YU ZHONGGUO JINGJI ZENGZHANG

周　浩　著

人民出版社 出版发行

(100706　北京市东城区隆福寺街 99 号)

环球印刷(北京)有限公司印刷　新华书店经销

2015 年 9 月第 1 版　2015 年 9 月北京第 1 次印刷

开本:710 毫米×1000 毫米 1/16　印张:16.5

字数:200 千字

ISBN 978 - 7 - 01 - 015040 - 6　定价:42.00 元

邮购地址 100706　北京市东城区隆福寺街 99 号

人民东方图书销售中心　电话 (010)65250042　65289539